Blue Book of
China's Macroeconomy（2020）

中国宏观经济
蓝皮书（2020）

中国宏观经济研究院 著

人民出版社

责任编辑：高晓璐

图书在版编目（CIP）数据

中国宏观经济蓝皮书. 2020 年/中国宏观经济研究院 著. —北京：
人民出版社,2020.6
ISBN 978－7－01－022098－7

Ⅰ.①中…　Ⅱ.①中…　Ⅲ.①中国经济-宏观经济-研究报告－2020
Ⅳ.①F123.16

中国版本图书馆 CIP 数据核字（2020）第 077890 号

中国宏观经济蓝皮书（2020）

ZHONGGUO HONGGUAN JINGJI LANPISHU（2020）

中国宏观经济研究院　著

人民出版社 出版发行

（100706　北京市东城区隆福寺街 99 号）

环球东方（北京）印务有限公司印刷　新华书店经销

2020 年 6 月第 1 版　2020 年 6 月北京第 1 次印刷
开本：710 毫米×1000 毫米 1/16　印张：21
字数：368 千字

ISBN 978－7－01－022098－7　定价：72.00 元

邮购地址 100706　北京市东城区隆福寺街 99 号
人民东方图书销售中心　电话（010）65250042　65289539

《中国宏观经济蓝皮书（2020）》编委会

编委会主任：丛　亮

编委会常务副主任：王昌林

编委会副主任：吴晓华　毕吉耀

编委会委员：（按姓氏笔画排序）

马晓河　王仲颖　叶辅靖　白和金　刘立峰　孙学工

杨宜勇　杨　萍　肖金成　汪　鸣　张长春　张燕生

陈东琪　林兆木　高国力　郭小碚　黄汉权　银温泉

韩文科　臧跃茹

前　言

2019 年是具有特殊历史意义的一年,大事多,喜事多,难事也多。一年来,面对国内外风险挑战明显上升的复杂局面,在以习近平同志为核心的党中央坚强领导下,全党全国贯彻党中央决策部署,坚持稳中求进工作总基调,坚持新发展理念,坚持以供给侧结构性改革为主线,推动高质量发展,扎实做好"六稳"工作,经济运行保持总体平稳、稳中有进的态势。全年经济增长6.1%,经济总量逼近 100 万亿元大关,在世界经济中是"风景这边独好"。国家统计局初步核算,2019 年我国国内生产总值 990865 亿元,按年平均汇率折算达到 14.4 万亿美元,稳居世界第二位;人均国内生产总值 70892 元,按年平均汇率折算达到 10276 美元,首次突破 1 万美元大关,经济规模和实力又上一个新台阶。

2020 年是全面建成小康社会、决胜脱贫攻坚和"十三五"规划收官之年,也将是极不寻常的一年。突如其来的新冠肺炎疫情对我国经济社会发展带来前所未有的冲击,初步核算,一季度国内生产总值 206504 亿元,按可比价格计算,同比下降 6.8%。面对前所未有的冲击,党中央强调加大"六稳"工作力度,提出"六保"工作新要求,坚持用改革的办法解决发展中的问题,推出了一系列新的改革举措。在党中央、国务院的坚强有力领导下,国内疫情防控取得明显成效,复工复产稳步推进,经济活力逐步提升,经济社会发展大局稳定,我国经济稳定向好、长期向好的基本面没有改变。

为更好把握宏观经济形势和改革发展重大问题,中国宏观经济研究院(国家发展和改革委员会宏观经济研究院,以下简称"国宏院")结合专业优势,组织专班编写《中国宏观经济蓝皮书(2020)》。全书分为上、下两篇。上篇为"宏观经济形势篇",主要包括2019年经济运行分析和2020年经济形势展望;下篇为"改革发展重点问题篇",主要包括新支柱产业、强大国内市场、外贸高质量发展、新型城镇化、资源循环利用、交通基础设施、社会治理等,是国宏院最新科研成果的集中展现。

　　本书适用于经济管理人士、经济研究人员以及关心国家发展改革大局的广大读者。在编写过程中,院科研管理部组织经济所、外经所、投资所、产业所、国地所、社会所、市场所、能源所和运输所相关科研骨干反复修改文稿,汪文祥研究员对书稿进行了审阅把关,人民出版社对该书的出版给予了大力支持,在此一并表示感谢! 由于水平所限,书中内容难免有不足之处,欢迎广大读者批评指正。

本书编委会

2020 年 4 月

目　　录

上篇　宏观经济形势篇

第一章　2019 年经济形势分析及 2020 年展望 …………………… 3

　一、2019 年我国经济运行的主要特征 …………………… 3

　二、面临的主要问题和风险挑战 …………………… 7

　三、2020 年经济走势预判 …………………… 10

　四、政策建议 …………………… 13

第二章　2019 年消费形势分析及 2020 年展望 …………………… 17

　一、2019 年消费呈现稳中趋缓、缓中有新态势 …………………… 17

　二、消费领域仍然存在一些突出问题和短板 …………………… 22

　三、2020 年影响消费增长的因素分析及走势预测 …………………… 25

　四、促进消费稳定增长的对策建议 …………………… 29

第三章　2019 年固定资产投资形势回顾与 2020 年展望 …………………… 32

　一、投资增长动力不足,投资对经济增长的拉动作用显著下滑 …………………… 32

　二、2020 年稳投资压力依旧不小,基建投资有望形成支撑 …………………… 41

　三、多措并举稳投资,保证经济在合理区间运行 …………………… 46

第四章　2019 年价格与重点市场形势分析及 2020 年展望 …………………… 51

　一、2019 年价格与重点市场回顾 …………………… 51

　二、2020 年物价运行趋势展望 …………………… 57

　三、2020 年重点市场趋势展望 …………………… 62

四、稳定价格总水平和重点市场的政策建议 ·········· 66

第五章 2019年就业形势分析及2020年展望 ·········· 69

一、稳就业政策成效显著，2019年就业形势总体平稳 ·········· 69

二、就业预期持续走低，潜在的结构性风险出现积聚趋势 ·········· 72

三、着重改善就业预期，加强就业风险精准防控 ·········· 81

第六章 2019年世界经济形势分析与2020年展望 ·········· 85

一、2019年底世界经济大调整的迹象已经初步显现 ·········· 85

二、世界经济出现新一轮大调整是大概率事件 ·········· 92

三、新冠肺炎疫情已经导致全球经济剧烈调整 ·········· 94

四、对策建议 ·········· 97

下篇 改革发展重点问题篇

第七章 培育新支柱产业 ·········· 103

一、今后一段时期我国产业发展环境的若干重大变化 ·········· 104

二、新支柱产业的内涵特征、识别依据及产业图谱 ·········· 108

三、四大新兴支柱产业的发展空间与支撑效应 ·········· 114

四、六大现有支柱产业的提升空间与支撑效应 ·········· 124

五、培育壮大新支柱产业面临的主要障碍 ·········· 128

六、以新理念、新战略、新举措培育新支柱产业 ·········· 131

第八章 促进形成强大国内市场 ·········· 139

一、促进形成强大国内市场的内涵和分析框架 ·········· 139

二、加快促成强大国内市场的必要性和紧迫性 ·········· 143

三、国内市场发展面临的主要问题及根源 ·········· 145

四、促进形成强大国内市场的主要思路和发展前景 ·········· 152

五、加快促进形成强大国内市场的重点任务 ·········· 160

第九章 推动外贸高质量发展研究 ·········· 168

一、新时期推动外贸高质量发展的现实背景 ·················· 168

二、当前推动外贸高质量发展挑战和机遇并存 ·············· 169

三、推动外贸高质量发展的必要性和紧迫性分析——基于全球

价值链分析方法对我国外贸竞争优势的国际比较 ······ 174

四、我国外贸高质量发展的指标体系构建和预期目标设定 ······ 180

五、基于现有指标体系面向 2025 年的我国外贸高质量

发展情景分析 ·· 187

六、新时期推动外贸高质量发展的政策保障 ·············· 189

第十章　优化调整新型城镇化空间布局 ······················ 193

一、"十三五"以来新型城镇化及空间布局的进展特征 ······ 194

二、今后一段时期新型城镇化及空间布局的趋势分析 ······ 205

三、总体思路 ·· 210

四、重点任务 ·· 214

第十一章　提高资源循环利用效率 ·························· 230

一、提高资源循环利用效率的重大意义 ·················· 230

二、资源循环利用的现状、进展与问题 ·················· 232

三、国际典型经验与启示 ································ 241

四、我国中长期资源循环利用效率情景分析 ·············· 247

五、提高资源循环利用效率的主要目标和总体思路 ········ 256

六、资源循环利用效率目标的实现路径 ·················· 258

七、政策建议 ·· 263

第十二章　优化创新交通基础设施发展 ······················ 267

一、准确把握交通基础设施发展的阶段性和时代要求 ······ 267

二、深刻认识交通基础设施发展存在的若干重大问题 ······ 274

三、新时期优化创新交通基础设施发展的总体思路 ········ 277

四、加快推动交通基础设施优化创新发展的主要任务 ······ 278

五、完善落实交通基础设施优化创新发展的政策举措 ······ 289

第十三章　创新社会治理 ·· 295

　　一、社会治理内涵 ·· 295

　　二、挑战、机遇与问题 ·· 298

　　三、创新社会治理重点领域 ································· 305

　　四、优先行动 ·· 316

参考文献 ·· 322

上　篇

宏观经济形势篇

第一章 2019 年经济形势分析及 2020 年展望

2019 年,面对日益趋紧的国内外发展环境,新的风险和挑战不断释放,在一系列供给侧结构性改革和逆周期调节政策措施的有力推动下,我国经济保持了总体平稳、稳中有进的发展态势,能够取得这样的成绩实属不易。展望 2020 年,我国经济基本面好、发展韧性足的基本特点并未改变,但短期疫情冲击和长期积累的矛盾相互叠加,经济运行中的不稳定、不确定性因素有所增多,总体经济形势依然较为复杂严峻,需加大"六稳"工作力度,做好"六保"工作,不断激发释放经济内生动力与活力,促进经济在平稳运行中实现高质量发展。

一、2019 年我国经济运行的主要特征

2019 年,面对复杂多变的国内外环境,我国经济运行总体平稳、稳中有进,主要经济指标好于预期。总体呈现以下四方面特征:

——缓中趋稳。我国经济延续平稳运行走势,经济下行压力得以逐步缓释。一是季度经济增速持续下行势头得以缓解。全年国内生产总值同比增长 6.1%,如期实现年初确定的 6.0%—6.5% 的既定增长目标。三、四季度经济增速稳定在 6.0%,较上半年虽有小幅回落,但整体保持平稳。二是供给面逐步企稳。全年规模以上工业增加值同比增长 5.7%,三季度以来月度同比增速稳步回升,工业领域企稳迹象明显。服务业生产指数同比增长 6.9%,且三季度以来服务业生产领域改善势头明显,服务业商务活动指数、业务活动预期

3

指数等均实现不同程度回升。三是需求面基本稳定。全年社会消费品零售总额同比增长8.0%,年初以来增速水平始终稳定在8.0%—8.4%区间之内。汽车消费逐步企稳,实物商品网上零售额继续保持较快增速,带动总体消费稳步回升。固定资产投资完成额同比增长5.4%,第三产业投资表现抢眼,金融业、教育业、文化体育和娱乐业投资均保持较快增速水平。贸易规模继续扩大,人民币汇率小幅贬值,全年累计贸易差额达29150亿元,较上年增加5903亿元。外汇储备增至3.1万亿美元,较年初实现小幅扩张。

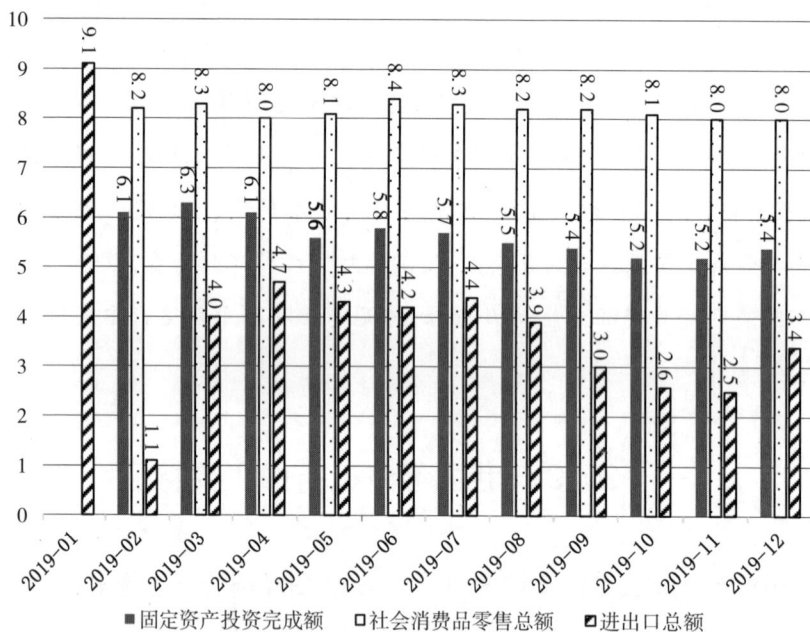

图1-1　固定资产投资完成额、社会消费品零售总额及进出口总额累计同比增速(%)

——价温质优。价格总水平温和可控,经济质量效益持续提高,就业和收入形势整体较好。一是价格水平保持总体平稳。前12个月,居民消费价格指数(CPI)同比增长2.9%,处在3%的年度预期增长目标之内;剔除食品和能源的核心CPI同比增长1.6%,较上年同期回落0.3个百分点。工业生产者出厂价格指数(PPI)同比下降0.3%,与年初基本持平,工业品价格保持基本稳定。二是新旧动能实现平稳接续。传统产业转型升级步伐加快,工业投资增长

9.8%,快于全部投资4个百分点,绿色化、信息化、智能化改造加速推进。高技术产业同比增长8.8%,快于全部工业3.1个百分点,装备制造业、战略性新兴产业均获得快速发展。三是需求结构不断优化。强大国内市场加速构建,内需对经济增长的拉动作用有所增强,全年最终消费支出和资本形成总额对GDP的累计同比贡献率达89.0%,依次较前三季度提高8.2个、5.7个和4.8个百分点。出口市场日趋多元,抵御外部风险挑战的能力进一步提升,12月份"一带一路"贸易额指数和货运量指数分别增至144.82点和145.22点,较上年同期提高9.91点和20.19点,对"一带一路"沿线国家的出口普遍实现较好增长。四是就业和居民收入总体向好。全年城镇新增就业1352万人,完成全年目标任务的122.9%,连续7年保持在1300万人以上的较高水平。12月份,城镇调查失业率为5.2%,年内失业率水平始终保持在5.0%—5.3%区间之内。全年全国居民人均可支配收入达30733元,名义同比增速为8.9%,高于GDP增速2.8个百分点,快于上年0.2个百分点,其中经营净收入、财产净收入等均保持较快增长。

——政通市暖。供给侧结构性改革和逆周期调节政策措施加快落实,市场信心和预期整体平稳。一是供给侧结构性改革不断深化。全年工业产能利用率已升至76.6%,分别较上年同期和2019年上半年提高0.1个和0.4个百分点,过剩产能逐步消化。工业企业产成品存货同比增长2.0%,增速较2018年同期和2019年上半年分别下降5.4个和1.5个百分点,库存水平稳中有降。全年累计新增减税降费规模超过2万亿元,推动企业经营成本稳步下行,12月份工业企业每百元营业收入中的成本降至84.08元,较上半年下降0.25元。二是补短板投资持续发力。污染防治攻坚战持续推进,生态环保类投资保持高速增长,生态保护和环境治理业、环境监测及治理服务投资分别增长37.2%和33.4%,分别快于全部投资31.8个和28.0个百分点。社会领域投资稳步提升,增速快于全部投资7.8个百分点,其中教育业、文化体育和娱乐业、道路运输业投资分别增长17.7%、13.9%和9.0%。三是市场预期和信心逐步改善。12月份,制造业采购经理指数分别较上年同期和2019年年中提高 0.8 个百分点。非制造业商务活动指数全年始终稳定在 52.8%—54.8% 区间之内,扩张态势显著。

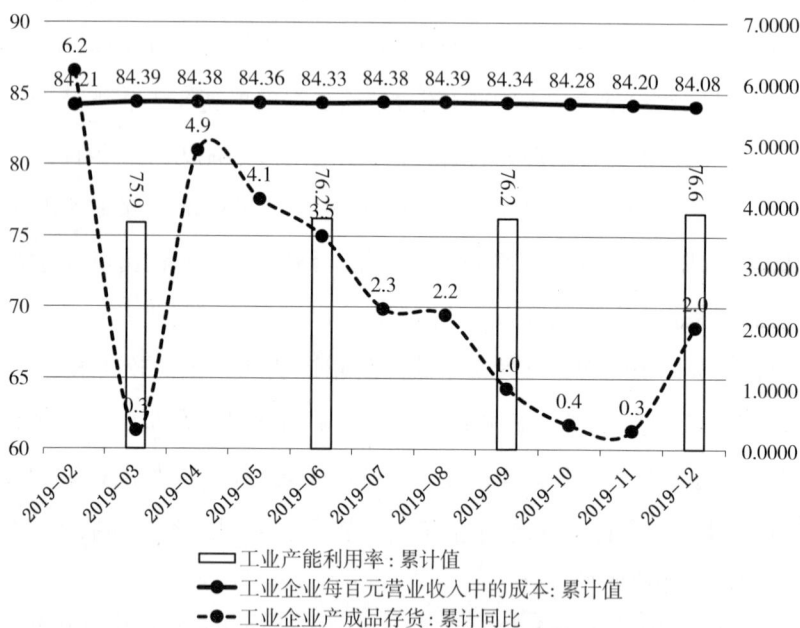

图 1-2　工业产能利用率、企业成本及产成品存货变化情况

——虚强实弱。虚拟经济板块市场销售表现抢眼,而实体经济相对疲弱。一方面金融市场运行基本稳定。股票市场震荡上行,上证综指、深证成指、创业板指等主要股指较年初均有不同程度上涨,股市活跃度有所上升。债券市场运行总体平稳,债券发行规模与上年基本持平。包商银行事件的影响得到有效管控,央行持续推进贷款市场报价利率(LPR)改革,引导实体经济融资成本逐步下行。另一方面实体经济发展仍面临多因素掣肘。2019 年年初以来,受内外部市场需求逐步转弱、工业品价格持续回落、综合经营成本居高不下等因素影响,企业盈利能力持续恶化。全年规上工业企业利润总额同比下降 3.3%,增速较上年大幅回落 13.6 个百分点,工业企业亏损数量和亏损额度分别增长 11.5% 和 16.0%,亏损扩面趋势愈发明显。

综合来看,全年经济趋稳的主要原因是,中美经贸谈判在曲折中推进,总

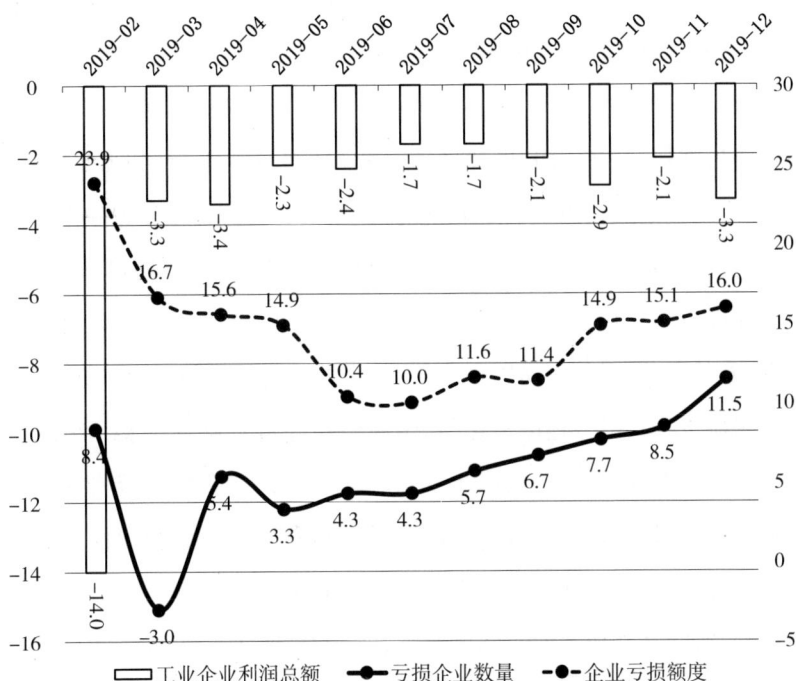

图 1-3　工业企业利润总额、亏损企业数量及额度累积同比增速（%）

体上取得积极进展。供给侧结构性改革和逆周期调节政策措施持续发力,我国经济发展的潜能韧性得以有效释放。

二、面临的主要问题和风险挑战

当前,我国经济下行压力有所加大,结构性、体制性、周期性问题相互交织,内外部、长短期、宏微观风险持续累积,叠加新冠肺炎疫情影响,对短期经济平稳运行形成一定压力和挑战。

——全球经济同步放缓趋势增强。一是发达经济体下行压力趋升。2019年前三个季度,美国 GDP 同比增长 2.3%,季度经济下行压力增速持续回落不断加大。欧盟经济增速持续疲弱,2019 年欧盟 28 国 GDP 仅增长 1.5%,德国、英国、法国等主要经济体表现均不及预期。日本经济延续下行态势,2019

年日本 GDP 同比增速仅为 0.7%，季度环比折年率仅为 0.7%，实现由正转负。二是新兴经济体增长不及预期。印度经济增速出现大幅放缓，2019 年四季度印度 GDP 仅增长 4.7%，增速水平创近 6 年新低。巴西、俄罗斯、南非经济均呈现微增长态势，全年 GDP 同比增速仅分别为 1.1%、1.3% 和 0.2%。受经贸冲突、经济制裁等因素影响，韩国、土耳其、墨西哥等国经济增速较上年同期均出现不同程度回落。三是全球地缘冲突事件频发多变。2019 年年初以来，全球经贸环境持续恶化，英国无协议脱欧、日韩贸易争端等地缘政治经济事件频发多变，尤其是 2020 年年初以来美伊、叙土冲突持续升级，对全球经济平稳运行造成明显干扰。受上述因素影响，国际机构普遍下调了全球经济增长预期。

——局部性、区域性矛盾困难依然较多。一是融资难融资贵问题难以有效解决。受环保、能耗、行业监管等多方面政策门槛约束，企业信贷获取难度加大，资金供需不匹配现象依然突出。尽管 LPR 新机制实施后曾进行多次下调，但企业实际融资成本回落幅度有限，2019 年 12 月份温州民间借贷综合利率 14.88%，高于金融机构人民币贷款加权平均利率 9.0 个百分点以上，且评估、担保、风险金等其他隐性成本未见明显下降。二是政策落地执行效果有待进一步提高。受配套机制建设不完善、政策差异化和精准化程度不高等因素影响，惠企政策落实与企业预期仍存一定差距。部分政策执行过程中“一刀切”现象较为突出，政策制定初期未预料到的间接性、衍生性影响致使政策的执行效果和企业的获得感均有所削弱。三是部分地区经济下行压力较大。受下游需求不振、大宗商品价格波动等因素影响，内蒙古、陕西等资源主导型省份经济增长表现不佳，GDP 增速整体低于全国平均水平。东北地区近年来经济下行压力较大且 2019 年表现同样突出，黑、吉、辽三省经济增速均低于全国平均水平。天津、山东等部分沿海省市受产业结构、营商环境等因素影响，增速水平明显偏低。四是地方财政收支平衡风险加大。在民生保障、重点项目建设等刚性支出不减的背景下，政府财税收入减少、隐性债务化解压力较重、税收开源能力不足等因素致使地方财政收支困难加大。个别地区税收收入连续负增长的情况增多，保工资、保运转、保民生的“三保”压力趋升。

——债务、金融领域风险隐忧仍存。一是高杠杆风险压力不减。2019 年我国宏观经济杠杆率增至 245.4%,债务水平依然偏高。其中,居民部门和政府部门杠杆率上升较快,年末二者已分别增至 55.8% 和 38.3%,其中低收入家庭债务水平上涨过快,"短借长用""借新还旧"等问题有所增多。二是流动性分层风险不容忽视。受包商银行事件影响,中小金融机构流动性总体趋紧,流动性分层现象较为明显。截至 12 月中旬,股份制银行、城商行、农商行 6 月期同业存单月均发行利率分别高于国有银行 6.31BP、59.10BP 和 38.58BP;1 年期同业存单月均发行利率的差距同样有所扩大,流动性分层现象边际恶化风险有增无减。三是债务违约风险趋升。截至 2019 年 12 月末,全国地方政府债务余额达 21.3 万亿元,较 2018 年末增加 29210 亿元。部分中西部省份如新疆、甘肃、云南、贵州、青海等地负债率均在 60% 以上,偿债和付息压力普遍较大。债券市场违约事件增多,截至 12 月中旬银行间和交易所违约债券共计 153 只,涉及的债券本金规模达 1185.64 亿元,违约规模处在历史高位,其中 39 家发行人首次发生违约行为。

——保障和改善民生压力加大。一是潜在就业压力不容低估。虽然 2019 年我国就业形势总体较好,但当前民营和中小企业发展信心不足,就业预期持续走低,就业结构性风险上升。转型发展地区就业接续难度加大,创业公司融资难度进一步增加,创业带动就业的示范效应趋弱。全球制造业竞争加剧、就业岗位外迁风险加大,国有企业改革、减员的压力加大,部分地区、部分行业低技能群体转岗就业较为困难。二是消费价格结构性上涨压力不减。2019 年下半年以来,受食品尤其是畜肉类商品价格快速上涨带动,总体物价水平涨幅显著。12 月份,CPI 同比上涨 4.5%,涨幅水平创 2012 年以来新高。在居民劳动报酬和财产性收入增长乏力的背景下,居民食品的刚性需求支出上升明显,低收入群体反映尤为强烈。

——新冠肺炎疫情短期影响较大。2020 年年初以来,新型冠状病毒肺炎疫情强势来袭,受此疫情影响,交通运输、餐饮、娱乐、旅游等行业经营和制造业生产遭受明显冲击,消费和投资需求也受到抑制,疫情扰乱了我国经济短期运行的节奏,短期供给和需求面临收缩,企业复产复工困难同样较多,导致2020年一季度经济形势发生较大变化。

三、2020年经济走势预判

2020年初的新冠肺炎疫情加大了短期经济下行的压力,但不会影响我国经济中长期发展趋势。展望全年,在经济良好的基本面和发展韧性条件下,辅以加力的政策措施,全年经济将呈现逐步回稳态势。

——工业增长回落后逐步反弹。2019年四季度以来,工业经济呈现回升态势,但受疫情冲击,今年一季度工业增速大幅回调,但疫情结束后会快速回稳回升,预计2020年后三季度工业增长总体稳定。从有利条件来看:一是企业库存周期触底反弹。2019年制造业整体处于去库存周期,当前库存水平处于低位,这为今年行业库存回补提供了较大空间。以汽车行业为例,前期库存超调的汽车行业已经率先开启了补库存周期,2019年9月份汽车企业库存94.2万辆,为近年来的最低水平,之后进入库存回补,12月份达到108.2万辆,同期汽车行业的增加值增速也开始显著上行,由9月份的0.5%回升至12月份的10.4%。同时销售端逐渐好转,12月份汽车销售增速已经转正,预计未来销售端的好转将进一步向生产端传导,支撑汽车行业增速进一步上行。从历史规律和先行指标来看,预计制造业整体转向"补库存"的拐点将在2020年下半年出现,加之2019年基数较低,将有力支撑2020年制造业的整体景气上行。二是新动能行业保持较快增长。随着供给侧结构性改革的持续推进,新动能行业方兴未艾,加之政策倾斜支持,产业规模持续扩张,2020年将大概率延续2019年的快速增长态势。三是政策效应持续显现。2019年尤其是下半年以来出台的一系列稳增长政策,其政策效应将在2020年陆续显现,如持续推进的减税降费政策、针对制造业的信贷倾斜政策,都将在一定程度上缓解企业的生产经营困难,推动企业恢复和扩大生产。从不利条件来看:一是国内外需求依然疲弱。2020年国际经济贸易整体保持趋势下行,国内消费和投资景气度难以显著回升,内外需疲弱对工业企业扩大生产的拉动力不足。二是部分省份能耗指标超标。2020 年是"十三五"收官之年,国家必将对"十三五"期间能耗"双控"目标进行考核,而部分省份"双控"指标已超出国家下达任务,新工业项目落地将面临较大限制。三是主要工业品价格持续走低。2019 年以来 PPI 指数持续负增长,大部分大宗工业产品价格持续走低,企业销售预期减弱,扩大生产动力不足。

——服务业增长总体趋缓。2020 年受到疫情冲击,预计服务业总体呈现稳中趋缓态势。从有利条件来看:一是新兴行业快速增长。2019 年以来,以战略性新兴服务业、高技术服务业和科技服务业为代表的服务业新动能持续保持快速增长,增速均高于服务业整体水平,预计 2020 年上述势头仍将延续。二是政策红利持续释放。年初以来持续推进的减税降费、降低融资成本以及培育拓展新的商品和服务业增长点等一系列政策措施相继落地,政策成效有望持续释放。从不利条件来看:一是部分生产性服务业增速放缓。中上游行业放缓或带动交通运输、仓储和邮政业等生产性服务业有所放缓。二是金融业增加值放缓。人民币贷款将平稳增长,债券发行有望保持较快增速,股票市场成交将继续修复,但考虑到上年高基数因素影响,预计金融业增加值增速也将略有放缓。三是第三产业受到疫情冲击最为显著。近期新冠肺炎疫情形势严峻,餐饮、文化娱乐、交通运输、旅游等行业遭遇明显冲击,店铺停业、订单取消等现象极为普遍,对全年服务业增长造成影响。

——消费增长保持相对低位。受到疫情冲击影响,一季度消费增长大幅回落,部分后期消费会呈现补偿式增长,总体判断 2020 年消费将保持低位增长。从有利条件来看:一是居民收入和就业保持稳定。在各地贯彻落实就业优先战略和稳就业各项政策的作用下,2019 年以来我国就业形势和居民收入增速总体保持平稳。二是汽车销售有所好转。2019 年消费增长低迷主要受到出行类商品尤其是汽车销售不佳因素影响,近期出行类商品特别是汽车销售降幅收窄,预计 2020 年下半年在低基数等因素作用下将进一步好转。三是升级类消费仍将保持较快增长。在消费升级大趋势下,消费升级类商品销售增速逐步加快。新能源汽车、智能家用电器和音像器材等商品实现快速增长，预计 2020 年上述趋势仍将延续。四是线上消费平台崛起，一定程度上对冲疫情冲击。当前实物商品网上零售已经占到全部社会消费品零售总额的 1/5，网络消费的崛起一定程度上对冲了疫情对于消费乃至于对经济整体的拖累。从不利条件来看：一是居民部门杠杆率持续走高抑制居民消费增长。2019 年末居民部门杠杆率增至 55.8%，较 2018 年末再次提高 3.7 个百分点。央行研究报告指出，当前居民杠杆率水平每上升 1 个百分点，消费增速将下降约 0.3 个百分点。高杠杆条件下，偿贷等刚性支出在居民总支出中的比重提高，导致消费对于收入变动的敏感度进一步加大。二是价格上涨压力较大。在猪肉等畜肉价格快速走高带动下，2019 年 CPI 逐步上行，12 月份已达到 4.5%，预计2020 年 CPI 上涨压力整体大于 2019 年，对消费增长形成一定制约。三是疫情冲击下部分消费增长放缓。从"非典"经验来看，除日常用品外，部分可选消费在疫情期间大幅减速，虽然疫情结束后，部分消费可能呈现补偿性增长，但难以弥补全部损失。

——投资增长持续回稳。从有利条件来看：一是基建投资将延续当前反弹态势。展望 2020 年，专项债额度有望进一步扩大，发行提前且速度加快，专项债使用范围扩大，部分基建资本金比例下调，基建投资可能逐步回升。二是补短板投资快速增长。2019 年以来高技术服务业、工业技改以及教育投资等补短板投资快速增长，是整体投资增长的重要拉动力。预计在补短板政策倾斜支持下，上述领域投资将继续保持较快增长。从不利条件来看：一是投资预期和信心不足。国内外经济下行压力进一步加大，企业利润增长放缓，企业家扩大投资的信心和预期均有所不足。三是房地产投资增速有所下行。本轮地产周期已步入下行通道，并已表现为房地产新开工项目和土地购置费同比增速的持续下滑。然而，2018—2019 年所累积的大量未完工项目，有望为 2020 年建安投资提供有力支撑，因此预计房地产投资增速的下行空间有限。三是地方政府面临的资金约束较多。减税降费政策大力实施、土地市场景气度不高以及地方政府化债负担加重等因素制约了地方政府的资金来源，对固定资产投资增长形成掣肘。

——出口增长面临挑战。当前疫情在全球蔓延,尚未出现拐点,多国采取封闭措施,全球经济和贸易增长或将陷入衰退。

——价格总水平保持温和。当前疫情冲击确实带来了部分消费品价格的上涨,但其影响短暂且具有局部性,2020年上半年CPI有望创出新高,个别月份存在突破5%的可能,但之后在猪肉价格回落和高基数因素影响下将实现逐步回落。然而,上述预测需建立在非洲猪瘟不会再度大规模暴发和全球粮食市场有安全保障的前提下,一旦非洲猪瘟落地生根并大规模暴发,养殖户将遭遇重创,或者国际游资炒作粮食市场,食品价格的上涨可能突破原有预测。三大因素显著影响PPI未来走势。一是大宗商品价格波动带来的输入性影响。二是国内需求拉动。总体上看,虽然2020年需求面仍处在偏弱区间,预计2020年PPI负增长压力将进一步加大。三是疫情冲击下,工业生产需求减弱,PPI走弱压力更大。

四、政策建议

2020年是全面建成小康社会和"十三五"规划收官之年,要坚持"稳中求进"工作总基调,统筹国际国内两个大局,统筹推进稳增长、促改革、调结构、惠民生、防风险、保稳定,打好抗疫斗争,纲举目张、精准施策,充分发挥供给侧结构性改革和逆周期调节政策合力,释放微观主体活力,提升经济内生动力,激活蛰伏的发展潜能,加大"六稳"工作力度,保居民就业、保基本民生、保市场主体、保粮食能源安全、保产业链供应链稳定、保基层运转,推动经济运行在多重目标中寻求动态平衡,保持全年经济实现量的合理增长和质的稳步提升。

——强化逆周期调节政策的落实,加快推动形成实物工作量。积极的财政政策要更加积极有为,提高赤字率,进一步扩大财政赤字规模,发行应对公共卫生事件的特别国债。加快积极财政实施节奏,加快支持企业发展资金兑现进度。加大财政收支结构调整力度,大力压减一般性支出,取消不必要的项目支出,从严控制新增项目支出。加大对重点领域和薄弱环节等方面的支出力度,加大对地方特别是困难地区财政保障力度,增加地方政府专项债券规模,合理扩大专项债券使用范围,加强专项债项目储备、筛选和管理,提升资金使用效率。加大对疫情地区的转移支付力度,针对疫区分类进一步阶段性降低社保缴费率和增值税、所得税率或延迟缴纳,对受疫情影响较大的重点行业和企业可考虑实施全面减税降费政策。对防控重点物资生产企业扩大产能购置设备允许税前一次性扣除,全额退还期间增值税增量留抵税额。稳健的货币政策要更加灵活适度,运用降准、降息、再贷款等手段,保持流动性合理充裕,视疫情进展适当增加降息降准次数或将实施时间窗口提前,采取适应财政扩张的货币政策以加大购买国债力度。注重以改革的办法疏通货币政策传导机制,引导市场利率水平下行,以更好满足实体经济运行、债务保持接续的需要,降低民营小微企业等社会融资成本。加强央行的资产负债表管理,加大基础货币投放,增加支农、支小、扶贫再贷款以及小微企业再贴现等,加大疫情重点区域定向信贷支持,对重灾地区和行业进行尽快定向降息降准,确保中小微企业贷款量增价降。对受疫情影响严重的企业到期还款困难的,予以展期或续贷。同时,加快建立各部门政策协调和工作协同机制,加强投资、生态环保、金融监管等政策的协调。

——深化供给侧结构性改革,推动制造业高质量发展。实施制造业降成本专项行动,可考虑降低制造业企业的所得税,切实解决制造业发展面临的突出问题。通过税费、社保减免等方式,帮助在中美经贸摩擦中受影响较大的行业龙头企业渡过难关。对制造业企业实行定向降准降息,鼓励企业加快转型升级步伐。依托龙头企业加快构造产业生态,提升产业链水平。加大金融对制造业和民营小微企业的支持力度,建立较为完善的民营和小微企业融资支持政策制度体系,加大对企业技术改造的支持力度,加快推动科技成果转化应用。鼓励企业开展绿色制造,提高智能化和清洁化生产水平。强化卫生应急储备物资动态管理,健全物资储备和调用制度,增加紧缺的重点医疗防控物资生产。

——扩大有效内需,强化用改革的办法释放需求潜力。消费方面,充分挖掘超大规模市场优势,提振汽车消费,逐步取消或放松部分城市限购政策,将汽车购置税并入消费税,促进汽车消费优化升级;加快育婴、托幼、健康、养老、体育等服务业高质量发展,增加多样化、精细化商品与服务供给;积极培育壮大国内市场,适当降低进口产品特别是消费品关税水平,加快境外消费回流。投资方面,引导资金投向供需共同受益、具有乘数效应的先进制造、民生建设、基础设施短板等领域,加强战略性、网络型基础设施建设,实施"5G+中国"工程,加快5G商业化运用和智慧城市建设,加快已规划的轨道交通、城际铁路项目开工建设,加快自然灾害防治重大工程实施,加强市政管网、城市停车场、冷链物流等建设。加大教育和医疗等服务业领域对社会资本和外资的开放力度,放松民间资本和外资参与教育和医疗领域投资的限制。

——进一步强化风险监测和预警,坚守不发生系统性风险的底线。房地产市场坚持分类分城施策,强化地方政府调控的主体责任,防范房价大幅波动风险。进一步完善宏观审慎管理框架,统筹做好金融基础设施、金融控股公司、系统重要性金融机构监管。化解互联网金融存量风险,妥善解决融资平台到期债务问题,做好债务平滑接续,避免出现债务集中违约,加强监管协调,稳妥化解债务风险。深化金融供给侧结构性改革,优化金融体系结构,加快不良资产处置,多渠道补充各类银行尤其是股份制银行、地方中小银行的资本金。加快完善资本市场基础制度,提高上市公司质量,健全退出机制,加快构建银行、股票和债券等全方位的金融支持服务体系。强化社会领域风险监测预警,高度重视重大公共安全事项对经济社会发展的不利影响。

——稳妥并灵活应对外部压力,进一步推动高水平对外开放。进一步提升跨境贸易投资的便利化水平,高质量共建"一带一路",进一步扩大利用外资,加大市场开放力度,进口更多优质产品满足市场多元化需求,继续支持自贸试验区建设,大力推进综合保税区高水平开放、高质量发展,推动外贸商务高质量发展。稳步推进人民币国际化和资本项目可兑换,推动金融业在更大范围、更宽领域、更深层次的有序开放。

——从民众的根本利益诉求出发，有效解决民生领域的实际困难。多措并举稳就业，推动就业稳岗基金落地见效，新增就业补助基金，降低社保费率，加大失业保险费返还力度，推进灵活就业社保补贴。做好高校毕业生、农民工等重点群体就业帮扶，加大创业担保贷款支持。补助在岗转岗培训，对农民工进行线上培训。鼓励推行灵活用工和办公政策。引导产业资本和社会力量进入养老等领域，进一步拓宽就业空间。完善就业服务体系，利用补助等方式支持人力资源服务机构发展，提升零工市场综合服务功能和综合服务水平。尽快建立企业应对疫情复工复产帮扶机制，提前防范因复工困难可能造成的失业，对主动增加就业岗位达到一定条件的中小企业提供专项奖励。千方百计促增收，完善保障工资增长的第三方机制，进一步加大对低收入群体、贫困人口、特殊困难地区的帮扶力度。逐步增加城镇普通从业人员的收入，拓宽农牧民增收渠道。统筹平衡稳物价，及时做好重点农产品保供稳价，全力保障"菜篮子"产品等生活必需品供应。建立社会救助和保障标准与物价上涨挂钩的联动机制，确保农产品价格上涨不影响困难群众的生活水平。补贴并保障低收入人群和前期失业人员的生活水平不因疫情受影响。

（执笔人：杜飞轮、刘雪燕、何明洋、杜秦川）

第二章　2019 年消费形势分析及 2020 年展望

2019 年我国消费形势总体保持平稳,消费升级与消费下沉趋势更加明显,线上线下消费加快融合发展,新消费对经济增长的促进作用不断扩大。但仍然存在一些突出问题和短板,如居民消费意愿持续下降、消费亮点出现回落、农村消费市场短板突出、消费性价比低以及消费政策效果不明显等。2020年,综合考虑新冠疫情冲击影响,居民就业总体稳定和收入持续增长,以及供给创新对需求的响应能力提高等因素,全年社会消费品零售总额增长1%左右,如采取针对性措施,则增速可达到2%左右。为进一步促进消费稳定增长,应加快提高中等收入群体收入能力,鼓励增加高品质产品和服务供给,合理发挥财政资金引导消费回升作用的相关政策,多措并举改善消费软硬环境。

一、2019 年消费呈现稳中趋缓、缓中有新态势

2019 年以来,我国消费总体呈现出稳中趋缓、缓中有新态势,全年社会消费品零售总额增速为8%,较 2018 年回落 1 个百分点。

(一)消费增长稳中趋缓,消费驱动型增长模式加快形成

一是社会消费品零售总额增速缓慢下降。2010 年以来,社消额增速呈现缓慢下降的趋势,可以分为三个阶段:2010—2014 年表现为台阶式下降,从18%—20%下降到 12%左右;2015—2017 年基本稳定在 10%—11%;2018 年回落至 10%以下,2019 年又进一步下降至 8%,同比下降 1 个百分点,实际增

速为 6%,创 2003 年以来的新低。二是居民消费支出保持平稳增长。近年来,
居民消费支出一直保持平稳增长态势,2019 年,全国居民人均消费支出 2.16
万元,较 2018 年增加 1706 元;2014 年以来,居民消费支出增速接近于 GDP 增
速,2019 年同比实际增速为 5.5%,略低于 GDP 增速 0.6 个百分点。三是最
终消费对经济增长的压舱石作用突出。作为经济增长的第一拉动力,消费平
稳增长对保持经济运行在合理区间发挥了"压舱石"和"稳定器"作用。2015
年一季度以来,最终消费支出对 GDP 增长的贡献率在较高水平波动并且显著
高于投资和净出口,2019 年达到 57.8%,分别较投资和净出口高 26.6 和 46.8
个百分点。

（单位：%）

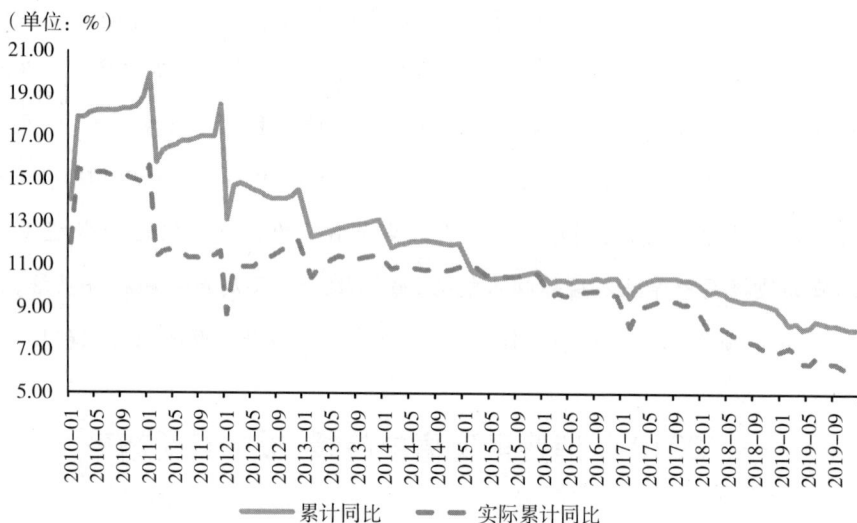

图 2-1　社会消费品零售总额累计增速

数据来源:wind 数据库。

（二）消费升级步伐加快,新的消费增长点不断涌现

随着居民收入水平持续提高,居民消费结构向发展型品质型消费、由商品
消费为主向商品与服务消费并重升级的趋势更加明显,突出表现在消费内容、
消费模式、消费场景等方面出现了一些新情况新特点。一是消费者更加注重
服务消费带来的体验。2019 年,在人均居民消费支出中,旅游、文化、信息等

服务消费占比已达 45.9%,比上年提高 1.7 个百分点,保持高位水平,凸显了居民消费向服务消费升级步伐加快。据有关机构统计,2018 年,中国视频付费规模超过 1.85 亿人,预计 2019 年将突破 2.5 亿人。2019 年,规模以上文化及相关产业企业实现营业收入 86624 亿元,同比增长 7%。"数字化+体育"的代表产物电子竞技在 2019 年爆发式增长,电竞用户突破 3.5 亿人,产业生态规模预计达 138 亿元。旅游消费快速增长,2019 年国内旅游人数达 60.15 亿人次,旅游总收入达 6.6 万亿元。旅游服务品质和感受逐渐成为消费者选择旅游路线的主要因素,由"观光式旅游"向"体验式旅游"转变,"旅游+体育"产业正在以 30%—40% 的速度快速增长,预计 2020 年该市场总消费规模将突破 1 万亿元。二是消费场景更加多样。消费者既会在大型超市购买小家电,也会使用拼团购方式购买日常消费品,还会通过各类平台购买奢侈品;既会去集贸市场采购,也会去无人商店、扫脸支付等新零售业态体验消费。另外,基础设施的完善使得夜间经济发展迅速,有关数据显示,2019 年有 60% 的消费活动发生在夜间,大型商场的销售额超过 50% 发生在 18 时至 22 时,夜间经济的快速发展迎合了时下年轻人的消费新主张。三是智能化、品质化和绿色化消费成为升级的新方向。2019 年,符合消费升级方向的化妆品类、通信器材类商品的消费分别增长 12.6% 和 8.5%,同比加快 3 个和 1.4 个百分点。新技术快速应用带动新品消费蓬勃发展,天猫新品销售额占比连年增长,从 2017 年的 24% 提升到 2019 年的 35%。消费者更加注重产品和服务的品牌品质,也更关注消费产品和服务是否节能环保。2019 年,新能源汽车销量占汽车销量的总体比重达到 4.68%,较上年提高 0.21 个百分点。

(三)线上线下融合发展促进消费更加多元化

一是线上消费始终保持较快增长。2015 年 2 月至今,网上商品和服务零售额增长了 2.75 倍,其中实物商品网上零售额增长了 2.63 倍,其占社消额的比重也从 2015 年 2 月的 8.3% 提高到 2019 年的 20.7%。网络购物用户规模也从 2016 年的 4.66 亿人增加到 2019 年上半年的 6.39 亿人,增加了 1.73 亿人。二是线上消费内容更加多元立体。近年来，随着各种线上购物 App 的发展，线上购物可供消费者选择的产品品类和档次不断多元化。从品类看，线上购物平台便捷了二手产品的销售，如目前国内主要二手商品交易平台的移动 App 活跃用户数由 2016 年 7 月的 1413.37 万人增加至 2019 年 12 月的 1.2 亿人，增长近 10 倍。线上消费的供给方式也更加立体，如近两年的网络直播购物，让消费者能更加直观地感受所售商品，一定程度上提高购物满意度。三是线上线下的互动性更强。线上线下各种消费渠道相结合的全渠道购物已经成为主流，如一些服装销售品牌的线上线下销售渠道已经完全打通，消费者既可以在实体店试用，再通过线上下单，也可以实现在线上下单，之后到实体店取货。并且随着 5G 商用加快推进，线上线下一体化的无缝衔接综合体验将会为消费者带来更加便捷、高效的购物体验。

（四）消费下沉趋势明显，低线级城市成消费新增长点

一是低线级城市消费能力显著增强。2010—2018 年，一线及新一线城市人口占全国人口的比重从 16.5% 提高到 17.6%，但社消额占全国的比重却从 32.3% 下降到 30.6%，这说明低线级城市的消费能力持续增强。2019 年"6·18"期间，某品牌跑步机在天猫上线后销量一路攀升，据统计，购买者中七成来自三线及以下城市，"小镇青年"的高品质购物需求正在快速释放。二是低线级商品和服务供给能力也在逐渐增强。2019 年商品流通体系进一步完善，通过推动传统零售网点升级改造，优化商品和服务供给，提升消费品质，实现工业品下乡、农产品进城。由于低线级城市在人口规模、消费者结构、消费意愿等方面提升迅速，相对于高线级城市消费体量逐步饱和，低线级城市正在成为消费市场的下一片蓝海，相关企业已经开始重视开拓低线级市场。三是低线级城市消费结构加快升级。统计数据显示，我国居民收入基尼系数整体呈下降趋势，三、四线与一、二线城市的收入差距在逐渐缩小，同时低线级城市拥有相对较高的收入和相对较低的生活成本，可挖掘的消费潜力巨大。加之高线级城市人口回流带动，消费理念和消费方式快速向大城市看齐，低线级城市

消费结构持续升级,"小镇青年"的潜力正在释放。以电影消费为例,2011 年大部分低线级城市的剧院、影院数量还相对较少,仅是个位数,到 2019 年三、四线城市票房增长迅速达 222 亿元,成为新增长点。综上,高线级城市的消费观念和消费项目会持续向外传导,消费下沉趋势也会进一步发生,消费领域的区域差异性有可能成为支撑消费持续增长之所在。

（单位：%）

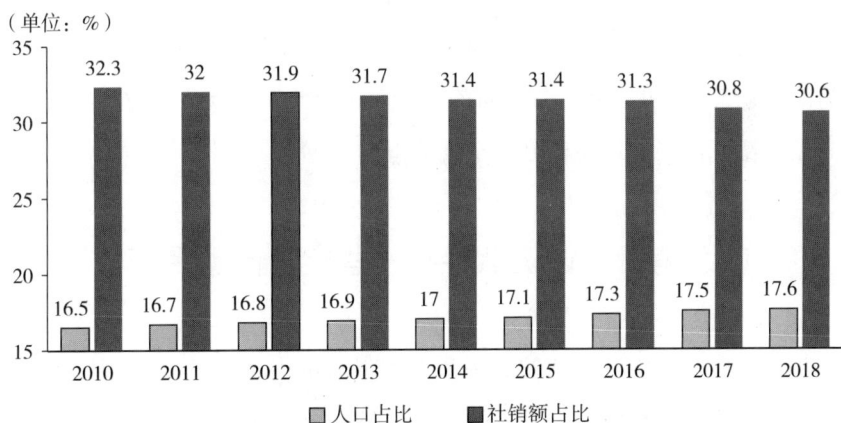

图 2-2 2010—2018 年一线和新一线城市人口占比和社消额占比

数据来源：根据国家统计局相关数据整理得到。

（五）汽车等大宗消费疲弱拖累消费增长

2018 年 5 月份以来,汽车消费开始进入低迷状态,除 2019 年 5、6 月份短暂回暖之外,汽车消费单月一直处于负增长状态。由于在社消额中汽车类和石油类商品销售占比约为 15%,汽车消费的负增长就对社消额增速形成比较明显的拖累。2019 年,限额以上批发和零售中汽车类销售同比增速为-0.8%。虽然降幅较 2018 年有所收窄,但仍对社消额增速产生较大拖累,汽车类消费拉低社消额增速约 1 个百分点,除汽车以外的消费品零售总额增速为 9%。由于汽车产业链条长,汽车行业整体低迷将对上下游企业产生不利影响,甚至拖累整体经济增长。乘联会先行指标显示,2019 年 12 月份,全国乘用车市场零售同比下降 3.4%,期望中的春节前回暖走势未达正常水平。

另外，2019 年下半年以来，部分城市陆续放开限购，但部分东部发达省份受城市容量、基础条件和交通管理水平等硬约束，限购措施放松并没有显著提升居民购车意愿。受成品油价格回落、汽车销售量下滑等因素影响，石油及制品类消费增速仅为 1.2%，同比下降 12.06 个百分点。且 2018 年下半年以来，受房地产销售下滑的影响，与居住相关的消费增速逐渐放缓，家用电器与音像器材类、家具类、建筑及装潢材料类消费占社消额的比重约为 3.6% 左右，这类消费增速放缓必然在一定程度上拖累社消额增速。2019 年这三类消费增速分别为 5.6%、5.1% 和 2.8%，分别回落 3.3、5.0 和 5.3 个百分点，石油类和居住类商品共拉低社消额增速约 0.8 个百分点。

二、消费领域仍然存在一些突出问题和短板

与人民群众对美好生活的需要和形成强大国内市场的要求相比，由于各种体制机制障碍，仍然存在着制约居民消费潜力释放的短板，也影响了消费对经济发展基础性作用的更好发挥。

（一）居民消费倾向继续下降，中等收入群体收入增长乏力，收入对消费支撑力下降

一是居民消费倾向稳中有降。2019 年，我国居民平均消费倾向为70.14%，较 2018 年微降 0.19 个百分点。其中，城镇居民下降了 0.28 个百分点，农村居民则提高了 0.25 个百分点。从人民银行城镇储户问卷调查情况看，2019 年四季度城镇储户中愿意"更多消费"占比为 28%，较 2018 年同期回落 0.6 个百分点，而"更多储蓄"占比达到 45.7%，较 2018 年同期提高 1.6 个百分点，而储蓄的增加将直接挤占居民的消费。二是居民收入对消费较快增长的支撑力下降。最近一年来居民收入增速持续下滑，2019 年全国、城镇和农村居民的人均可支配收入实际增长 5.8%、5.0% 和 6.2%，均为 2013 年以来新低。特别是与"中等收入群体"概念相对应的中等与中等偏上户收入名义

增速,分别从 2014 年的 12.3% 和 10.6%,大幅回落至 2018 年的 3.1% 和 5.6%。中等收入群体的收入增长不仅显著滞后于同期 GDP 水平,也明显慢于其他收入阶层,加之抚幼养老等负担较重,家庭消费结构性挤压加大,中产阶级存在普遍焦虑现象,直接导致收入对消费支撑力下降。如 2019 年四季度人民银行城镇储户调查问卷数据显示,未来 3 个月预计增加支出中,医疗保健类占比为 27.5%,较 2018 年同期上升了 1.2 个百分点,这也反映出随着人口老龄化和二胎政策的实施,家庭为抚幼养老的支出在不断提高。三是居民杠杆率提升,对消费挤压效应明显。目前我国居民部门杠杆率虽低于世界平均水平,但上升速度较快,2009—2018 年累计上升 29.8 个百分点。截至 2019 年前三季度,居民部门杠杆率已达 56.3% 的历史最高水平。据人民银行测算,居民杠杆率水平每上升 1 个百分点,消费增速将下降约 0.3 个百分点,消费增长将持续承压。

(二)消费亮点仍在但回落明显

一是消费新业态及升级类消费增速明显下降。2019 年网上商品和服务零售额累计增长 16.5%,虽快于社零额,但已较上年大幅回落 7.4 个百分点。假日消费增速也出现放缓,2019 年国庆黄金周国内旅游消费金额和人次分别同比增长 9.1% 和 8.9%,较 2018 年回落 1.3 和 0.4 个百分点。2019 年前三季度,星级饭店营业收入合计为 1430.9 亿元,同比减少 71.02 亿元。且自 2018 年四季度以来,星级饭店的平均出租率一直呈现出负增长的态势。2019 年民航客运量同比回落 2.4 个百分点,除 1 月和 9 月外,民航客运量当月同比增速均较 2018 年同期出现回落,如 2019 年 10 月增速同比回落 5.4 个百分点。二是新兴服务消费带动效应弱。文体娱乐等新兴消费巨大的增长空间在于能够通过服务需求带动相关用品等更长链条的需求。2019 年教育、文化和娱乐服务类消费占居民消费支出的比重为 11.7%,同比增加 0.5 个百分点。但自 2018 年 2 月份以来,体育、娱乐用品类零售额增长呈现出低迷的趋势,2019 年增速为 8.0%,虽然较 2018 年提高 10.72 个百分点,但仍比 2017 年同期水平低7.6个百分点。这表明,当前我国文体娱乐消费更多还是单纯服务需求的满足,对相关产品消费带动效应弱,质量和规模还处于较低水平。

(三)农村消费面临多重制约,市场需求难以有效满足

目前,农村人口占我国总人口的比重为40.42%,但是农村消费品市场占总体市场的比重仅为14.66%。造成这一现象的主要原因表现为以下几个方面:一是农村消费设施不完善、建设进度和水平明显滞后于消费需求的发展,水电路气信等基础设施水平低、条件差、公共服务设施建设发展仍较缓慢,严重制约农村居民消费,如冰箱、空调等大功率电器的生产和使用需要相关的电力设施配套,很多地方的这些配套设施仍然无法满足消费者的需求。另外,农村流通渠道不畅通且发展滞后导致农村市场商品品类不齐全、选择余地小、服务不到位。比如由于农村冷链物流的缺乏,至今仍有很多农村地区的消费者无法享受最新鲜的牛奶等。二是农村消费环境亟待整治。全国81个地市/区的农村集贸市场调查显示,47.1%的市场存在"三无"产品问题,近80%存在假冒或伪劣产品问题。消费者权益保护短板突出、维权难度大。这些都严重制约着农村消费需求的释放。三是农村消费金融发展滞后。部分地区服务农村的金融机构积极性不高,农村个人征信体系不健全,金融机构倾向于提高农村消费信贷的利率或相关费用,导致农村消费信贷成本高,也降低了农村居民消费的积极性。

(四)国内消费性价比低造成境内消费外流和入境消费持续低迷

在消费升级趋势下,消费者更愿意为高性价比的商品和服务买单。但当前国内一些商品和服务消费均存在性价比偏低问题,比如一些中高端消费品定价虚高、配套服务不健全、景区管理水平滞后等,导致旅游体验较差,假日经济发展面临重重困难。相比之下,在国外购买中高端商品价格更低、质量更好、服务更有保障,游览体验更优,消费者必然倾向于选择性价比更高的境外消费。《中国公民出境(城市)旅游消费市场调查报告(2017—2018)》显示,接

近 60%的出境游客在出行前拟定购物清单。2019 年,我国出境游约 1.68 亿人次,同比增长超过 12%。根据国家外汇管理局的数据,2019 年上半年,我国境外旅行支出 1275 亿美元。另外,我国入境游持续低迷,与整体经济地位不匹配。尽管酒店、航空公司等已达国际水平,但很多服务体验不够友好,宣传不到位,没有形成竞争优势和特色卖点,国际旅游形象亟待提升。2019 年,我国内地入境游 1.44 亿人次,仅增长 1.98%,低于出境游增速超过 10 个百分点。近年来,北京、上海、江苏和广东等地区入境人数持续负增长。

(五)政策出台较多,但落实效果难达"痛点"

充分发挥消费对经济增长的基础性作用,促进形成强大国内市场已经成为各界共识。去年以来,各部门、各地区陆续出台了一系列完善商品流通、深挖国内消费潜力的政策措施。但从实施效果看,地方普遍反映,政策提供的实际投入少,或是需要地方配套的较多,采取的措施更多是引导社会预期、加强监管与城市管理类的政策,能够带动居民消费能力提升、降低产品与服务价格的政策少之又少。而对于那些适应居民需求的优质产品和服务供给,又缺乏有效政策手段予以引导扶持。如 2019 年上海 Costco 会员店开业当天客流爆满,体现了居民对高性价比商品和高效服务的追求。如何引导企业加大低价正品供给和树立以消费者为中心的意识,这是政策完善落实的重要方向。另外,汽车等大宗商品的鼓励类政策陆续退坡,前期透支消费形成的需求缺口很难用简单总量政策,或是尚处于起步阶段的新消费市场来填补。加之 2019 年以来居民消费价格随着猪肉价格大幅上涨,居民实际支出能力不升反降,现有政策对促进短期消费增长的作用比较有限。

三、2020 年影响消费增长的因素分析及走势预测

(一)就业稳收入增是消费平稳向好的根本保证

就业是经济的"晴雨表",只有经济稳,收入才能稳,消费才能实现稳定增

长。2019年,面对持续加大的经济下行压力,我国就业依然保持总体稳健。全年城镇新增就业1352万人,继续保持在1300万人以上;全年城镇登记失业率为3.62%,保持在较低水平。同时,经济发展对吸纳就业的能力也在进一步增强,随着服务业增加值占比提高,单位GDP带动的就业将继续增加。创新创业成为拉动就业的重要渠道,2019年,我国新登记市场主体2377万户,日均新登记企业2万户,新创设企业提供了许多新的就业机会。2019年前三季度,全国100个城市公共就业服务机构市场数据显示,人力资源市场求人倍率为1.25,招聘岗位数量大于求职人数。就业的持续稳定可为居民收入的平稳增长提供有力支撑,就业稳定和收入增长为消费增长呈现延续稳中向好态势奠定了坚实基础。

中央经济工作会议强调,要多措并举保持就业形势稳定,要稳定就业总量,改善就业结构,提升就业质量,突出抓好重点群体就业工作。可以预见,2020年我国将更加突出创造更多就业岗位和稳定现有就业岗位并重的导向,继续坚持托底安置就业与补齐民生短板联动发力。但同时我们需要注意在部分群体收入持续放缓背景下,可能对居民消费倾向和消费增长产生的负面影响,特别是我国具有4亿人的中等收入群体,庞大的中等收入群体构成了中高端商品和服务的主要消费主体,对质量更优、性能更佳和内容更丰富的消费需求增长更快,这部分人群的消费收入弹性较大,如何保证中等收入群体的收入增长,挖掘这部分人群的消费潜力,是未来消费能否实现平稳增长的关键。

(二)消费者信心和消费预期有望稳中有升

消费者信心能够在一定程度上反映消费者对未来经济走势的预期和消费者未来的消费意愿。虽然近两年消费增速出现下滑,但消费者信心总体仍较强,2018年11月至2019年12月,我国消费者信心指数、消费者满意指数和消费者预期指数长时间保持稳中有升。消费者信心指数持续处于122以上的水平,其中,消费者预期指数在较高的区间波动,已连续14个月保持在125以上。较高水平的消费者信心指数反映出消费者有较强的消费意愿,未来一段时期的消费需求仍然旺盛。展望 2020 年,随着我国全面建成小康社会,收入分配制度不断完善,预期收入水平将不断提高,消费者信心和消费预期将稳中有升。

2019 年末,我国常住人口城镇化率首次突破 60%,但仍低于发达国家 80%左右的平均水平。未来一段时期,随着以人为核心的新型城镇化的深入推进和城乡融合发展,消费者驱动的城镇化将成为主要形式,越来越多的农村转移人口将实现生活方式和消费需求的城镇化,带来消费意愿的进一步上升。未来 10—15 年,农村型消费者可以将目前城市居民消费升级以 2/3 的规模"复制"一遍,不仅体现为消费规模的快速扩大,而且更重要的是体现在城乡居民消费需求形成了中高低档相互衔接、递进升级的多层次体系,这对于形成多元化国内供给结构起到了重要的支撑作用,从而能更加凸显我国强大国内市场的发展韧性和增长活力。

(三)供给创新对需求的响应能力提高

近年来,在供给侧结构性改革持续深化、消费需求日趋多元化个性化的背景下,商品和服务供给在城乡之间、不同年龄段的差异化需求上实现了更高层面的匹配。2019 年,全国实物商品网上零售额增长 19.5%,增速高于社会消费品零售总额 11.5 个百分点,对社会消费品零售总额增长的贡献率超过 45%。随着我国经济逐步迈向高质量发展,供给体系质量的不断提升,将进一步支撑消费结构升级态势的延续。2020 年随着 5G 商用化进程的加快,我国 5G 网络将覆盖全部地级及以上城市,5G 手机市场规模有望超过 1 亿部,高清视频、AR/VR、云游戏、云电脑等信息消费将迎来蓬勃发展,带来整个终端产业链的扩张,有望在拉动消费需求增长、促进产业转型升级、加快新动能培育等方面发挥重要作用。一方面,5G 可以有效促进企业加快提升创新能力,而企业创新能力的提升又将带动消费市场的进一步升级,并带来商品附加值的提高。另一方面,5G 为引领的信息消费也有利于巩固扩大传统消费,积极培育旅游、文化、健身、培训、养老、家庭服务等消费热点,有效拉动新的消费方式,促进消费结构优化升级。此外,消费金融的快速发展,为"80后""90后"人群提供更具针对性的消费信贷支持,也有助于拉升消费增长。

(四)消费主体的结构性变化将带来多样化消费需求

新中国成立以来,我国先后经历了3次人口出生高峰,由此形成的"50后""60后"和"80后"构成当前居民消费的三大主体。2018年末,我国60岁及以上老年人口已经达到2.49亿人,占总人口的17.9%,老龄人口成为全球最多,由此也蕴含着巨大的消费潜力。"50后"进入老年阶段,具有较强的消费能力,推动养老、医疗健康、家庭服务等老龄消费需求快速增长。"60后"消费实力相对最强,关注生活品质改善,对健康养生、休闲娱乐等服务需求更突出。特别是未来随着大量"60后"群体成为老龄人口,养老产业将迎来巨大的人口红利。

近年来,"80后""90后"逐渐成为各类消费的主力,这些群体有着不同于"60后""70后"的消费偏好和特征,更加愿意通过消费清晰表达自己生活交际的理念和态度。同时,消费群体分层特征更加突出。此外,大量"80后""90后"更加重视产品消费体验所能带来的自我满足,以及差异性、个性化、多样化的产品和服务感受,也将不断引领新的消费观念与消费意识,深刻影响着整个商业环境,尤其是快节奏的工作生活让这部分消费群体更加珍惜时间价值,旅游、文化、体育、健康、养老、教育培训等新兴服务消费持续提质扩容,将促进需求快速增加,增强我国经济发展的活力。特别是,目前"85后""90后"正处于婚育高峰期,不仅会拉动吃穿住行等消费品增长,也会带动家政服务、育婴托幼、教育培训和文化娱乐等需求的增长。

需要注意的是,2020年春节前后突发的新型冠状病毒肺炎疫情对生产生活产生了明显影响。从目前情况看,疫情对一季度消费和居民收入产生较大影响,社会消费品零售总额同比名义下降19%,实际下降超过21%;全国居民收入同比名义增长0.8%,实际下降3.9%。但从单月变化看,随着疫情防控形势日趋好转,复工复产、复商复市加快,3月份疫情的冲击影响明显收窄,预计对二三四季度的影响也将进一步收窄。前期中央和地方出台的一系列促进消费回补的措施有望从二季度开始集中显现效果,疫情期间被冻结的部分消费需求将逐步释放,如旅游消费、外出就餐以及文化娱乐消费等需求有望出现补偿性增长。

从长期看,中国经济拥有超大规模的市场优势和内需潜力,有巨大的韧性、潜力和回旋余地,经济发展的前景依然广阔。一方面,我国仍处于汽车普及化发展重要时期,乘用车仍将有较大的增长空间,随着汽车企业加快产品转型、城市交通管理水平的提高,汽车销售有望逐步回暖。另一方面,收入的持续增长,以及消费者信心和预期的稳定,将带动居民消费支出意愿的提升。综合考虑各种影响因素和疫情的突发影响等,在不考虑新出台大规模促进消费措施的情况下,2020 年社会消费品零售总额有望实现 1% 左右的增长。如果进一步出台较大规模扩大消费的措施,则全年社会消费品零售总额增速将达到 2% 左右,最终消费对经济增长的贡献率将超过 50%。

四、促进消费稳定增长的对策建议

在经济下行压力加大和面临严峻的外部环境的背景下,稳住消费增长是有效发挥强大国内市场优势和支撑经济稳增长的必然要求。党中央明确提出要坚定实施扩大内需战略,要充分发挥消费对稳增长的基础作用。这就要求在准确把握消费升级客观趋势前提下,要持续通过深化改革和完善政策,有效释放消费潜力,形成供需良性循环。

一是针对性采取对冲疫情对消费增长冲击的有关措施。参照 2003 年"非典"期间的政策,采取临时调整个人所得税征收政策。面向参与疫情防控和救治的医护人员、特殊岗位人员等群体,对其疫情期间取得的特殊临时性工作补助等所得免征个人所得税。对参与捐赠的企业和个人给予企业所得税、个人所得税抵扣。支持疫情较严重的地区,可根据企业生产经营实际情况,临时调降社保缴费费率 1—2 个百分点,以切实降低企业负担、稳定相关就业岗位。

对餐饮、旅店、旅游、娱乐、交通运输、物流快递等受疫情影响比较严重的行业，积极研究采取临时性降低增值税税率、减免企业所得税等措施，鼓励和支持企业安全快速恢复正常运营，有效保障居民相关服务消费需求。

二是加快推进以提高中等收入群体收入能力和增强基本保障为重点的收入分配体制改革。在个人所得税收入汇算清缴已做出临时性安排的情况下，应抓紧建立专项扣除标准定期调整机制以释放减轻税负的积极信号。加快健全面向知识型、技能型和创新型劳动者的收入激励机制。改革事业单位工资总额限额管理制度，单位自主来源收入不纳入工资总额管理或建立与工资总额限额管理挂钩的动态调整机制，使自主来源收入能够有效转化为人员实际收入。鼓励企业采取协议薪酬、持股分红等方式，加大对技能要素参与分配的激励力度。尽快制定差异化的国有资本收益分享制度，提升国有金融资本持有主体的收益上缴比例。

三是着力鼓励增加高品质产品和服务供给。一方面要加强产品标准建设和知识产权保护，补齐产品和服务质量标准的短板。实施企业标准领跑者制度，培育形成一批展示中国产品和服务优质形象的品牌和企业。及时研究制定完善有关服务行业的核心技术、知名品牌、商业模式等知识产权保护的相关法律制度。另一方面要进一步健全公平竞争市场环境，促进产品和服务多样化供给。落实全国统一的市场准入负面清单制度及其年度动态调整机制，确保所有市场主体"非禁即入"，发展富有效率和活力的市场主体，确立法人主体平等地位。加快清理和废除妨碍统一市场和公平竞争的各种规定和做法。

四是研究合理发挥财政资金引导消费回升作用的相关政策。在当前汽车等大宗消费面临较多约束和增长疲弱、5G 相关热点消费尚未形成、养老、体育健身等新兴消费仍然面临意愿和消费之间较大落差等情况下，合理发挥财政资金撬动作用，可以在总结以往全国和地方层面财政促消费措施经验的基础上，加快研究合理发挥财政资金作用的合适方式、具体措施等。比如在个别省市实施节能家电补贴政策的基础上，研究以促进城乡居民家电更新升级和绿色消费为目标，以价格补贴方式拉动家电消费需求的释放。

五是多措并举改善消费软硬环境。一方面,要加强消费基础设施建设。积极发挥财政资金引导作用,进一步吸引社会投资,加快推进中西部地区、农村地区现代流通、信息网络、服务消费等短板领域基础社会建设,提高投资质量和效益。另一方面,应加快消费领域信用体系建设。加快建立覆盖线上线下企业及相关主体的信用信息采集、共享与使用机制,健全守信联合激励和失信惩戒机制。建立政府、消费者、企业和中介机构等多方参与的消费共治体系,完善消费者和社会监督评价机制,健全产品质量和服务质量安全风险或顾客满意度监测评估体系。

六是着力促进农村消费提质扩容。促进农村居民消费的基本是要促进农村居民稳定增收。要缩小城乡居民收入差距,确保收入与经济同步增长,统筹提高农民的工资性、经营性、财产性和转移性四方面收入。以推动农村居民消费梯次升级和更好满足城乡居民发展型、享受型消费升级需求为目标,依托农村特色资源与发展条件,积极推动农村一、二、三产业融合发展,促进多样化消费业态和模式发展,着力增加农村商品、服务供给品种,提升商品、服务供给质量,培育和壮大农村消费市场。

(执笔人:王蕴、肖潇、姜雪、姚晓明)

第三章 2019 年固定资产投资形势回顾与 2020 年展望

2019 年,我国固定资产投资增长整体乏力,投资对经济增长的拉动作用明显下滑。制造业投资增速低位徘徊,基础设施投资复苏有限,房地产开发投资高位增长,对投资增长形成重要支撑;投资结构继续优化,高技术产业和社会民生领域投资快速增长。受新冠疫情影响,2020 年投资增长不确定性增加,稳投资压力进一步加大。2020 年全年,制造业投资有望与 2019 年持平,房地产开发投资将高位回落,在加大逆周期调节背景下,基础设施投资有望成为稳投资主力,预计全年固定资产投资增速将维持在 5% 左右。

一、投资增长动力不足,投资对经济增长的拉动作用显著下滑

(一)整体投资增长乏力,民间投资显著下降

2019 年全年,全国固定资产投资(不含农户,下同)551478 亿元,同比增长 5.4%,与 2018 年全年相比下降 0.5 个百分点(参见图 3-1)。总体来讲,2019 年固定资产投资增速在低位呈现出前高后低、小幅渐进下行、岁末趋稳的态势。1—3 月份、1—6 月份、1—9 月份、1—12 月份,固定资产投资增速依次为 6.3%、5.8%、5.4%、5.4%。1—4 月份以来,民间投资增速持续低于整体

投资增速,且差距不断扩大。2019 年全年,民间固定资产投资 311159 亿元,同比增长 4.7%,与 2018 年全年相比下降 4 个百分点,低于整体固定资产投资增速 0.7 个百分点(参见图 3-1),投资增长内生动力明显不足。

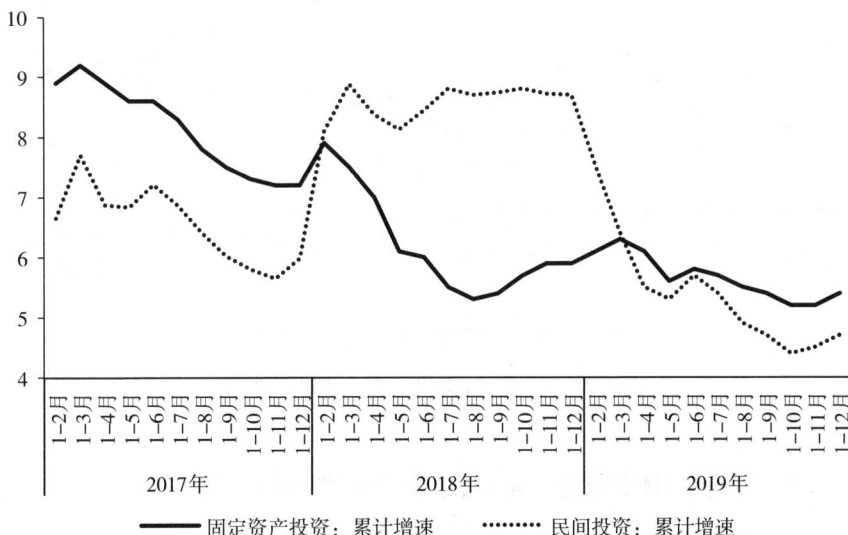

图 3-1　整体固定资产投资和民间投资增速

数据来源:国家统计局,如无特殊说明,下同。

(二)投资对经济增长的拉动作用下降,经济增长下行压力加大

从 2011 年开始,投资对 GDP 增长的贡献率和拉动持续下降。资本形成对经济增长的贡献率从 2009 年 86.5% 的高峰下降至 2018 年的 32.4%,2019 年下降至 31.2%。资本形成对经济增长的拉动从 2009 年的 8.1 个百分点下降至 2018 年的 2.2 个百分点,2019 年下降至 1.9 个百分点。投资对经济增长拉动作用减弱的同时,消费对经济增长的拉动作用并未改善,导致经济增速持续下行。GDP 实际增速从 2010 年的 10.6% 下降至 2018 年的 6.6%,2019 年全年仅增长 6.1%,其中,第三、第四季度 GDP 实际同比增速仅为 6%,是 1991 年以来的新低。GDP 增速持续下跌形成的悲观预期导致投资、消费增速下滑的趋势愈加明显,总需求减少导致经济进一步下行的风险增加。

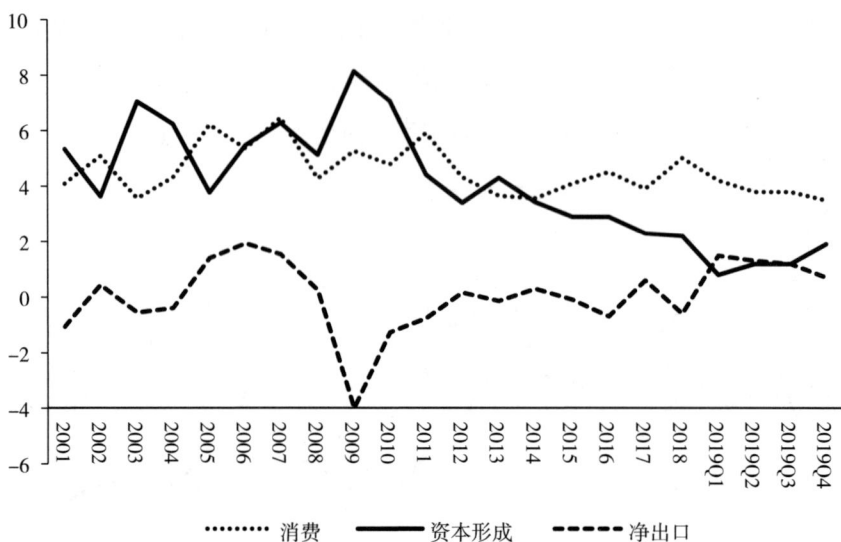

图 3-2　三大需求对国内生产总值增长的拉动

（三）制造业投资增速低位徘徊,增长内生动力不足

2019 年全年,制造业投资增速为 3.1%,与 1—11 月份相比提升 0.6 个百分点,与 2018 年全年相比下降 6.4 个百分点。2019 年,制造业投资增速并未延续 2018 年下半年的强势复苏势头,而是掉头向下、低位波动,1—4 月份、1—9 月份和 1—11 月份,制造业投资增速录得有统计数据以来 2.5% 的最低增速。占制造业近九成的民间投资增速下滑更明显,2019 年全年,制造业民间投资增速仅为 2.77%(参见图 3-3)。从制造业 30 个细分行业来看,绝大多数行业投资增速与 2018 年相比出现下滑,仅 8 个行业投资增速出现回升,有 14 个行业投资负增长。按照 2017 年固定资产投资完成额计算,在制造业投资中占比超过 3% 的 13 个行业中,与 2018 年全年相比,仅医药制造业投资增速提升(4 个百分点),计算机、通信和其他电子设备制造业投资增速持平,其余行业投资增速均出现较大幅度下滑(参见图 3-4)。制造业投资增速下滑拖累整体投资中设备工器具购置投资出现负增长,2019 年全年设备工器具购置投资增速为-0.9%(参见图 3-5)。制造业投资增速下滑主要受企业盈利

能力及盈利预期下降,环保对投资的支撑效应减弱等因素影响。2019 年,规模以上制造业企业利润总额增速持续为负,1—12 月份,规模以上制造业企业利润总额下降 5.2%,营业收入利润率仅为 5.56%。企业预期较为悲观,找不到好项目,不愿投、不敢投的倾向较为明显。超预期的减税降费措施对企业投资的刺激作用有限。

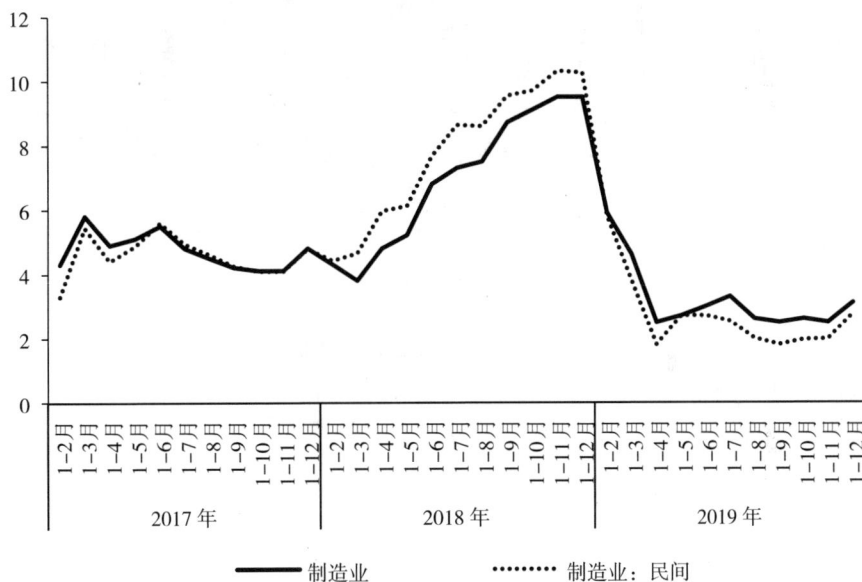

图 3-3 制造业投资增速:整体和民间

数据来源:wind 数据库。

(四)基础设施投资复苏有限,积极财政政策效果不太理想

2019 年全年,基础设施投资(不含电力)增长 3.8%,与 2018 年全年持平,其中,铁路运输业和道路运输业投资分别增长-0.1%和 9%,水利管理业和公共设施管理业投资分别增长 1.4%和 0.3%,生态保护和环境治理业投资增长 37.2%。2019 年,电力、热力、燃气及水的生产和供应业投资显著回暖,增速由负转正,全年增长 4.5%,与 2018 年全年相比上升 11.2 个百分点,包含电力在内的基建投资增速出现较大改善(参见图 3-6 和图 3-7)。整体而言,基础

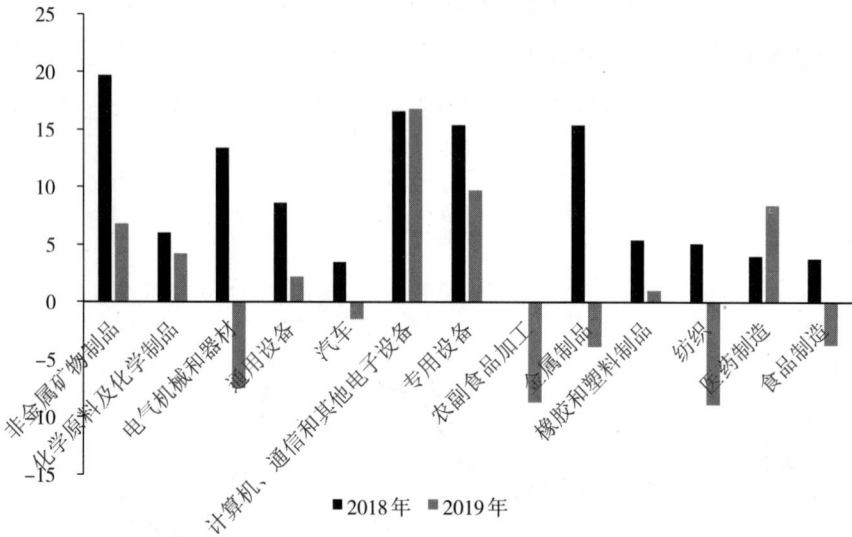

图3-4　制造业主要行业投资增速变化

数据来源：wind 数据库。

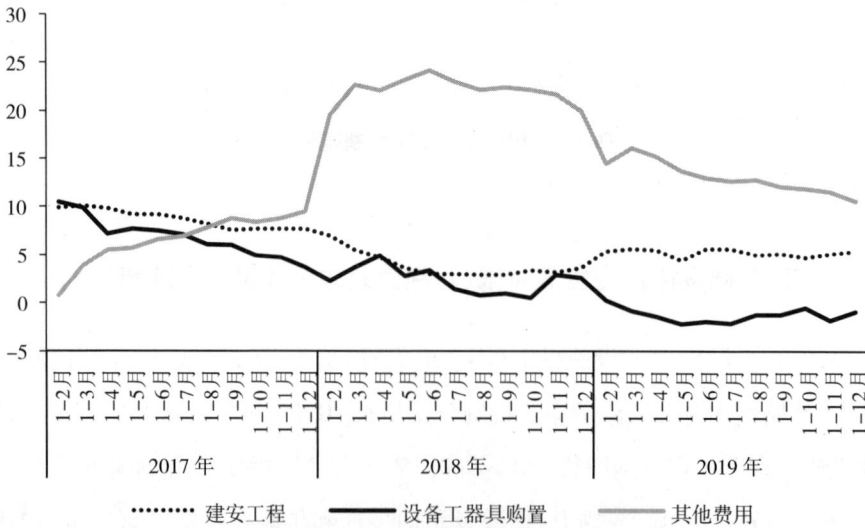

图3-5　固定资产投资增速：按构成

设施投资复苏仍然有限。扩大专项债券发行规模,加快地方政府债券发行进度等政策对基建投资的促进作用并不明显,据统计,2019 年新发行的地方政府专项债券超八成是用于土地储备和棚户区改造,转化成实物投资的比例很小。基础设施投资复苏仍旧面临较多掣肘,一方面是规范地方政府债务融资,基础设施投资资金缺口仍然很大,"开正门"力度仍然不够;另一方面是基础设施项目和筹资方式面临收益错配的问题,地方政府开正门主要是扩大专项债券发行规模,但当前我国基础设施短板主要集中在公共设施管理、民生等非经营性领域,这些领域项目普遍收益低,项目小而分散,难以满足专项债券的发行要求,而一般债券的规模又十分有限,难以为这类基础设施建设提供足够的财政支持。

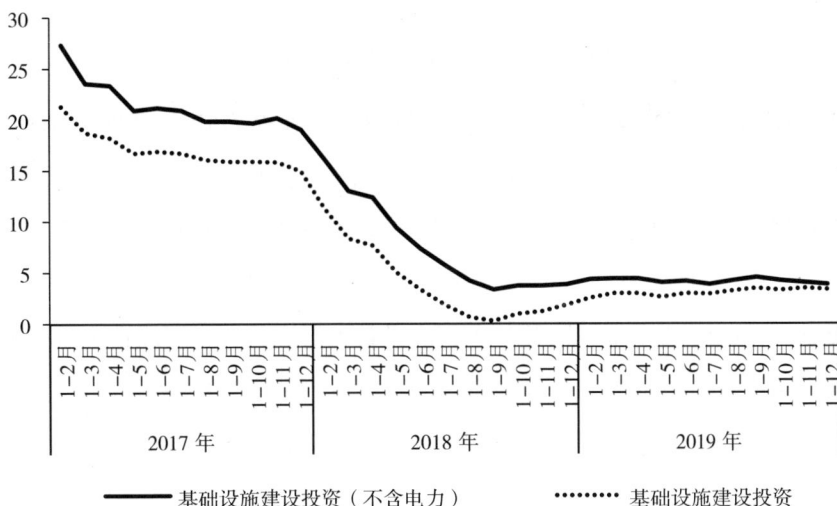

图 3-6　基础设施投资增速

数据来源:wind 数据库。

(五)房地产开发投资保持高位增长,对整体投资增长形成重要支撑

2019 年全年,房地产开发投资 132194 亿元,同比增长 9.9%,增速呈现出逐月小幅回落的态势,但仍然处于高位,高于整体固定资产投资 4.5 个百分点,对 2019 年整体投资增长形成重要支撑。房地产开发投资较高增速主要由

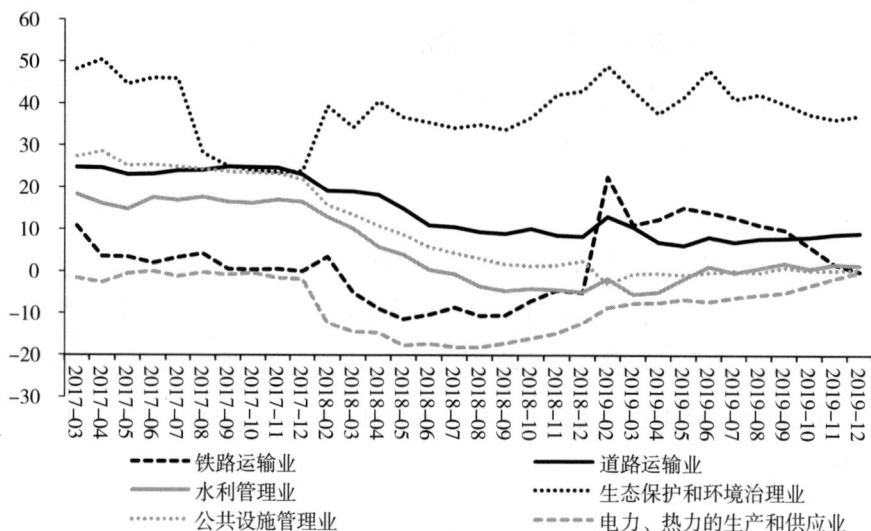

图 3-7　主要基础设施领域投资增速

住宅投资拉动,2019 年全年,住宅、办公楼和商业营业用房投资分别增长
13.9%、2.8%和-6.7%。2016 年以来,房屋新开工面积持续快速增加,带动房
屋在建规模持续增加。2019 年全年,房地产开发投资构成中,建筑工程、安装
工程、设备工器具购置和其他费用投资分别增长 11.8%、-22.6%、12.4%和
13.5%,与 2018 年同期相比,建筑工程和设备工器具购置投资增速大幅上升,
其他费用投资增速显著下降,表明计入房地产开发投资的实物量投资显著增
加,房地产开发投资对总需求的支撑作用显著提升。

(六)中部地区增长强劲,投资南北差距仍旧延续

2019 年全年,东部地区、中部地区、西部地区和东北地区投资分别增长
4.1%、9.5%、5.6%和-3%。中部地区投资增长依然强劲,连续两年成为拉动
全国投资增长的主力。东北地区投资增速自 2019 年 1—4 月份以来持续为
负,投资不过山海关的问题值得关注。与 2018 年同期相比,东部、中部和东北
地区投资增速分别下降 1.6、0.5 和 4 个百分点,仅西部地区投资较 2018 年同
期上升 0.9 个百分点。固定资产投资南北差异依旧延续。2019 年全年,全国

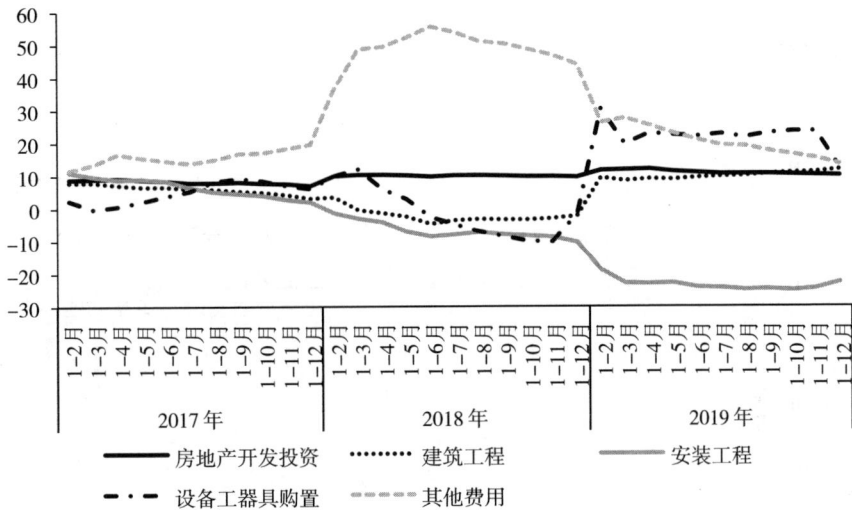

图 3-8　房地产开发投资及构成增速

31 个省份中,投资增速前十位的除了天津和山西而外均为南方省份,北方省份投资增速普遍靠后,辽宁和山东两个北方重要省份投资增速仅分别为 0.5% 和 -8.4%。

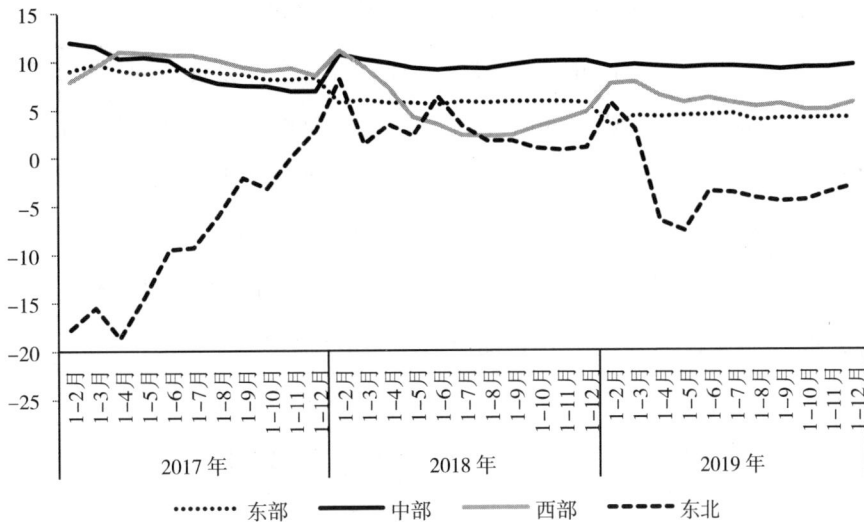

图 3-9　地区固定资产投资增速

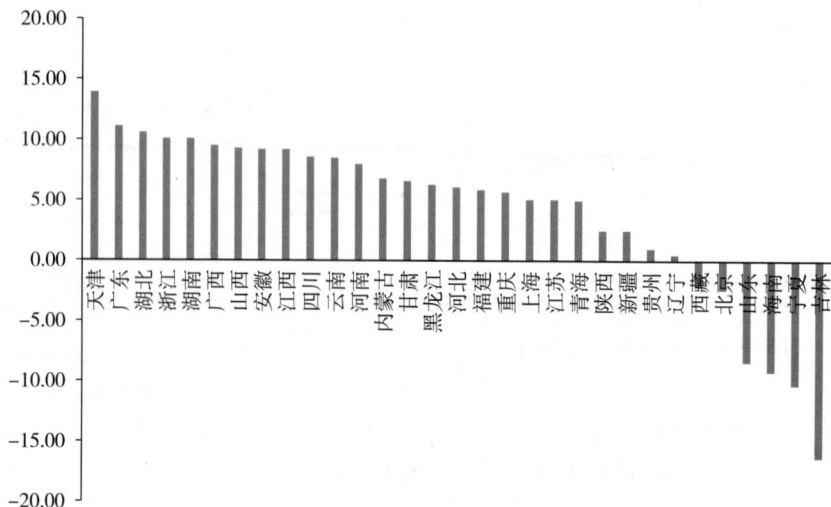

图 3-10　2019 年全年各省固定资产投资增速

数据来源：Wind 数据库。

（七）投资结构继续优化，高技术产业和社会民生领域投资快速增长

2019 年，高技术产业投资增长 17.3%，比 2018 年加快 2.4 个百分点，高于全部投增速 11.9 个百分点，高技术产业投资在全部投资中的占比不断提升。其中，高技术制造业投资增长 17.7%，下半年以来一直维持加快运行的态势，比 2018 年加快 1.6 个百分点，高技术制造业投资占全部制造业投资的比重超过 20%。高技术服务业投资增长 16.5%，比 2018 年加快 3.6 个百分点。以医疗仪器设备及仪器仪表制造、医药制造和电子及通信设备制造、电子商务服务、研发设计服务、环境监测及治理服务为代表的新动能正在形成。传统领域改造升级不断继续，1—11 月份，工业技术改造投资增长 8.7%，高于全部工业投资 5 个百分点，2019 年全年制造业技改投资增长 7.4%，高于全部制造业投资 4.3 个百分点。民生领域加快补短板，2019 年社会领域投资同比增长 13.2%，比 2018 年加快 1.3 个百分点，增速高于全部投资 7.8 个百分点，其中，教育投资增长 17.7%，文化、体育和娱乐业投资增长 13.9%。社会民生领

域投资快速增长主要得益于政府的各项惠民政策,各级政府对民生领域投入普遍较大,资金保障程度较好。近年来,文化、体育产业投资成为各类社会投资追逐的焦点,在发挥社会效益的同时,经济效益也比较可观。育幼、养老等领域的短板非常突出,近年来投资强度也明显增加。

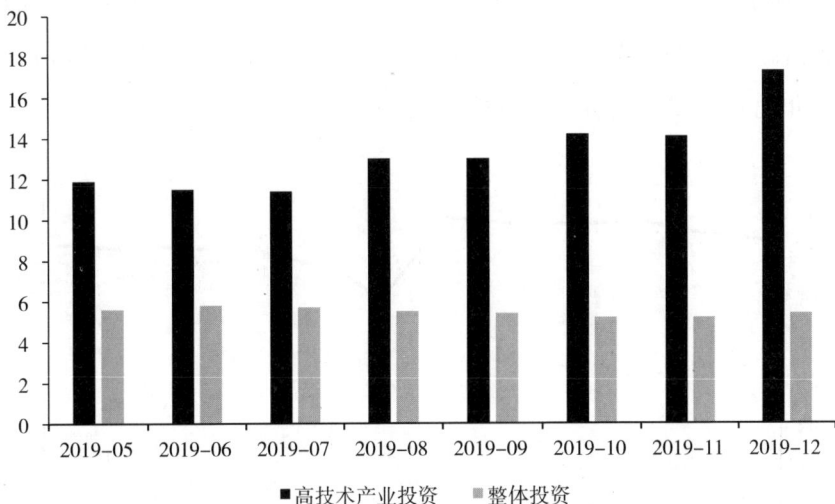

图 3-11　高技术产业投资与整体投资增速

二、2020 年稳投资压力依旧不小,基建投资有望形成支撑

(一)制造业投资增长预计与 2019 年持平,低位增长之势难改

当前制造业投资增长低迷主要是因为企业盈利下降,对未来经济增长预期悲观,投资意愿不强所致。2019 年 1—9 月份开始,规模以上制造业企业利润总额降幅再次扩大,1—12 月份扩大至-5.2%。一方面,内外需走弱加剧制造业产能过剩,产出下降,价格下跌,影响企业营业收入增长。2019 年 7 月份以来,工业品出厂价格指数(PPI)当月同比持续负增长,2019 年全年 PPP 累计下降 0.3%;制造业增加值累计同比增速逐月下降,1—10 月份下降至

5.8%,虽然后两月稍有企稳,回升至 1—12 月份的 6%,但与 2018 年相比仍下降了 0.5 个百分点。另一方面,企业各方面成本持续上升,融资成本居高不下,特别是中小企业,环保趋严、环保政策执行不科学、不合理显著增加企业环保支出,人工成本刚性上涨。2019 年规模以上制造业企业每百元收入里面的成本和费用为 93.31 元,比 2018 年同期增加 0.52 元。需求和成本两头挤压,企业利润空间越来越薄,1—12 月份,制造业企业利润率仅为 5.56%,低于2018 年同期 0.72 个百分点(参见图 3-12)。

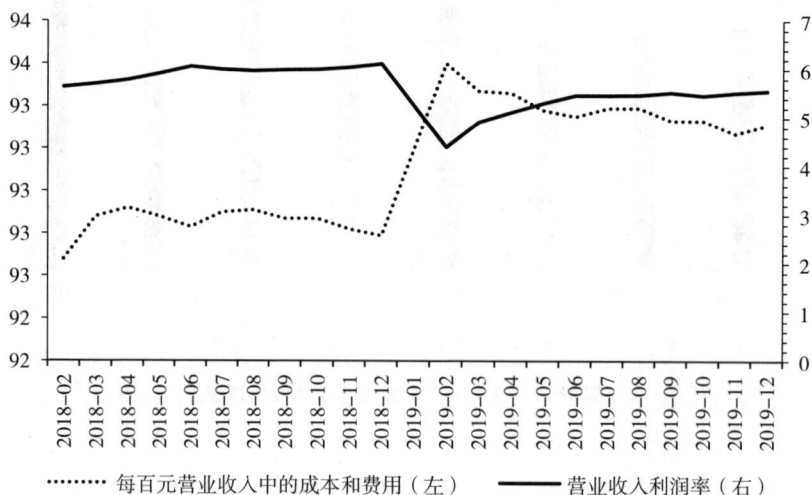

...... 每百元营业收入中的成本和费用（左） —— 营业收入利润率（右）

图 3-12　制造业企业成本及利润率

　　总体来讲,当前我国制造业整体产能过剩局面依然严峻,低端、无效产能短期内难以出清,中小民营企业降成本效果不显著,世界经济复苏缓慢等因素,都对制造业投资复苏形成根本制约。考虑到中美贸易摩擦可能进入短暂缓和期,基建投资有望发力,制造业需求可能回暖,这将对制造业投资形成一定支撑。2019 年 11 月,制造业采购经理指数(PMI)在经历 11 个月的收缩后,重回扩张区间至 50.2%,12 月份该趋势依旧延续。受新冠肺炎疫情影响,与医药制造、医用物资制造相关的行业需求显著增加,短期产能利用率急剧上升,为了满足疫情防控需要,这些行业企业将加大设备投资力度。但是,疫情导致企业延迟复工,资金链断裂风险上升,同时,延迟复工造成企业订单交付延迟,并会影响企业后续订单,将不利于我国货物出口增长,这些都将对制造业投资回暖造成不利影响。预计2020年全年制造业投资增速将与2019年大致持平,增速将维持在3%—4%区间。总体来讲,我国制造业利润增长两极分化较为明显,传统行业盈利普遍低迷,先进制造业盈利增长较快,高技术制造业、高端装备制造业等行业在制造业投资中的占比有望继续增加。

(二)资金层面约束显著放松,基础设施投资增长可期

2019年下半年以来,中央政府促进基础设施投资的政策不断加码,基础设施投资面临的资金约束逐渐放松。2019年6月中旬,中办、国办印发《关于做好地方政府专项债券发行及项目配套融资工作的通知》,明确可将专项债作为重大项目资本金,金融机构可提供配套融资;9月份,国务院常务会议提出要提前下达部分2020年新增专项债额度,重点用于交通、能源、农林水利、生态环保、民生服务、市政和产业园区等基础设施重大项目,不得用于土地储备和房地产相关领域;11月13日,国务院常务会议决定降低部分基础设施最低资本金比例不超过5个百分点,基础设施领域和其他国家鼓励发展的行业项目可通过发行权益型、股权型类金融工具筹措资本金,但不得超过项目资本金总额的50%;11月底,财政部提前下达2020年部分新增专项债券限额1万亿元,预计2020年新增专项债额度将突破3万亿元。一系列政策有助于放大专项债券和财政资金杠杆效果,引导资金向实物投资转化,对基础设施投资的支撑作用将逐渐显现。

但是,受以下两方面因素影响,基础设施投资难以再出现此前两位数的高位增长。一是规范地方政府投资融资渠道,对地方政府融资实施严监管,导致基础设施投资资金来源受限,投资资金缺口很大;二是优质项目不足,经过十年的基建大发展,我国经营性强的传统基建项目基本已经完成,当前基础设施领域短板主要集中在公益性和准公益性的公共设施和社会民生领域,这类投资项目难以依靠市场化融资,也难以包装成专项债券的基础资产,很多需要政府投入来解决。严厉的新冠肺炎疫情防控措施导致2020年一季度基建项目

基本停滞,将显著拖累一季度基础设施建设投资增长。基础设施投资有望在后三个季度,特别是下半年发力,预计 2020 年全年基础设施投资增速将回升至 6% 左右。

（三）房地产开发投资增速将高位回落,房地产调控面临两难

当前,针对房地产行业的融资收紧力度不断加大,从 2019 年 4 月起,政府从银行信贷、海外发债、信托等多方面限制资金违规流向房地产,资金绕道进入楼市的途径几乎全部堵死。中央政治局会议明确提出,"不将房地产作为短期刺激经济的手段"。房地产企业的预期受到显著影响,2019 年,房地产企业土地购置面积一直保持两位数以上的负增长。从实物投资来看,5 月份以来房屋新开工面积同比增幅持续下降,房屋施工面积增幅不再增加。伴随商品房销售面积持续负增长和房企融资环境收紧,2020 年房地产开发投资增速将呈现高位回落。新冠肺炎疫情导致房企售楼处销售活动被暂停,房地产开发项目无法开工,将加剧 2020 年房地产开发投资下行趋势。但是,考虑到 2019 年房屋施工面积增速一直处于高位,上半年房屋竣工面积一直保持两位数负增长,下半年降幅才开始收窄,疫情结束后,在建项目复工有望对全年房地产开发投资形成一定支撑。2019 年 10 月份以来,多个城市相继放松限购政策,疫情过后,房地产因城施策的范围可能进一步扩大,也可能对房地产开发投资形成一定利好,预计全年房地产开发投资增速在 6% 左右。

当前房地产调控面临两难,房地产投资对建材、家电等制造品需求的拉动作用明显,关系到地方政府土地出让等财政收入进而影响地方政府债务风险,同时还影响就业,牵涉面十分广泛。应该从提高房屋供给弹性、构建多层次的住房供给体系,促进基本公共服务供给均等化、降低附着在房屋上的公共服务溢价,发展养老保险等金融产品、丰富居民金融投资渠道等方面入手,渐进有序降低经济发展对房地产的过度依赖,促进房地产市场健康发展,避免将房地产作为宏观调控的主要工具。

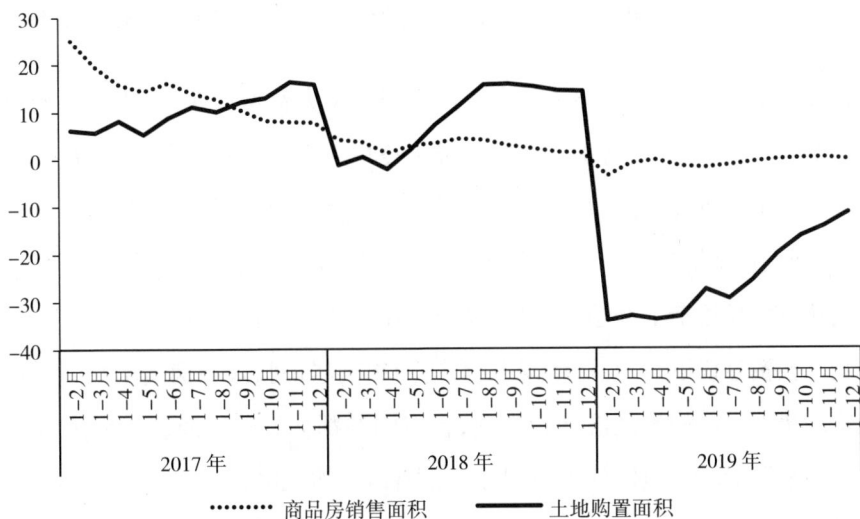

图 3-13　商品房销售面积和土地购置面积累计增长

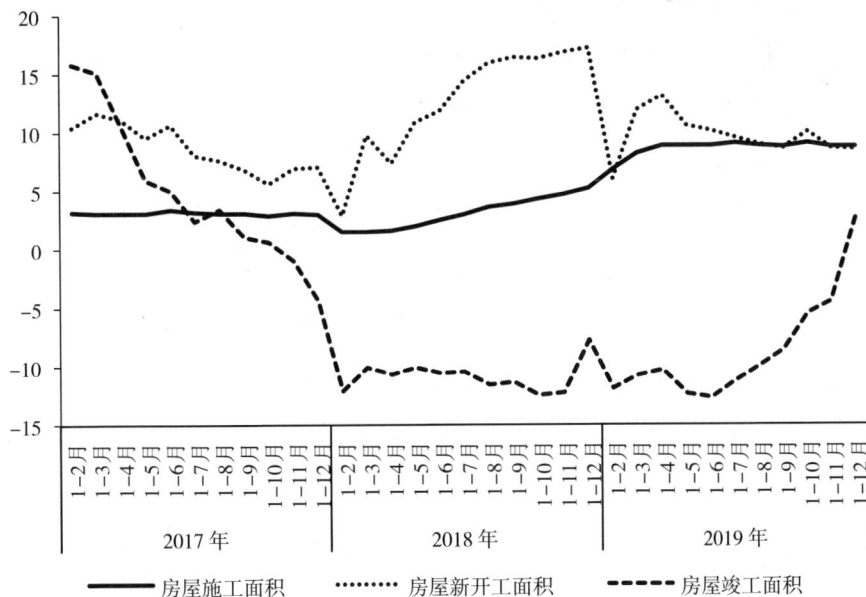

图 3-14　房屋施工、新开工和竣工面积累计增长

（四）2020 年稳投资任务依然艰巨，强大国内市场的优势亟待发挥

综上所述，预计全年整体固定资产投资增长大致维持在 5% 左右，稳投资压力和任务依旧很重，特别是在新冠肺炎疫情对全年稳投资节奏造成显著冲击的情况下。近几年我国经济增速持续下行主要是因为投资增速下降所致。虽然，受人口结构变化、产业结构调整等因素影响，中长期内，投资在国民经济中的比重将呈逐渐下降趋势，但是投资增速过快下滑将对经济发展产生不利影响。投资过快下滑，经济增速下行，进而影响居民收入和消费增长，经济增速进一步下滑。如果经济增长失速，很多问题都会恶化。经济体将陷入"债务—通缩"的恶性循环，债务负担加重，去杠杆、防风险工作将无法持续，失业上升牵连出的一系列社会问题也将暴露，经济结构调整和经济体制改革等问题更是难以实现。

突如其来的新冠肺炎疫情将导致我国全年消费增速下降、出口受损，对短期经济增长造成冲击，投资应该在稳增长中发挥重要支撑作用。当前，我国经济社会发展仍然存在很多短板，投资增长仍有空间。我国已经是全球第二大经济体，2019 年人均国民生产总值首次超过 1 万美元，拥有全球规模最大的中等收入群体。伴随居民收入稳步提升和城镇化快速推进，强大的国内市场正在形成。巨大的国内市场为大众化商品规模化生产创造了条件，为一些特种装备、小众商品和服务提供了土壤，同时也为新技术商业化提供了条件，为新技术提供了广阔的应用场景，又能反过来促进新技术的完善和更新。巨大的国内市场为全社会扩大投资提供了动力，也增加了我国经济发展的韧性。

三、多措并举稳投资，保证经济在合理区间运行

（一）提高积极财政政策效率，以促进基础设施投资为抓手扩大内需

在经济下行、总需求不足背景下，企业自主投资意愿不强，信用扩张有限，

货币政策效果较弱,应以财政政策为主,尤其是增加政府支出规模,扩大基础设施投资,发挥政府投资的挤入效应,扩大总需求。我国将长期处于城镇化过程中,基础设施投资远未达到饱和,而且基础设施投资具有很强的外部性,适度超前更有利于提高其他要素的生产率。为此建议:一是适当提高赤字率水平,扩大国债发行规模,加大中央财政对基建和社会民生领域的投资支持力度,并向贫困落后地区、受新冠肺炎疫情影响严重的地区、纯公益类或准公益类基础设施倾斜。二是加大地方政府"开正门"力度,根据各省债务及资产情况,大幅提高地方政府债务限额,特别是一般债券发行规模,扩大专项债券使用范围,在发展中化解债务风险。新冠肺炎疫情暴露出我国在公共卫生领域存在短板,建议出台公共卫生系统补短板行动,由各省分两年每年发行总规模6000亿元的"健康中国债券",专门用于公共卫生领域基础设施建设,债券期限最长可达30年,可不纳入当年各省债务限额管理,中央政府对债券实施30%—50%的利息补贴。三是可考虑将剩余地方政府融资平台的公益性和准公益性项目形成的债务置换成政府债务,修复平台企业资产负债表,激活企业投资潜力。扩大国债和地方债券发行规模,还有利于疏通货币政策传导机制,在企业信用扩张意愿不强的时候,引导资金流入实体经济。同时,扩大国债发行规模还有助于增加安全资产供给,增加我国债券市场的深度。四是加快PPP项目落地,实施存量资产PPP,在经营性较强的基础设施投资领域引入社会资本,做到引资、引智、引技相结合,提高基础设施投资运营效率,降低财政负担。五是加强项目储备,做好项目前期论证和可研编制工作,提高政府投资效率,要将稳内需与补短板、增动能结合起来,扩大关键领域基础设施投资规模,诸如,加大新型基础设施投入力度,加快5G商业化运用,加快规划中的轨道交通、城际铁路项目开工建设,加快教育、医疗卫生领域补短板。

(二)完善货币政策传导机制,降低企业和政府融资成本

一是支持商业银行加大对中小企业经营性贷款投放力度,帮助受疫情影响严重的中小企业渡过难关。首先,不得抽贷、断贷、压贷,对受疫情影响严重

而逾期的中小企业贷款进行展期或无还本续贷,对疫情期间的贷款利息实施减免。其次,加大对受疫情影响较严重行业或地区企业的信贷投放力度,放松资金使用限制,允许企业将贷款资金用于支付职工工资、租金和税费等支出,降低贷款担保等要求,尽可能降低中小企业融资费用。二是降低利率,减轻企业的财务负担,降低投资主体融资成本。当前,很多企业倒下去就是因为不堪承受利息负担。同时,降低利率也有利于国债和地方政府债券发行,降低政府融资成本,提高积极财政政策效率。三是加大公开市场操作力度,降低商业银行存款准备金率,保持金融市场流动性合理充裕,支持商业银行通过发行永续债等方式补充资本金,扩大商业银行信贷投放能力。当前,我国商业银行存款准备金率仍旧较高,尚有下调空间。四是保障房地产企业和购房者的合理融资需求,避免房地产企业资金链断裂,形成系统性风险。抑制房价应该更多从供给侧入手,诸如从加大人口流入城市的新增住宅用地供给,促进房屋租赁市场发展,改善城市基本公共服务等方面入手。这些方面如果不改善,房价只能是越限越涨,人为扭曲房地产市场。五是改善银行绩效考核机制,提高对小微企业不良贷款率的容忍程度,提高银行服务小微企业的意愿。

(三)切实降低企业运营成本,减轻企业负担

一是各地要根据新冠肺炎疫情进展灵活落实税费抵免、税费延期缴纳、租金减免、贷款利息补贴等政策措施,避免让企业独自承担疫情冲击带来的损失。二是降低企业所得税率,简化税费征缴程序。相比下调增值税率,降低所得税率的效果更直接、更精准。三是进一步降低企业社保缴费率和个人所得税率。对历史形成的社保缺口应通过增加国企分红比例、处置竞争性领域国有资产等措施加以解决。降低个人所得税率,提高对人才的吸引力。四是弥补企业环保支出,加大对企业污染治理的财政投入力度,避免由企业单独承担环保成本。

（四）科学施策，多方面稳定企业预期

一是加大民企产权保护力度。切实平等对待和保护民企产权，让民间资本放心投资。妥善解决政府采购、政府工程项目拖欠民企款项的问题。二是涉企政策要论证充分、稳定连续、科学合理，要有政策实施的过渡期和适应期，避免运动式施法和执法对企业造成冲击。国家和政府在制定实施与企业生产经营密切相关的行政法规、规章、行政规范性文件，要听取企业和行业协会、商会意见，要通过各种方式向社会公开征求意见或听取有代表性企业的意见。实施过程中，要根据实际设置缓冲期，要加强对法规政策实施的后评估工作，该调整的适时调整，不断提高政府决策质量和水平。

（五）为制造业企业转型升级创造条件，促进制造业高质量发展

一是坚持制造业高质量发展思路。坚决淘汰低质、低效产能，加快推进市场出清，为优质产能提供投资增长空间。事实上，在经济下行、产能过剩、环保督查等大背景下，那些早期坚持高质量投资、生产高质量产品的企业所受的影响相对较小。二是鼓励传统制造业实施技术改造，将传统制造业升级改造的重大装备投资纳入研发费用加计扣除范围，为企业技改项目提供用地保障，对企业技改项目给予信贷支持。三是鼓励企业加大研发投入，实施研发费用加计扣除，实施重大装备首台（套）应用保费财政补贴。四是加强知识产权保护，加大知识产权侵权惩罚力度，提高企业创新积极性。五是发展广义股权融资，大力发展天使投资、风险投资以及私募股权投资，解决创新型企业融资难的问题。六是为转型升级做好政策配套服务，及时修订不适应新技术、新业态和新模式发展要求的标准、规则和监管政策。

（六）扩大服务业对民间资本开放力度，促进供需动态平衡

从发达国家的经验来看，我国目前正处于结构转型时期，工业领域总体供大于求、产能过剩，服务业则供不应求，供给结构与需求结构错配较为明显。

我国服务业很多领域尚未对民间资本开放，特别是教育、医疗卫生、养老和通信等领域，供给结构调整滞后于居民消费升级，进一步加剧了经济体的供需错配。总体来讲，私人投资的效率要高于政府投资，因此，应当加快教育、医疗卫生、养老、通信等领域的市场化改革力度，政府的职责是提供基本服务，并加强事中事后监管。扩大民间投资的机会，一来可以避免大量资金流入房地产或者滞留在金融市场，将更多的社会资本引入教育、医疗卫生、养老和通信等社会民生短板领域；二来可以加剧服务业竞争水平，提高服务供给质量，提升经济体活力。

（执笔人：邹晓梅）

第四章　2019年价格与重点市场形势分析及2020年展望

2019年物价总水平总体保持在合理区间,CPI年中开始走高,核心CPI和PPI低位运行;重点市场总体保持平稳运行,波动幅度不大。预计2020年CPI运行呈现前高后低走势,高点大概率在1月份,核心CPI走势相对平稳,PPI处于相对低位;重点市场具备平稳运行的基础,但局部风险不容忽视。建议进一步强化经济逆周期调节,有效应对新冠肺炎疫情负面影响,多途径稳定市场预期、处置市场风险,加大重点民生商品保供稳价力度,切实保障市场与价格平稳运行。

一、2019年价格与重点市场回顾

(一)食品价格推高CPI,核心CPI和PPI低位运行

CPI上涨主要是食品价格快速上涨所致。2019年CPI同比上涨2.9%,主要是受蔬菜、水果、猪肉等食品价格大幅波动的影响(见图1)。春季是蔬菜上市的淡季,加上多地持续低温阴雨天气,导致蔬菜价格上涨加快,拉动CPI在3—5月阶段性上行。水果价格5—8月上涨较为突出,主要受前期气候等不利因素的影响。2018年春季,北方水果主产区遭受倒春寒天气,造成苹果、梨等水果出现不同程度的减产,导致2019年存储类水果库存不足。加上2019年春季南方阴雨天气较为普遍,菠萝、荔枝等部分热带水果减产,市场青

黄不接推动水果价格持续走高。猪肉价格自 2019 年 4 月以来持续上涨,主要是受生猪产能持续收缩的影响。受前期非洲猪瘟疫情等冲击性因素影响,生猪和能繁母猪存栏量大幅减少,导致部分地区屠宰场收购生猪压力有所增大,收购价上行,猪肉零售价创新高,猪肉价格同比涨幅连续多月在 100% 上下波动。由于消费替代效应,同期牛羊肉、禽肉和蛋类价格也均出现不同幅度上涨。2019 年 CPI 食品烟酒项同比上涨 7.0%,影响 CPI 上涨约 2.1 个百分点,对 CPI 上涨的贡献超过 2/3。

（单位：%）

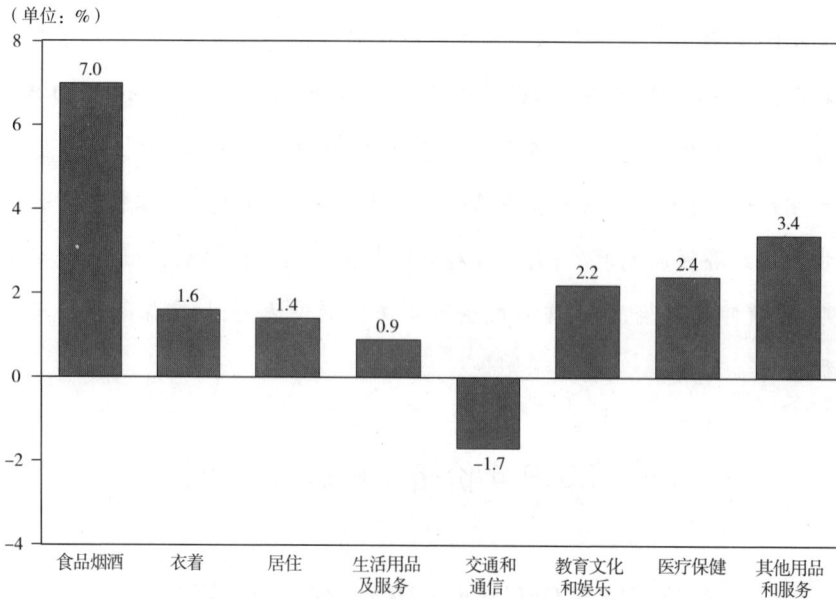

图 4-1　2019 年 CPI 分项同比变动情况

数据来源:国家统计局。

核心 CPI 和 PPI 同比变动在低位运行。2019 年扣除食品和能源价格的核心 CPI 为 1.6%,为近三年来的最低点。年初以来,核心 CPI 呈现出缓中向下的态势,从 1 月的 1.9% 一直降至 12 月的 1.4%。2019 年 PPI 为 -0.3%,创近三年新低,波动区间重回零值以下。其中,一季度受国内需求好于预期影响,PPI 在零上方附近小幅波动。4 月受增值税税率下调影响,PPI(出厂价统计的为不含增值税的产品价格)短期快速上升 0.9%。5 月中旬以来,受中美经贸摩擦、全球经济增速放缓等多重因素影响,大宗工业原材料价格震荡下行,6 月 PPI 同比降为零,7 月由零转负,8—10 月降幅持续扩大。11—12 月,受中美经贸磋商顺利进展、全球主要经济体宏观数据改善等因素影响,PPI 同比降幅有所收窄(见图 4-2)。

（单位：%）

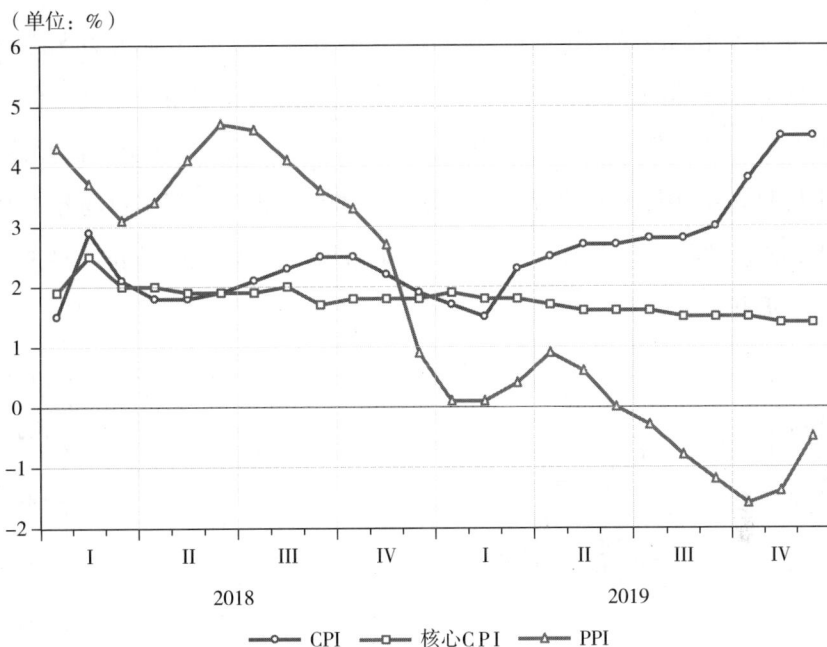

图 4-2　CPI、核心 CPI 和 PPI 的同比变动情况

数据来源:国家统计局。

(二)重点市场平稳运行,总体波动幅度不大

2019 年,尽管国内外经济形势出现了一系列复杂变化,但国内市场表现总体平稳,股、汇、债、商品市场波动幅度不大,为打赢防范化解重大风险攻坚战创造了有利条件。

1. 股票市场快速上涨后呈震荡走势,改革稳步推进。年初,受国内预期好转,国际经济环境缓和影响,股市信心有所恢复,沪深两市经历了一波快速上涨。进入二季度,全球经济不确定因素增加,中美经贸摩擦出现反复,市场有所回落。此后，沪深两市分别在3000点和9500点上下波动，呈宽幅震荡走势。2019年全年沪指累计上涨22.3%，深指上涨44.1%，创业板上涨43.8%。与2018年相比，三大股指明显回暖，个股表现活跃。在28个申万一级行业中，除采掘和建筑装饰两个行业外，其他行业均出现了一定幅度的上涨，其中食品饮料、电子、建筑材料涨幅分别达到72.9%、73.8%、51.0%。与此同时，2019年资本市场改革加快推进，科创板开市，在发行上市方面大力支持新经济发展，与注册制相配套的询价、交易、减持、信息披露、退市等制度出台。新三板改革从优化发行融资、完善市场分层、建立转板机制、实施分类监管、健全退出机制五方面推开，改革从增量市场向存量市场推进。资本市场开放力度加大，外资不断"增配中国"。总体看，资本市场在指数上涨的同时，发展质量亦有所提升。

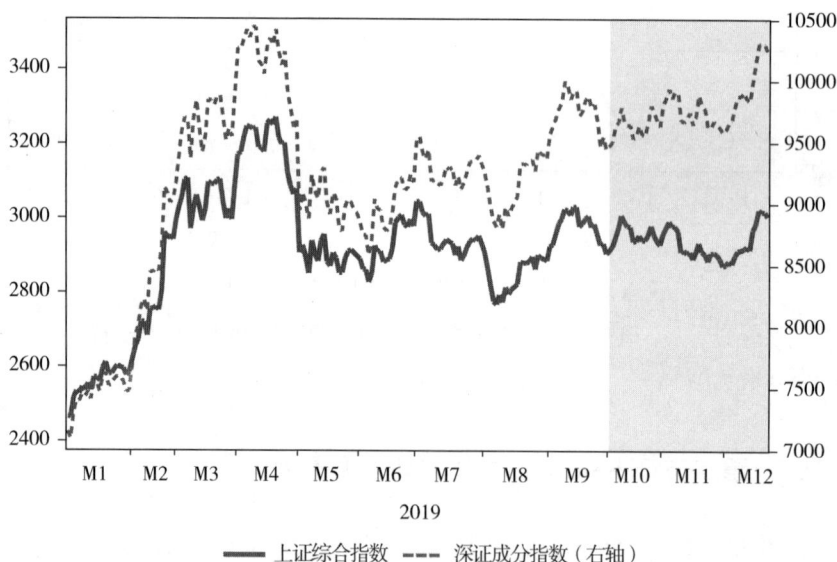

图4-3　股市指数走势情况

数据来源：wind数据库。

2. 人民币汇率有升有贬，总体稳定。2019年，受年中国际环境不确定性上升和不稳定因素增加影响，人民币对美元呈现出大幅波动走势，但与全球主要货币相比，人民币表现仍相对稳健。2019年，人民币对美元汇率经历了"先升值,再阶梯式贬值,后双向波动"的过程。美元兑人民币高点达到7.1854,低点为6.6689,均值为6.9104,人民币全年贬值1.46%。8月,受中美经贸摩擦加剧影响,人民币跌破"7"的心理关口。进入四季度,美元兑人民币汇率基本在7.0—7.1的区间波动。11月,随着中美经贸磋商顺利推进以及国内总需求好转,人民币对美元持续升值,进入12月再次转为震荡走势。总体看,人民币保持了有升有贬、总体稳定的局面,即便在阶段性"破7"后,也未形成持续的贬值预期,人民币汇率长期稳定的基础依然坚实。

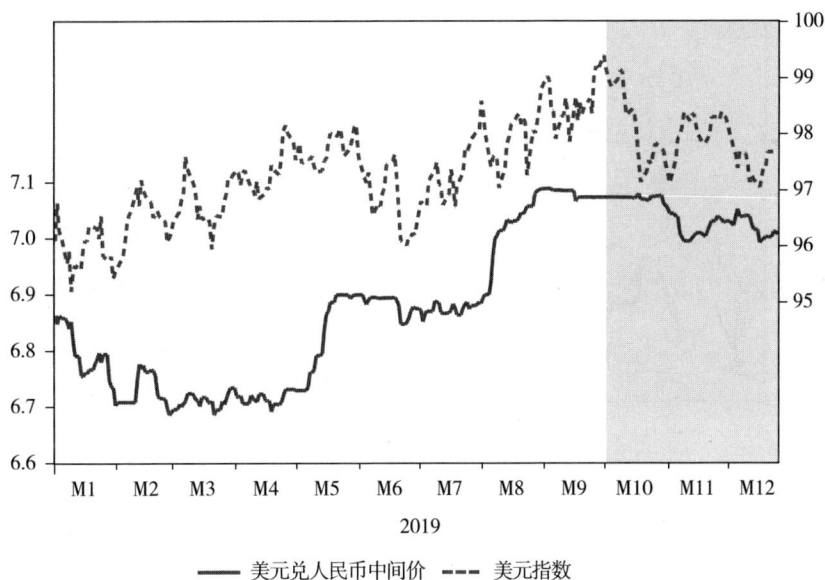

图4-4　人民币汇率和美元指数走势情况

数据来源:wind数据库。

3. 债券收益率震荡中小幅下行,债务违约频发。2019年,债券市场面临的外部环境较为复杂,宏观数据与政策动态调整,中美贸易谈判进程在曲折中前行,中小银行信用风险有所暴露,受相关因素影响,债券市场收益率两起两落,呈现区间震荡态势。全年10年期国债到期收益率最高为3.45%,最低为3.0%,运行中枢约为3.18%,较2018年回落44基点。受经济下行压力加大,部分行业外部环境恶化等因素影响,信用债违约呈高发态势。全年共有177

只债券违约,涉及金额达 1435.28 亿元,其中有 38 家发行主体首次在债券市场发生违约。从违约主体类型看,民营企业违约仍占据绝大部分比重。从新增违约主体评级看,2019 年新增违约主体中评级 A 以上的企业达到 24 家,达到 AAA 评级也有两家,高评级信仰被打破。康德新、中民投、北大方正等企业纷纷爆雷,给市场造成了较大冲击。总体看,债市走势基本平稳,但局部风险仍值得关注。

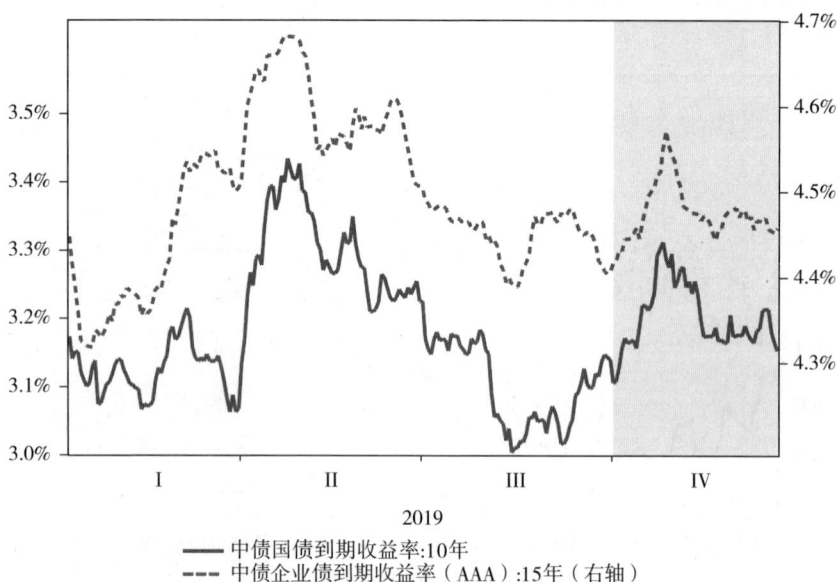

图4-5　主要债券品种到期收益率

数据来源:wind 数据库。

4. 商品期货市场震荡上行,走势有所分化。2019 年初,受经济预期阶段性好转,原油、有色金属等出现了较大幅度上涨。1—4 月,WTI 原油期货价格上涨 39.8%,1—5 月,LME 铜期货价格上涨 14.8%。二季度,受中美经贸摩擦出现反复、全球经济指标疲软等因素影响,重点商品期货价格从高位回落。四季度随着欧美经济体主要宏观数据有所改善,中美经贸磋商进展顺利,再加上欧佩克延长减产协议预期的增强,国际原油价格震荡上行,其他重点商品价格也有所回暖。12 月末 WTI 原油期货结算价站上 60 美元/桶。在房地产销售、新开工面积好转,基础设施项目资本门槛放宽,2020 年 1 万亿元地方政府专项债券提前下发等利好因素的影响下,钢材价格稳步上升。上海商品期货交易所的螺纹钢价格已从 10 月初的 3400 元/吨涨至当前的 3700 元/吨,涨幅超过 9%。LME 锌、LME 锡等走势较为低迷,呈现出低位震荡态势。铁矿石在经历了年初一波大涨后,快速回落,价格在相对低位徘徊。总体看,大宗商品价格受国际宏观经济环境影响较大,年底走势有所分化。

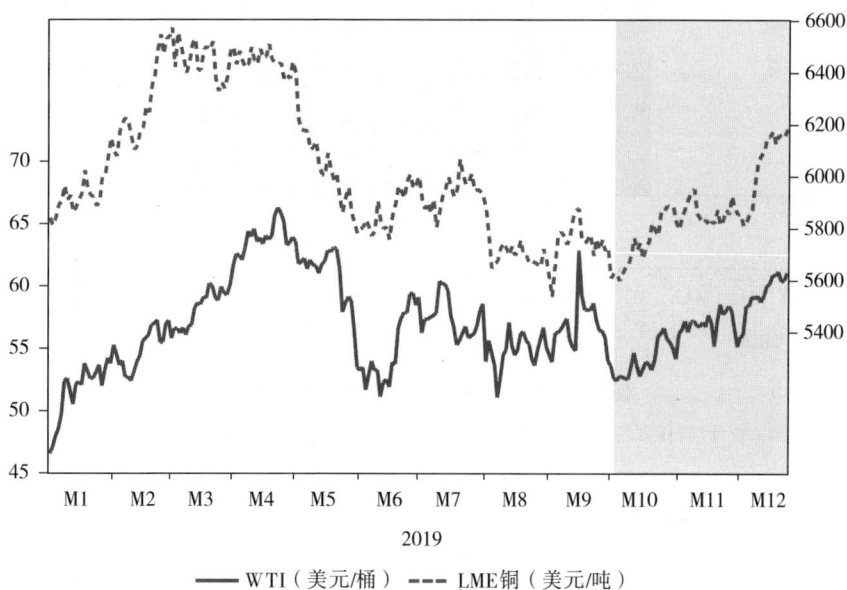

图 4-6 WTI 原油和 LME 铜走势情况

数据来源:wind 数据库。

二、2020 年物价运行趋势展望

综合考虑当前国际国内宏观经济基本面、货币政策调整、供给侧结构性改革、新冠肺炎疫情、重点商品价格变动影响,以及经济进入新常态下价格总水平的环比变化新规律,经模型测算,预计 2020 年全年 CPI 保持在 3.0%—3.3%区间,呈现前高后低走势,波动幅度视猪肉价格的涨幅,高点大概率在 1

月份。同期,核心 CPI 预计在 1.5% 左右波动。

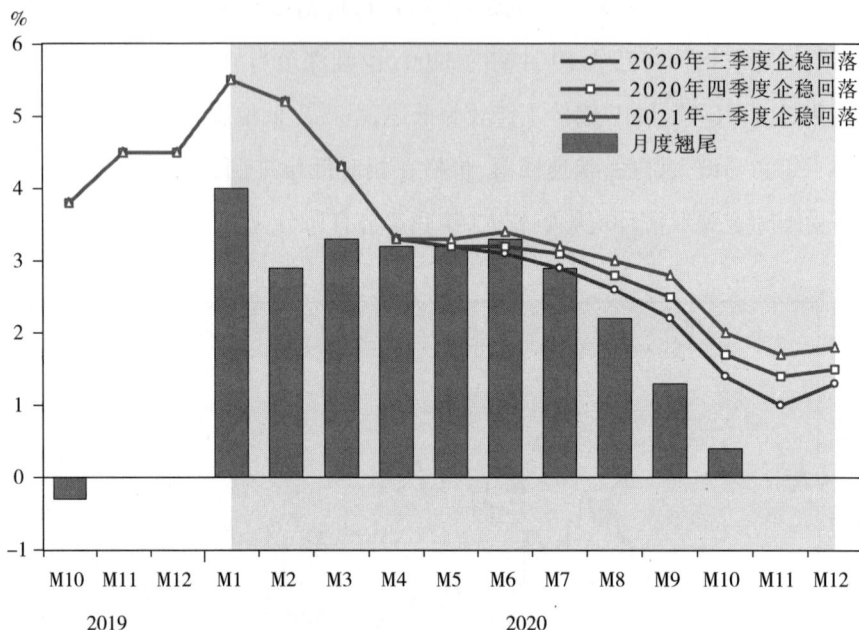

图 4-7 2020 年 CPI 同比变动的预测情况

数据来源:国家统计局,作者绘制。

　　情景分析表明,2020 年 PPI 在 -1.0%—2.0% 区间波动。当前海外新冠肺炎疫情持续恶化,原油等国际大宗商品需求疲弱,短期 PPI 将承压,承压时长视海外疫情防控情况。国内疫情防控形势继续向好,全国工程项目陆续开工复工,预计投资需求将迎来一波反弹,建材价格有望二季度探底回升,对 PPI 形成一定支撑。2020 年价格运行的结构性矛盾相比 2019 年会有所缓解。

（一）新冠肺炎疫情对 CPI 影响相对有限

　　2020 年初暴发的新冠肺炎疫情对消费端物价造成不同程度影响。在疫情防控全国一盘棋指导下,文化旅游、餐饮住宿、交通运输等服务主体基本暂停营业,相关服务价格与 2019 年同期相比有不同程度下降。受医用保障物资相对紧缺影响,医疗产品和服务价格出现不同程度上涨。但随着增供应、稳价

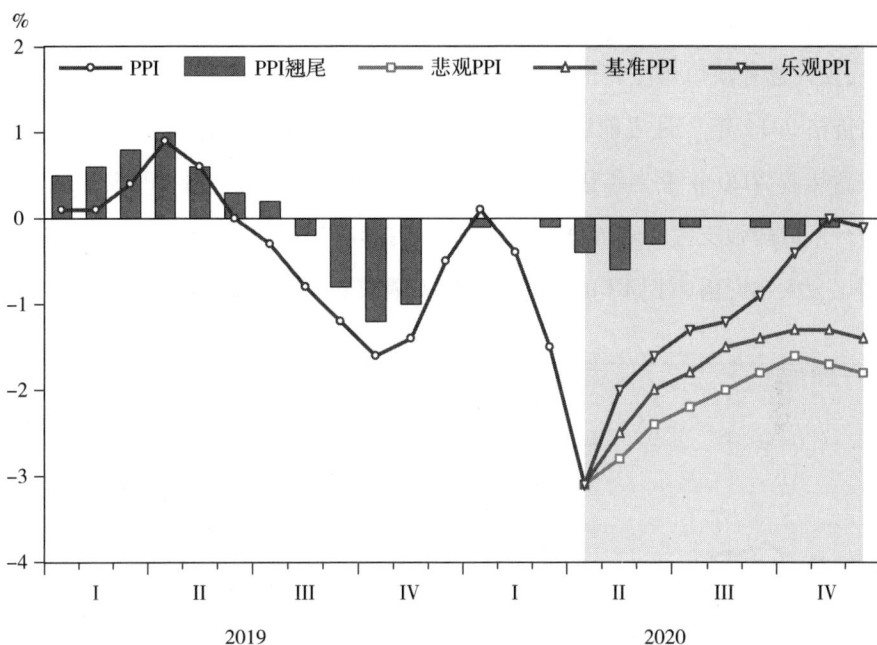

图 4-8 2020 年 PPI 同比变动的预测情况

注:乐观情景指全球需求向好,货币政策持续宽松;基准情景指全球经济下行放缓,新冠肺炎疫情有所
　　缓解;悲观情景指全球经济持续衰退,新冠肺炎疫情持续升级。

数据来源:国家统计局,作者测算

格、优秩序、保重点等多部门举措的协同的发力,当前我国物价总水平运行保持基本稳定。回溯历史重大卫生突发事件,比如 2003 年的"非典"事件,该疫情对当年物价影响短暂且有限。我们预计,本次疫情对全国物价水平的影响集中在一季度,二季度开始影响基本消退,全年难以改变物价"前高后低"的运行态势。

(二)食品价格对 CPI 上涨的支撑力将减弱

尽管年内猪肉价格水平可能继续维持高位,但同比增速下半年会有明显回落。假定新冠肺炎疫情能够得到有效控制,且今年内不再暴发新的非洲猪瘟疫情,年底生猪产能可以恢复到正常年份的 70%—80%,再假定猪肉年度消费量再下滑 10%,我们预计今年猪肉供给缺口仍将比去年扩大。由于进口量占猪肉总消费比重不高,其他肉类消费替代能力受限,以及储备调节的空间缩小,预计弥补缺口难度将加大,年内猪肉价格可能继续保持高位运行。由于猪肉价格 2019 年 7 月之前还处于相对低位,7 月之后才大幅上涨,对比的低基数意味着 2020 年上半年猪肉价格同比变动将维持高位,会对 CPI 阶段性高位运行形成较强支撑。然而随着对比基数的提高,预计 2020 年下半年猪肉价格同比会大幅回落,对 CPI 的拉涨力也将大幅减弱(见图 4-9)。

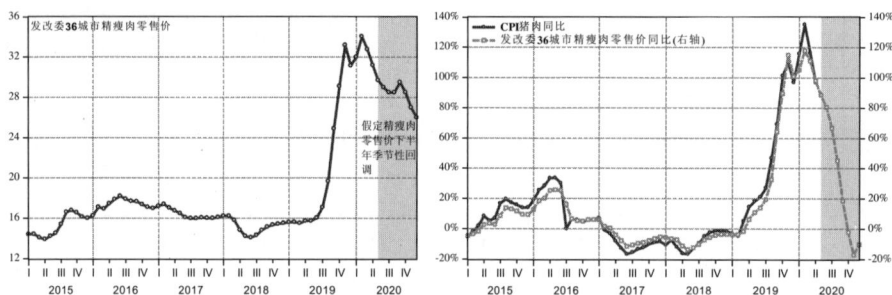

图 4-9　CPI 猪肉同比和猪肉价格变动情况

数据来源:wind,作者测算。

2020 年蔬菜价格多数月份可能在同比负区间波动。3 月以来,蔬菜价格正持续回落,预计二季度能够回归至季节性运行轨道。如果菜价按照近六年的平均值运行(见图 4-10),那么未来多个月份菜价将是同比负增长,二季度可能跌破-10%,届时菜价可能对 CPI 运行形成一定压力。当然也不排除极端天气对菜价的影响。根据历史数据,在洪涝灾害等恶劣自然自然环境影响下,菜价可能会出现大幅波动,但由于属于短暂性冲击,难以改变物价变动的趋势。

季节波动性特征预示着 2020 年水果价格大部分时段处于同比跌幅状态。水果价格具有非常强的季节性波动特征。一般而言,每年 5—6 月水果价格达到高点,之后持续回落,9—10 月达到阶段性低点,然后持续上升直到来年的高点。2019 年,受存储类水果库存不足等因素影响,水果价格超预期上涨。农业农村部监测的 7 种水果平均价 6 月峰值比往年高出近 40%,且 7 月价格的回落速度普遍低于预期,导致 2020 年的对比基数提高。同时,2019 年秋季

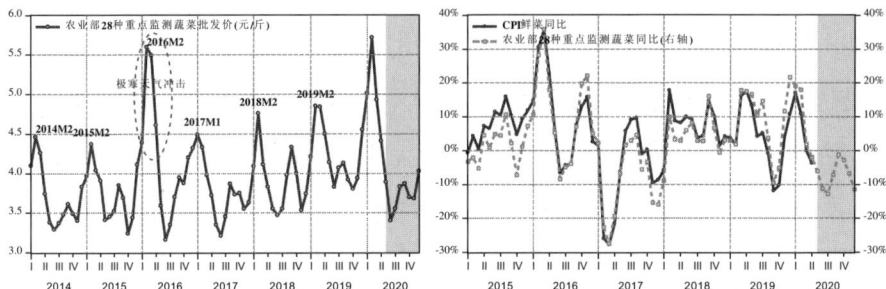

图 4-10　CPI 鲜菜同比和蔬菜价格变动情况

数据来源:wind 数据库,作者测算。

苹果、梨等存储类水果产量较 2018 年有较大幅度增长,目前各产区存储类水果库存充足,2020 年上半年存储类水果可能面临一定售卖压力。根据近六年来 7 种监测水果均价的季节性变动情况,预计 2020 年水果价格将同比负增长,6 月和 7 月可能跌破-20%(见图 4-11)。

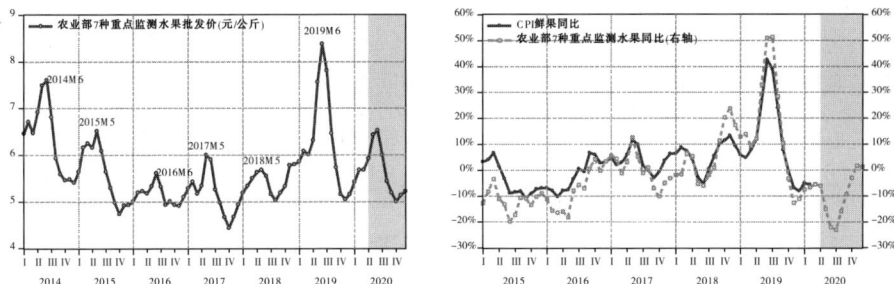

图 4-11　CPI 鲜果同比和水果价格变动情况

资料来源:wind 数据库,作者测算。

(三)新冠肺炎疫情等因素将左右 PPI 走势

海外疫情持续恶化,原油等国际大宗商品需求疲弱,短期 PPI 将承压,承压时长视海外疫情防控情况。目前,疫情在全球加速扩散。海外疫情发展存在较大不确定性,拐点和持续时长难以判定。乐观估计,二季度海外疫情出现拐点,三季度主要经济体能恢复常态运转。如果海外疫情往乐观方向发展,那么二季度国际大宗商品价格可能将筑底企稳,三季度震荡回升,PPI 同比增速可能由负转正。如果海外疫情防控不及预期,糟糕至影响到全年的生产、消费、投资等活动,那么工业品价格可能持续承压,PPI 面临较大下行压力。

产油大国沙特、俄罗斯、美国三方博弈,可能加剧国际油价波动,影响全年 PPI 走势。自欧佩克和俄罗斯减产协议谈判破裂后,为抢占市场份额,沙特和俄罗斯纷纷表示扩大原油日产量,原油供给增加对国际油价形成较大下压力,导致近期国际油价在 30 美元/桶下方剧烈震荡。中长期看,沙特和俄罗斯原油增产难以持续。对于经济高度依赖原油的沙特和俄罗斯而言,油价持续低位运行将严重削弱本国国民收入水平,不利于社会稳定。此外,美国页岩油厂商也不愿意国际油价持续低位运行。如果国际油价持续在 40 美元/桶下方徘徊,这将击破美国页岩油生产成本线,美国正在通过扩大石油战略储备规模的方式加入全球油价博弈。预计产油大国博弈将会加剧国际油价波动,短期在 20—35 美元/桶区间剧烈震荡,中长期回归到 40 美元/桶附近。

国内疫情防控形势继续向好,全国工程项目陆续开工复工,预计投资需求将迎来一波反弹,建筑材料价格二季度探底回升,对 PPI 形成一定支撑。随着疫情好转,各地基建、制造业、房地产项目有望全面开工,钢铁、水泥、玻璃等建材需求有望全面恢复,二季度部分区域建材价格有望恢复性上涨。受上半年工期普遍推后的影响,预计三季度建材市场将淡季不淡。总体来看,国内建材价格企稳将对 PPI 形成支撑,能够部分抵消国际油价剧烈波动带来的通缩风险。

三、2020 年重点市场趋势展望

(一)悲观的经济预期和乐观的政策预期成为影响重点市场的主要因素

1. 全球经济下行压力凸显,衰退风险大幅上升。受新冠肺炎疫情影响,主要经济体面临的不确定性大幅上升,全球经济负增长几成定局。随着疫情和美国挑起经贸摩擦的影响不断深化,关税增加和贸易争端加剧或导致国际投资和贸易陷入长期低迷,贸易对经济增长的促进作用难以充分发挥。新冠肺炎疫情暴发进一步冲击了各国的生产生活,市场主体信心不足,预计各国国内投资和资本品需求疲弱。在最新一期的世界经济展望中,国际主要机构均下调了 2020 年全球和主要经济体经济增长预期,其中 IMF 将 2020 年全球经济增长预期下调到 −3%。从不同国家看,发达经济体制造业长期低迷,德国、英国、日本等国制造业 PMI 长期处于收缩区间。新兴经济体面临的内外部风险有所上升,结构性矛盾突出,部分国家在高通胀、高赤字压力下有爆发危机的可能。全球经济衰退风险上升将对金融市场和大宗商品产生冲击。

2. 主要经济体货币政策转向,流动性进一步宽松。随着各国经济下行压力加大,主要经济体货币政策出现新一轮调整,全球央行出现降息潮。据不完全统计,2019 年各国央行已有上百次的降息行为。美联储在经历了短暂的加息缩表之后,再次"由鹰转鸽",2019 年三次降息,政策利率共下调 75 个基点。为应对新冠肺炎疫情,2020 年初美联储再次大幅降息,并实施了"无限 QE"政策。此外,澳大利亚、新西兰等发达经济体,部分新兴经济体也纷纷降息。日本央行和欧洲央行继续扩大资产购买规模。随着主要经济体再次进入降息通道,全球流动性将进一步宽松。由于各国政策并不同步,降息周期中国际资本流动将进一步加剧,各国汇率波动幅度也有可能加大。流动性充裕、资本流动和汇率波动都将对金融市场和大宗商品产生重要影响。

3. 国内经济内外部压力交织,经济仍有强大韧性。当前,我国经济面临的内外部环境日趋复杂。从国际看,尽管中美经贸谈判达到了阶段性协议,但美国为维护其霸权地位,仍有可能继续从贸易、投资、科技、金融对领域对国内企业进行打压。受各国民粹主义影响,贸易保护主义和地缘政治冲突可能进一步加剧。我国面临的国际环境仍然复杂多变。从国内看,新冠肺炎疫情对一季度经济影响较大,且未来仍存在较大的不确定性,稳定宏观经济面临较大压力。疫情还可能恶化地方政府的财政状况,市场主体也将面临更大挑战,防范财政金融风险的任务仍然艰巨,国内经济持续稳定增长的基础还需进一步加固。同时,资源环境约束有可能进一步加剧,各种自然灾害频繁发生,科技进步和产业转型取得重大突破尚需时日,制造业面临的国际竞争日趋激烈,经济发展中的各种挑战还需积极应对。展望2020年,我国经济增长不容乐观,稳就业的难度有所加大。但随着我国体量不断增长,国内超大规模的市场优势和内需潜力将进一步显现,庞大的人力资本和人才资源优势也将充分发挥,随着疫情得到有效控制,各类经济活动将迅速恢复,国内经济韧性强的优势将不断显现。

4. 逆周期调节力度加大,宏观调控政策托底经济。随着国内外环境和经济形势变化,国内的经济政策也将作出相应调整。在国内外经济下行压力加大的背景下,尤其是要缓解新冠肺炎疫情对经济的冲击,国内宏观经济政策逆周期调节的力度也将有所加大。财政政策方面,减税降费政策将进一步推进,财政支出将更加注重质量和效益提升,更加注重结构调整。基建投资补短板的力度将有所加大,民生保障也将得到更多支持。货币政策方面,稳健的货币政策将更加灵活适度,流动性在总量上保持合理充裕,在结构上将更多向民营经济倾斜,向制造业倾斜,社会融资成本,尤其是中小企业融资成本将进一步下降。随着宏观经济政策托底经济的作用逐步显现,叠加重要改革举措加快落地,微观主体的活力将不断增强,重点行业和重点企业蛰伏的发展潜能将不断被激发。这将为重点市场健康发展奠定坚实基础。

(二)重点市场具备平稳运行的基础,但局部风险不容忽视

1. 股市可能出现结构性行情。2020年,国内外股市或将出现此消彼长的变化,国内股市走势弱于发达国家的形势也将有改观。一方面,中美贸易摩擦的影响已逐渐被市场消化,国内企业应对外部冲击各项举措的成果逐步显现,部分企业的经营绩效将有所好转。另一方面,随着金融去杠杆取得阶段性成果,国内外货币政策转向宽松,市场的流动性环境也将有所改善。但考虑到新冠肺炎疫情的不确定性,以及疫情对实体经济的冲击,不同行业上市公司走势将有所分化。受疫情影响较大的旅游、航空等行业业绩将受到较大冲击,而 5G、娱乐、居家办公、医疗等细分领域上市企业可能受益。预计 2020 年股市将再现结构性行情。

2. 人民币汇率将保持基本稳定。2020 年美国经济增长的风险进一步凸显,美联储政策利率进入下降通道,美元流动性持续宽松,预计美元指数在长期高位运行后有所回落。中美经贸摩擦对汇率市场的影响已逐步被各方适应,企业有效应对汇率波动的经验更加丰富,市场主体在经受外部冲击时的恐慌情绪日渐消解。国内经济从疫情中恢复的速度较快,货币政策的调整步伐慢于美国,稳定汇率的政策工具更加多元、更加有效,市场预期管理的举措更加成熟。2020 年,预计人民币汇率的波动将有所减弱,汇率水平总体稳定。

3. 债市总体稳健,债务爆雷风险需关注。2020 年经济增长趋缓压力和政策托底功能强化将并存,成为债市稳定运行的有力保障。随着市场风险偏好进一步下降,市场资金将持续流入债市,但债市分化也可能进一步加剧。一些公司治理混乱、债务依赖严重、盈利能力恶化的企业风险或将凸显,在违约已成常态的情况下,部分债务规模大、涉及面广、信号意义强的企业债务爆雷仍可能对市场产生冲击。尤其是在新冠肺炎疫情暴发的背景下,一些资金链紧张、抗冲击能力弱的企业债务违约的风险有所加剧。总体看,随着政策利率逐步下行,2020 年债市仍将保持稳定,但特定企业引发的结构性风险值得关注。

4. 大宗商品需求总体疲弱,走势有所分化。随着沙特和俄罗斯掀起石油价格战,国际油价暴跌。未来围绕石油的大国博弈仍将延续。预计国际原油价格将有所反弹,全年维持低位震荡态势。在全球经济总体疲弱的大背景下,预计有色金属需求难以大幅增长,相关商品价格或将震荡下行。2019 年年初溃坝、飓风等短期供给冲击对铁矿石市场的影响逐渐消散,2020 年铁矿石均价将较上年出现一定回落。钢铁短期需求回落,长期有房地产和基建投资支撑,产出维持在相对高位,预计价格易跌难涨,但不排除出现阶段性上涨行情的可能。水泥、玻璃等建材价格难以长期维持在高位,2020 年将有所回落,但受成本上升和季节性限产影响,价格仍有一定支撑。此外,新冠肺炎疫情对实体经济的冲击也会波及大宗商品市场,疫情走向是影响大宗商品价格的重要因素。

四、稳定价格总水平和重点市场的政策建议

（一）保持宏观经济政策灵活适度

2020年物价运行的结构性矛盾将有所缓解,食品价格上涨对宏观经济政策的束缚力会有所减弱,宏观经济政策应着重针对实体经济的运行态势相机抉择。稳健的货币政策更加灵活适度,灵活运用法定存款准备金率、公开市场操作、常备借贷便利等多种货币政策工具,保持流动性合理充裕,疏通货币政策传导渠道,加大金融对实体经济的支持力度,特别是为受疫情影响严重的地区、行业和企业提供流动性支持。积极的财政政策更加积极有为,加大重点基础设施补短板力度,做好重点领域保障,支持基层保工资、保运转、保基本民生,加快落实湖北等疫情重灾地区的税收减免政策。稳定制造业投资,围绕推动制造业高质量发展要求,加快推进5G、物联网信息网络等新型基础设施建设,巩固提升我国未来国际竞争力。持续优化营商环境,深化"放管服"改革,降低制度性交易成本,逐步放开市场准入,下硬功夫打造好发展软环境。加快形成强大国内市场,激发消费新热点和新亮点,促进智能网联车、智能家电消费升级。

（二）落实民生商品保供稳价政策

2020年需进一步巩固当前生猪生产恢复的好势头,确保重要节点、疫情严重地区猪肉市场供应基本稳定。强化各级政府财政、金融、土地、保险等扶持政策的组合拳作用,加大生猪养殖技术指导与服务,坚决清理不合理的禁养限养,坚持不懈抓好非洲猪瘟疫情防控,严厉打击猪肉市场违法经营、囤积居奇、哄抬物价、串通涨价等破坏市场秩序的行为。保持蔬菜、水果生产规模的

基本稳定。扎实推动产销对接,通过开办平价商店、增加流动售卖车、减免相关税费等手段,降低流通成本,优化产销环节。打通稳民生、稳物价的资金使用,确保按照社会救助和保障标准与物价上涨联动机制的标准规定,及时足额发放针对低收入群体的价格临时补贴,有条件地区适当扩大补贴范围和补贴标准。

(三)确保大宗工业品原材料安全供应

全球经济形势、贸易环境、货币政策、地缘政治、供给冲击将加剧大宗商品价格波动,部分工业原材料的供应安全可能会受到牵连。在强化大宗商品价格监测、预测与预警基础上,我们应加强原油、铁矿石、铜等与国计民生相关大宗商品的安全保供机制建设,加快梳理国际海陆重要运输通道的安全风险点,完善"黑天鹅""灰犀牛"事件应急处置机制,合理引导企业调整采购与产销计划。同时,充分利用上海、大连、郑州商品期货交易所以及其他重点现货交易所,吸引境外实体企业参与国内期货和现货市场交易,加快完善重点商品基准交割地和实物交割仓库建设。

(四)做好物价预期引导工作

当前重点做好疫情防控中的保供稳价宣传工作,及时公布重点生活物资和医疗资源的生产、储备、运输、供给、销售情况,及时疏导民众恐慌心理。2020年上半年,由于低基数缘故,CPI同比涨幅可能在中高位持续徘徊。为做好稳预期工作,应及时在主要媒体持续开展关于物价运行的权威解读。一方面,加强对百姓关心的食品价格上涨原因和走势进行通俗解释,及时宣讲社会救助和保障标准与物价上涨联动机制等正在推进的稳民生工作。另一方面,及时打消部分人群对于"通胀"的担忧和不当炒作,为"六稳""六保"工作营造良好宽松的舆论环境。此外,由于PPI存在进一步走低的可能性,为防止市场对工业领域结构性通缩的炒作,也应做好大宗工业品价格运行的预期引导工作。

(五)有序推进人民币汇率市场化改革

当前中美经贸摩擦和复杂的国际经济环境是影响人民币汇率的重要因素。在深入推进人民币汇率市场化改革进程中,需充分考虑当前的国际国内环境,可以利用当前国内环境优于国际的有利时机,有序推动人民币汇率改革,提升人民币国际化水平,保持人民币汇率在合理区间波动。同时,监管部门应做好人民币汇率的监测、分析和预警工作,进一步完善预期管理,建立定期与不定期相结合的信息交流和沟通机制,及时与市场交换看法,合理引导市场预期,防范外汇市场的大幅波动。

(六)密切关注地方政府债务风险和债券市场违约风险

密切关注不同行业、规模、性质、地区企业的经济效益,对违约风险较高的市场主体给予重点关注。对于过度依赖资源型产品的省份和城市,受疫情影响较大的地区,要及时监测和预警其财政收支情况,逐一排查地方债务违约隐患,尤其是地方隐性债务。改革完善市县级基本财力保障机制,有效缓解困难地区财政运转压力,同时严防地方政府新增不合理债务。此外,加强债券市场信用风险、流动性风险、杠杆水平、市场结构等指标信息的监测与披露,从根本上疏导可能的风险引爆点,避免债务连环违约引发的次生风险。

(执笔人:刘志成、徐鹏)

第五章　2019 年就业形势分析及 2020 年展望

2019 年我国就业形势总体平稳,稳就业政策效果显著,就业目标保持在预期范围内。2020 年,就业形势将更为复杂,每年仍有 1000 万以上的新增劳动力需要就业,就业总量压力不减;就业结构性矛盾进一步累积,就业预期和用工需求持续偏低;新冠肺炎疫情突发,就业压力进一步加大。为此,应进一步从宏观层面落实就业优先政策,通过促进就业—增收和产业—消费的良性互动,畅通国民经济循环,为就业增长奠定基础;同时,把"稳预期"作为"稳就业"的重中之重,加强对规模性失业风险的精准防控:一是实施精准稳岗政策和储备就业复苏政策,化解疫情对就业的影响;二是全面落实民营经济和中小微企业发展支持政策,巩固稳就业的根基;三是重点稳定工业企业用工,引导劳动者平稳转岗;四是重新焕发新经济的就业带动作用,依托技术进步打造新的就业增长点;五是实施差异化就业配套政策,预留转型发展地区就业接续空间;六是提高就业岗位国际竞争力,多方位稳定和拓展外向型就业。

一、稳就业政策成效显著,2019 年就业形势总体平稳

2019 年以来,在经济下行压力下,我国就业形势出现阶段性波动,但总体保持平稳增长,基本达成各项预期目标。全年累计实现城镇新增就业 1352 万人,连续 7 年超过 1300 万人。全年城镇调查失业率保持在 5.0—5.3 之间,25—59 岁主要劳动年龄群体失业率各月均在 5.0% 以下。其中一季度受春节

因素影响,摩擦性失业增多,2月份失业率升至 5.3%。随着春节因素影响减弱,企业生产经营进入旺季,失业率逐步回落,二季度各月稳定在 5.0%—5.1%的相对较低水平。三季度为高校毕业季,大量高校毕业生在短期内集中求职就业,7月份失业率再次升至 5.3%,随着大学生陆续找到工作,失业率回落。10月份和11月份失业率稳定在 5.1%的水平,12月份略升至 5.2%。整体来看,受供求关系和季节性等因素影响,失业率在个别月份略有波动,但总体保持在 5.5 以下的预期范围内(见图 5-1)。在经济下行压力和国际复杂环境下,就业任务目标完成情况良好,是劳动力供求变化、经济平稳增长、就业优先政策等综合因素共同作用的结果。

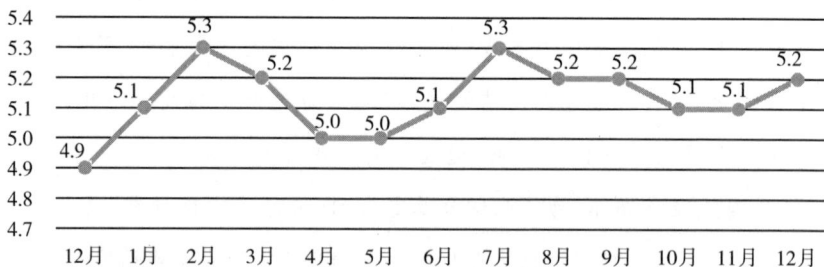

图 5-1　调查失业率(%)

(一)劳动年龄人口逐年减少,劳动力供给压力显著下降

我国人口总和生育率在 20 世纪 90 年代已经下降到更替水平 2.1 以下,目前约为 1.5—1.6,人口增长逐步放缓,预计在 2027 年前后达到峰值。与此同时,15—59 岁劳动年龄人口在 2011 年已经达到峰值 9.41 亿人,此后开始逐年下降,到 2018 年约为 8.97 亿人,年均减少 630 万人。今后我国劳动年龄人口下降的幅度会进一步加大,劳动力市场的就业压力也会进一步缓解。

截至 2019 年末,全国就业人员约为 77471 万人,比上年略减 115 万人,已经连续两年出现负增长。但就业总量仍然维持在 7.7 亿人以上,同时由于就业人员素质不断提升,我国人力资源储备依然丰富。

（二）持续的经济增长和结构优化，是不断创造就业岗位的前提

我国经济增长保持了相对较高的就业弹性。根据国家统计局数据，2010—2015 年，我国非农经济每增长 1 个百分点平均约带动城镇新增就业 131 人，2015—2018 年，非农经济每增长 1 个百分点平均约带动城镇新增就业 150 人。

1. 提升发展制造业为主体的实体经济，为就业增长夯实基础平台。近年来，我国制造业就业规模不断扩大，就业人员已超过 1 亿人。其中城镇制造业就业人员约 8000 万人，约占城镇就业的 20%，是提供城镇就业岗位最多的行业。2019 年前三季度，制造业依然保持了 5.6% 的增长速度，不仅创造了大量就业岗位，也是服务业就业增长的基础支撑。

2. 服务业不断创新发展，为就业增长拓展新空间。服务的就业拉动作用显著高于工业，2018 年我国服务业万元产值约提供 765 个就业岗位，而万元工业产值仅提供 584 个就业岗位。伴随经济结构调整，我国服务业发展一直快于工业，前 11 个月服务业增加值累计同比增长 6.9%，有效支撑了就业增长。随着互联网、数字化技术、人工智能等的快速发展，数字经济、共享经济等新经济、新业态逐步成为就业增长的新源泉，约占当期总就业人数的 20%，灵活就业、分时就业等更加多样的就业方式，也为劳动者增收提供了新选择。

（三）实施更加精准的就业优先政策，为就业增长筑牢托底保障

2019 年以来，国务院把就业优先政策置于宏观政策的层面，充分体现了党中央、国务院对就业的重视。持续优化营商环境，积极推动"双创"发展，促进了新型就业、灵活就业的人数也在大量增加。为就业困难群体自主就业提供创业培训、政策咨询、开业指导、税费减免、小额担保贷款等一系列支持服务，特别是加大对大学生、农民工、退役军人等重点群体的帮扶。为接收就业困难人员就业的企业提供社会保险补贴和岗位补贴，对生产经营当中不裁员、少裁员的企业给予帮扶。强化宏观调控政策、产业政策、公共服务政策与就业

优先政策的统筹，为稳定现有就业岗位和创造新的就业岗位提供更大的保障空间。

二、就业预期持续走低，潜在的结构性风险出现积聚趋势

当前我国就业形势总体平稳，没有出现规模性的失业问题，但企业就业信心不足，用工需求趋于下降，结构性和行业性就业风险呈现积聚趋势。

（一）就业预期持续偏低，用工需求持续下降，存在规模失业显性化风险

从采购经理人指数来看，我国从业人员指数长期处于荣枯线之下。其中制造业从业人员指数 2018 年基本在 48.0 以上，2019 年下降到 47.0 左右；非制造业从业人员指数 2018 年基本在 49.0 左右，2019 年则多数月份在 48 左右。这在一定程度上表明企业增加就业岗位的意愿不强（见表 5-1）。

表 5-1　我国 PMI 指数和从业人员指数　　　　（单位:%）

	制造业		非制造业	
	PMI	从业人员	PMI	从业人员
2018 年 5 月	51.9	49.1	54.9	49.2
2018 年 6 月	51.5	49.0	55.0	48.9
2018 年 7 月	51.2	49.2	54.0	50.2
2018 年 8 月	51.3	49.4	54.2	50.4
2018 年 9 月	50.8	48.3	54.9	49.3
2018 年 10 月	50.2	48.1	53.9	48.9
2018 年 11 月	50.0	48.3	53.4	48.7
2018 年 12 月	49.4	48.0	53.8	48.5
2019 年 1 月	49.5	47.8	54.7	48.6
2019 年 2 月	49.2	47.5	54.3	48.6

	制造业		非制造业	
	PMI	从业人员	PMI	从业人员
2019 年 3 月	50.5	47.6	54.8	48.7
2019 年 4 月	50.1	47.2	54.3	48.7
2019 年 5 月	49.4	47.0	54.3	48.3
2019 年 6 月	49.4	46.9	54.2	48.2
2019 年 7 月	49.7	47.1	53.7	48.7
2019 年 8 月	49.5	46.9	53.8	48.9
2019 年 9 月	49.8	47.0	53.7	48.2
2019 年 10 月	49.3	47.3	52.8	48.2
2019 年 11 月	50.2	47.3	54.4	49.0
2019 年 12 月	50.2	47.3	53.5	48.3

资料来源:国家统计局。

经济下行压力传导到就业,最直接的体现便是用工需求下降。网络招聘的大数据分析也显示,用工需求在过去一年下滑,在部分行业,特别是新经济领域已经出现裁员的苗头。2018 年全国招聘信息显示的用工总需求 2.44 亿人,分别比 2017 年、2016 年减少了 3700 万人、2100 万人,增速从上年的 6.0% 降到 −13.1%,10—12 月增速再创新低,分别为 −28.2%、−24.8%、−26.8%。2019 年,用工需求延续了下滑趋势,1 月、2 月分别同比下降 3.9% 和 1.8%,到 7 月份同比下降 22.5%,11 月份同比下降 9.74%,新成长劳动力的求职难度将更大(见表5-2)。

表 5-2　2019 年分行业用工需求同比变化　　　　（单位:%）

	1 月份	2 月份	7 月份	11 月份
信息产业	−35.9	−30.0	−35.3	−2.61
金融业	14.0	5.7	−34.0	−1.60
房地产业	38.4	45.1	−4.6	42.34
商业服务业	47.4	65.2	14.3	−30.78

	1月份	2月份	7月份	11月份
批发零售业	43.4	26.1	-22.0	-7.55
文化体育教育	66.2	7.4	-14.6	28.35
加工制造业	-23.9	-20.3	-36.0	-16.49
交通仓储物流业	-2.5	2.5	31.8	17.79
居民服务业	24.2	21.7	-15.7	-53.26
合计	-3.9	-1.8	-22.5	-9.74

资料来源：佰职就业大数据。

（二）工业就业岗位减少显著，存在进一步向服务业传导风险

2018年11月，规上工业企业利润同比增长-1.8%，三年以来首次出现负增长，12月份增速进一步下滑到-1.9%，利润增速连续第9个月出现下降。工业企业利润下滑，直接导致用工需求减少，员工收入下降，进而影响相关服务业的经营状况及就业。大数据显示，2018年生产、加工、制造行业的用工需求为2300万人，同比下降了27.7%；2019年前两个月，同比下滑23.9%和20.3%，7月份步下滑幅度进一步加大到36.0%（见表5-2）。

制造业变动将直接影响到服务业。以富士康为例，受苹果新机销售低迷等因素的影响，富士康的产能已经远高于需求，存在大量裁员的可能。在雇佣35万名工人的郑州富士康，工人现在没有加班机会，每月只能拿1000多元的基本工资，以加班费为主要收入的员工，可能被迫离职。受富士康用工减少、员工收入下降的影响，厂区周边餐饮、住宿、商超等服务体的经营状况显著恶化，服务业的就业状况紧随工业而变差。

（三）新经济就业面临不确定性，防范创业带动就业示范效应减弱

互联网经济经过井喷式发展后，从业人员规模激增，但就业不稳定问题日益突出。如2017年迅速发展的共享单车行业，当年上半年新增就业就达到7万人，约占我国城镇新增就业的1%；但仅仅过了一年，这个行业就出现较大

收缩,相关从业人员面临分流就业难题。又如网约车司机已经超过 3100 万人(其中专职从业者超过 1200 万人),但是符合资质的比例仅为 1%,如果出现监管规则变化、重大安全事故等"黑天鹅"事件,行业运行及就业就会出大问题。同样,外卖从业人数已经接近 700 万,面对各地快速扩张的外卖行业,餐饮安全、交通工具、从业资格等关键领域的监管严重滞后,一旦出现重大恶性事件,急剧加码的监管将让就业遭遇重创。绝大部分专车司机、外卖骑手、快递员,没有全职收入和社会保障,抵御失业的能力相对较弱,一旦失业就可能成为社会的不稳定因素。

创业公司融资难度加大,创业带动就业的示范作用变弱。2017 年是创新创业的高速发展期,用工需求也比上年同比快速增长 95.87%。2018 年和 2019 年,我国 VC/PC 市场整体进入回调期,行业投资回报下降,逐步出现"募资难"问题。如明星创业公司 ofo 共享单车,因其经营弊端和拖欠押金等问题,不仅使公司在 2018 年末陷入困境,而且给所有创业公司都带来了较大的负面社会影响,动摇了投资人乃至全社会对创业公司的信心。2019 年,创业公司的投资增长和用工需求继续放缓,11 月份比上年同期下降 16.17%。2020 年资本市场会更严格地筛选创业公司,创业公司的用工需求有可能进一步下滑,创业带动就业的示范效应可能变弱。

(四)民营企业和外资企业用工大幅度减少,国有企业减员风险趋升

民营企业和外资企业用工需求下滑趋势进一步加剧,7 月份同比减少 23.4% 和 25.6%;国有企业在 1 月份依然保持了需求增长,但从 2 月份也开始下降,到 7 月份和 11 月份分别同比下降 13.5% 和 6.2%(见表 5-3)。2017 年创业公司用工需求大幅增长 95.8%,但 2018 年出现回调,同比下降 16.17%;2019 年创业公司总体表现较好,7 月份用工需求同比增长 45%,11 月份同比增长达到 221.8%。但同时也要看到,资本市场经过了 2018 年的回调后,会更严格地筛选创业公司,应避免市场的大幅震荡影响创业带动就业的示范效应。2020 年,国有企业将面临更为迫切的改革压力,不排除会出现就业岗位大幅度减少的可能性。为此,需要加快完善公平的市场竞争环境,全面促进民营企业发展,创造更多就业岗位,提高就业承接能力。

表5-3　2019年不同类型企业用工需求同比增长　（单位:%）

	1月份	2月份	7月份	11月份
国有企业	15.5	-2.1	-13.5	-6.2
外资企业	-1.4	-1.0	-25.6	-12.7
民营企业	-5.2	-2.2	-23.4	-11.4
事业单位	-27.5	-4.2	19.9	63.8
非营利机构	-12.5	32.4	19.4	213.2
创业企业	29.9	101.1	45.0	221.8
合计	-3.9	-1.8	-22.5	-9.7

资料来源:佰职就业大数据。

　　民营企业用工需求减少与民营经济状况密切相关。尽管我国对民营经济的认识不断深化,特别是习近平总书记在2018年11月1日民营企业座谈会上的讲话,重申了我国的基本经济制度,充分肯定了我国民营经济的重要地位和作用,并进一步提出"民营经济是我国经济制度的内在要素,民营企业和民营企业家是我们自己人。"但是在经济和社会实践中,仍存在一些模糊甚至错误的认识,特别是以所有制类型作为划分经济成分和企业类型的一个重要标准,无形中成为束缚民营经济发展的体制障碍,是当前民营经济发展面临的诸多问题的根源。

　　融资难、融资贵一直是制约民营企业特别是小微企业生存的重要因素。党中央和国务院也高度重视这一问题,并出台了一系列政策措施,但融资难融资贵的问题却没有得到根本缓解。据统计,我国的小微企业平均寿命只有3年左右,其中很多企业倒闭,并不是产品和市场出现问题,而是资金链断裂所导致。我们调研中也发现,大量从事加工制造、零部件供应的小微企业,一般处在大型企业供应链的末端,为大型企业提供服务。但是大型企业公司财务复杂,回款周期长,好多小微企业,往往都会垫付资金生产,但却缺乏可持续的的融资渠道,很容易导致资金周转不灵。

降成本是我国供给侧结构性改革的重要内容。近年来,通过实施简政放权、减税降费等政策,为企业减负松绑的效应持续显现。李克强总理在 2017 年《政府工作报告》中指出,减税降费"一定要让市场主体有切身感受"。但对于很多民营企业,特别是部分中小企业而言,减税的切身感受并不明显,甚至有的企业还感觉税费有所增加。

当前我国营商环境改善取得了显著效果,但同时也依然存在不少短板和盲区,不利于制度性交易成本的进一步下降和政务效率的有效提升。如我们在调研中也发现,各地在改善营商环境方面都出台了相应的规定,但政策的落地却不尽如人意,在一定程度上影响着企业家投资的信心、创新的热心、做实业的专心以及高质量发展的恒心。

(五)区域用工需求重新向中心城市集中,转型地区就业增长难度加大

区域用工需求重新向中心城市集中,绝大部分省份就业机会减少。大数据显示,2017 年除广东、北京、上海、天津、陕西、西藏 6 个省份外,全国其他 25 个省份的用工需求都保持正增长,呈现由东部向中西部转移的苗头。但到了 2018 年,仅有广东、北京、上海、重庆 4 个省份的用工需求正增长,增速分别为 10.4%、13.8%、15.2%、12%,其他 27 个省份都是负增长,劳动力需求的区域差距进一步拉大,绝大部分省份陷入用工需求衰减的境地。尤其值得关注的是,黑龙江和吉林的用工需求分别下降 63.9% 和 40.4%,东北人口外流问题更加严峻,新疆、青海、甘肃的分别下降 48.8%、47.6%、45.3%,用工形势不利于边疆地区的稳定。2019 年以来,多数地区用工需求继续下降,其中 1 月份仅有 8 个地区、2 月份有 12 个地区用工需求出现增长,到 7 月份仅有 4 个地区用工需求出现增长,到 11 月份有 5 个地区用工需求增长,分别是广东、上海、天津、四川和浙江(见表5-4)。长三角、珠三角是劳动力的集中流入地,人口外来依然是中西部地区的常态。

表5-4 2019年分地区用工需求同比变化 (单位:%)

地区	1月份	2月份	7月份	11月份	地区	1月份	2月份	7月份	11月份
广东	18.9	25.4	-31.9	47.16	云南	-37.7	-36.3	-22	-37.23
上海	30.3	14.9	-34.7	33.94	湖南	-23.8	3.2	-25.2	-37.27
天津	-32.7	-53.9	-37.3	8.68	河南	-1.4	7.1	0.5	-38.27
四川	13.5	20.4	-7.1	4.55	山东	-3.7	1.5	-17.3	-39.49
浙江	-1.2	-2.8	-29.3	1.65	黑龙江	-27.8	-2	22.3	-39.87
陕西	9.3	14.5	-9.8	-4.1	海南	-44.8	-64.2	-90.6	-39.98
湖北	-7.7	-7.8	-23.8	-8.58	贵州	-33.5	-28.3	-15.8	-40.72
辽宁	-32.3	-33.5	-25	-9.4	新疆	-47.7	-47.3	-18.3	-43
江苏	-1	-5.6	-28.8	-10.77	吉林	-47.8	-57.4	-22.2	-43.92
重庆	39.8	22.3	-0.6	-15.38	河北	-23.9	-5.6	-5	-44.14
安徽	1.3	15.4	-8.7	-23.27	广西	-38.9	-35.9	-19.6	-44.26
福建	-15.6	-9.4	-25.3	-24.02	宁夏	-27.1	-17.6	-17.6	-45.69
北京	31.6	-11.1	-29.5	-26.1	西藏	65.9	159	69.4	-51.09
江西	-23.6	-10	-16.3	-28.68	内蒙古	-15.6	3.8	13.3	-52.62
甘肃	-53.1	-31	-19.7	-32.07	青海	-57.9	-66.5	-36.2	-61.96
山西	-26.7	2.4	-3.8	-34.2	全国	-3.9	-1.8	-24.5	-9.74

资料来源:佰职就业大数据。

部分转型城市接续产业无人支撑困境,进而导致岗位流失。一是年轻人大量外出,返乡就业意愿低,接续产业发展缺乏人力资源支撑。从就业地域看,非一线城市的青年就业人群普遍不愿返乡就业,他们宁愿在城市从事收入并不高的工作,也不愿回家乡就业创业;从就业行业看,青年就业人群要么进入体制内,要么进入收入较高的互联网、金融等领域,生产性服务性行业不受青睐,青年就业人群就业择业有待进一步磨合;从就业观念看,在调研中发现,多数年轻人毕业后均选择留在北上广深等一线城市,有的甚至远走海外,普遍不愿回乡就业,甚至返乡就业行为本身在一定程度上会被解读为该劳动者"没太大本事"。

二是企业难以引进推动企业发展的高技术人才。高技术人才就业期望值高,对地域、薪酬、福利要求高,一般地方企业尤其是西部地区东北地区企业难以引进高技术人才,如,西部某市的现代煤化工、装备制造、羊绒等部分行业出现用人短缺问题,特别是化工产业属于技术密集型、人才密集型产业,专业人才数量跟不上煤化工产业发展;东北某市的机械制造企业严重缺乏高技能工人尤其是铆工,不得不临时召回已退休老铆工,高技能工人缺乏已影响企业正常运转。

三是政府人才政策落地难。为引进人才,地方政府通常会制定当地人才引进政策,以优厚薪酬及住房政策支持吸引人才,但企业普遍反映相关人才政策落地难,主要原因是人才资金配套不足。以东北某市为例,该市就业专项资金(含人才资金)呈连年下降趋势,2015—2018 年分别为 8.31 亿元、7.17 亿元、6.66 亿元、6.38 亿元,人才资金配套不足导致许多人才政策难落地,进而导致引进人才难、留住人才更难。例如该市有些公司在 2011 年引进博士人才,到现在依然没有兑现当地政府曾承诺的落户问题等。

(六)全球就业岗位竞争加剧,产能和岗位外迁的可能性增加

国际就业岗位竞争日益加剧,需防范就业岗位流失风险。当前就业岗位的国际竞争,不仅体现在制造业等传统领域,而且新业态和新就业形态的快速增长,也已经成为全球就业的普遍特征。一是发达国家就业需求随着经济复苏而逐步增长,特别是美国和欧洲国家提出制造业回归本土,对我国就业的影响将日益突出。如美国在金融危机之后,就业岗位持续增长,到 2019 年,就业总量已经超过危机之前的水平;失业率更是持续下降到近 19 年来的最低水平,全年保持在 4% 以下,11 月份仅为 3.5%。日本就业人数也实现了 59 个月的持续增长,失业率降低到 3% 以下,是 22 年来的最低水平。欧盟国家就业形势分化明显,但 28 国平均失业率 7.7%,低于去年同期的 8.6%。二是发展中国家劳动力成本相对于中国的优势逐步显现,如越南、菲律宾、印尼、马来西亚等国家人工成本已经显著低于中国,随着劳动力素质的进一步提升,中国在劳动密集型产业的就业竞争压力越来越大;印度在劳动力低成本、市场容量以及

信息产业等方面的优势也正在逐步积累；非洲、南美等国家劳动力市场的竞争力也在不断提升。三是无论发达国家还是发展中国家，劳动力市场弹性不断提高，就业形式更加多样，灵活就业比重不断提高。

中美贸易的不确定性将长期存在，企业不断累积的风险预期降低用工需求。根据商务部的测算，外贸带动相关的就业人数超过 1.8 亿人（占总就业人数的 1/4），中国对美国出口占总出口的 20% 左右，绝不能低估中美贸易摩擦对出口部门就业的影响。就业大数据显示，在中美贸易摩擦升级的 3 月份和 6 月份，我国用工总需求同比锐减 25% 和 20.9%。除了出口行业外，涉及中美知识产权和技术转让纠纷的高技术行业，在中美贸易谈判达成最终协议之前，将面临极大的不确定性，这些行业的用工需求将进一步下滑。2018 年，电子、半导体、电路行业的用工需求下降了 76.1%；2019 年 1 月、2 月份，分别同比下降 35.9% 和 30.0%。出于预防贸易摩擦和缩减生产成本的考虑，部分厂商会继续与考虑将产能前往海外。

（七）新冠肺炎疫情突发，全年稳就业空间受到挤压

2020 年之初，武汉爆发新型冠状肺炎，对中国经济增长和就业形势都产生了较大冲击。根据国内外一些研究机构的预测，如果疫情能在一季度得到有效控制，新冠肺炎可能导致我国 GDP 增速减少 0.5—2 个百分点；疫情拖得越久，对经济的影响越大。按照当前经济增长的就业弹性推算，预计将减少 80—350 个城镇新增就业岗位。

疫情对交通运输、文化旅游、酒店餐饮、影视娱乐、体育赛事等行业的影响最为直接，很多企业在疫情期间被迫停止营业，造成的损失不仅已经发生，而且后续无法弥补。随着时间推移，疫情对工业企业的影响也日益显现，工业生产在用工、订单、库存、生产、运输等方面都面临不同程度的制约。部分企业在推迟复工、外地员工被隔离的同时，依然要支付人工成本、租金、贷款利息等固定费用，而且还面临额外增加的复产防护成本、订单支付延误、订单取消等问题，对于一些资金链本来就紧张的企业，进一步加大了破产、失业风险。

疫情对就业的最终影响,在很大程度上取决于疫情持续的时间。不同类型企业的抗压能力存在较大差异,相对而言,中小企业将首先面临生存问题。从企业账上现金余额能维持的时间看,约 1/3 的中小企业仅能维持 1 个月的时间,超过半数的中小企业仅能维持 2 个月的时间。虽然服务业在疫情中受到的影响更为明显,但是我们更应重视工业领域的中小企业,由于其产业链条相对较长,一旦停工、破产将波及上下游企业,并最终影响到服务业就业;同时工业企业的破产成本较高,复工或重建的难度也更大。初步预计,2020 年上半年有可能面临就业压力的集中释放,稳就业工作难度将进一步加大。

三、着重改善就业预期,加强就业风险精准防控

展望 2020 年,我国就业形势将更为复杂。就业总量压力不减,每年仍有 1000 万以上的新增劳动力需要就业;就业预期持续偏低,用工需求持续下降,就业结构性矛盾进一步累积。为此,应把握一切有利因素,从宏观层面落实就业优先政策,充分依托强大国内市场,进一步增强我国经济增长的韧性和活力,通过促进就业—增收和产业—消费的良性互动,不断畅通国民经济循环,为就业增长奠定基础;同时,把稳预期作为稳就业的重中之重,完善就业形势监测分析机制,紧盯重点地区、重点行业、重点群体和关键性指标,做好规模性失业风险预判预警,加强对关键风险点的精准防控。

(一)实施精准稳岗政策和储备就业复苏政策,化解疫情对就业的影响

一是探索政府、企业和职工合理分担疫情造成的损失,尽力稳定现有就业岗位,防止大规模裁员;因势利导,有效利用为应对疫情而新增的就业机会,做好行业之间、地区之间的用工信息沟通、定向招聘和人员对接服务;支持企业转变经营方式、开发新的就业形态开展自救和互助;引导因疫情无法外出的农民工参加农村基础设施建设和人居环境改善。二是强化对中小微企业的精准

救助,加大减税降费政策力度,扩大稳岗返还政策的受益面;特别把工业领域的小微企业,作为疫情防控期间"稳就业"的重中之重,免除直接受损的小微企业6个月到一年的企业所得税和社会保险缴费。三是对因疫情冲击导致失业的群体实施定向救助,减小失业对劳动者的福利损失。四是积极储备疫情后就业复苏政策,对于受到停产、停工影响的工业企业,在疫情过后允许使用更加灵活的用工制度,如通过在一定时期内适当延长工时等,补偿疫情期间的生产损失;提前布局和加强政策引导,支持社会资本投入受疫情影响较大、产能供给不足、岗位损失较多的行业;积极推动基于线上和远程技术的新就业形态规范发展,完善相关社会保障和用工政策。

（二）全面落实民营经济和中小微企业发展支持政策,巩固稳就业的根基

一是完善法律和制度保障,形成竞争中性的公平市场环境。全面放开市场准入,全面落实公平竞争审查制度,实行统一的底线监管,在同一负面清单下全面参与市场竞争。二是切实推动减税降费政策落地,加快降低社保费率,加大失业保险费返还力度,积极探索进一步降成本的空间,降低民营企业负担,增强企业发展活力。三是切实破解融资难融资贵问题,扩大金融市场准入,完善金融服务体系,大力发展中小型金融机构,提高财政资金的风险补充能力,拓宽民营企业融资途径。四是支持民营企业研发创新,加快向民营企业开放国家重大科研基础设施和大型科研仪器;鼓励民营企业独立或与有关方面联合承担国家各类科研项目,参与国家重大科学技术项目攻关,通过实施技术改造转化创新成果;在标准制定、复审过程中保障民营企业平等参与;通过发放奖励和补贴、加快折旧、R&D费用加计抵扣等政策,鼓励和促进民营企业建立各级技术研发机构和进行产业升级和技术产品创新。

（三）进一步稳定工业企业用工,促进劳动者平稳转岗

一是重视新就业空间的拓展,加快发展先进制造业,通过科技创新提高制

造业的全球竞争力,通过新旧动能转换拓展新的就业领域。二是重视延续劳动密集型产业的就业优势,充分利用国内市场和梯度发展优势,有选择地推动传统制造业向中西部地区转移。三是加大职业教育和职业培训投入力度,提高职工转岗就业能力。

(四)重新焕发新经济就业带动作用,依托技术进步打造新的就业增长点

一是坚持审慎包容原则推动新经济发展,在互联网经济从业人数众多的行业,对涉及生命、资产、餐饮等的重大安全事项,尽早建立行业规范、监管原则和应急方案;完善最低工资保障制度,增强社会保障制度对灵活就业人员的包容性,解除灵活就业人员的后顾之忧。二是聚焦科技创新方向和支持力度,以核心技术和关键技术为重点,进一步加大对高新技术的投入,打造新的就业增长点。三是完善创业金融服务,提高企业用工需求,支持私募股权投资基金和创业投资基金发展,促进长期资本支持创新创业;扩大创新创业债试点规模,支持符合条件的创业公司发行"双创"专项债务融资工具。

(五)实施差异化就业配套政策,促进区域就业均衡

一是充分认识到转型发展的难度,包括被动转型的资源枯竭型地区和主动转型的新旧动能转化地区,为就业安置预留充分的承接时间和空间。二是对用工需求旺盛的省份,加大财政转移支付力度,增强对流动劳动力住房、子女教育的保障力度;对用工需求萎缩的省份,增加公益性岗位,加大必要的基础设施投资,发挥乡村振兴项目的就业带动作用。

(六)提高就业岗位国际竞争力,多方位稳定和拓展外向型就业

一是提高对外出口市场的多元化,寻找新的贸易伙伴;顺应产能和岗位外迁,逐步建立跨国产业链条,保持劳动密集型产品出口和岗位规模。二是增加服务产品对外出口,创造更多外向型服务业就业岗位。三是加大对机械、航空

航天、信息及通信技术、机器人、医药产品等摩擦重点行业和领域的就业监测，实施重点企业援助政策；同时，加大基础研究投入，增强高科技的国际竞争力，改善高科技企业的预期及用工。

（执笔人：张本波、魏国学、王阳、蔡潇彬）

第六章　2019 年世界经济形势 分析与 2020 年展望

当前主要经济体经济走势均相对低迷,美日欧 2019 年下半年经济增速均处近年来相对低位,特别是制造业 PMI 均接近甚至低于荣枯线,实体经济短期内难见明显好转。受各主要经济体内部需求相对疲弱、新技术革命对全要素生产率提升作用有待显现、各国围绕经贸规则博弈加速以及经贸争端仍对全球供应链带来不确定性等因素影响,即便没有新冠疫情 2020 年全球经济增长仍然相对乏力,整体增速预计也只能稍高于 2019 年。新冠肺炎疫情对全球经济造成巨大冲击,今年全球经济负增长已成定局,未来能否恢复严重依赖于疫情的控制情况,尚存较大不确定性。

一、2019 年底世界经济大调整的迹象已经初步显现

(一)主要经济体经济增速全面放缓,通胀疲软和信心不足并存

一是主要经济体经济增长难有起色。自二季度创下 2017 年一季度以来最低增幅之后,三季度,美国 GDP 环比折年率为 2.1%,较二季度仅增加 0.1 个百分点;日本经济增长仍然乏力,GDP 环比折年率仅增长 1.8%,与二季度持平;欧盟 28 国 GDP 同比增长 1.4%,与二季度持平;其中欧元区则仅增长 1.1%,较三季度稍有下降。与发达经济体相比,新兴经济体经济增长态势稍有好转,但整体乏力和分化的趋势并未根本改变。三季度俄罗斯和巴西经济

增长稍显回暖迹象,GDP 同比增长 1.7%,巴西 GDP 同比增长 1.2%,均较一、二季度有所回升,但仍均处历史较低水平。南非 GDP 同比增长 0.1%,环比为负增长;印度 GDP 同比增速下滑到 4.5%,继一季度跌破 6% 之后保持下滑态势,再创新低。

二是制造业投资和产出持续低迷。从私人部门投资看,美国企业投资连续下滑,欧元区工业增加值和工业生产指数均处于下调阶段。从制造业 PMI 看,美国 12 月 Markit 综合 PMI 初值 52.7,其中制造业 PMI 为 52.4;欧元区 12 月制造业 PMI 为 46.3,连续 11 个月低于荣枯线;日韩贸易争端升级拖累日本 12 月制造业 PMI 降至 48.4;印度、巴西的制造业 PMI 自下半年开始有所回升,12 月印度和巴西 Markit 制造业采购经理人指数 PMI 终值分别为 52.7 和 50.2;俄罗斯、南非则表现不佳,11 月俄罗斯 Markit 制造业采购经理人指数为 45.6%,10 月南非 Markit 综合采购经理人指数终值为 49.4。

三是通胀疲软,消费信心略微回升但仍处低位。从通胀看,美国 11 月核心 PCE 价格指数年率为 1.6%,显著低于 2% 的调控目标;欧元区 12 月核心通胀同比仅增加 1.4%,持续疲弱,短时间难以达到欧洲央行通胀目标;除印度外,金砖国家通胀基本低于央行通胀目标,11 月,印度消费物价指数同比上涨 5.54%,较上月 4.62% 的水平明显上升,高于央行通胀目标;俄罗斯 12 月 CPI 同比上涨 3%,低于央行 4% 的通胀目标;11 月巴西消费物价指数同比上涨 3.12%,低于 4.5% 的通胀目标;11 月南非通胀率为 3.6%,连续 3 个月放缓,是 2010 年 12 月以来最低。各国消费信心一度出现明显下降,近期虽然有所回升但仍处相对低位。美国 8 月密歇根大学消费者信心指数一度创 2012 年 12 月以来月度最大跌幅,随后虽然开始回升,12 月已经攀升至 7 个月高点,但仍处历史低位;日本 9 月消费者信心指数一度降至 35.6,创 2011 年下半年以来的新低,12 月份也仅回升至 39.1。美国 8 月密歇根大学消费者信心指数初值为 89.8,创 2012 年 12 月以来月度最大跌幅;日本 9 月消费者信心指数降至 35.6,创 2011 年下半年以来的新低。

（二）金融市场荣中隐危,整体表现和实体经济显著背离

一是 2019 年全球金融市场整体呈现股债双牛态势。一方面,2019 年全球股市整体保持较好涨势,如图 6-1 所示。美国标普 500 指数全年上涨 28.3%,创历史新高;市盈率达到 30.91,已经高于 2008 年金融危机之前 27.55 的市盈率。日本日经 225 指数和印度 BSE SENSEX 指数分别上涨 20.9% 和 16.4%,备受"脱欧"不确定性困扰的英国和遭受暴力事件影响的香港特区也分别上涨 11.0% 和 10.5%。另一方面,在股市涨势较好的同时,债市表现也可圈可点。彭博巴克莱全球综合债券指数 2019 年年化报酬率达到 8.4%。然而,2019 年发达经济体和新兴经济体经济下行压力普遍有所加大,难以为股债的"双优"表现提供基本面的有效支撑,这种反差的背后可能隐含着较大的泡沫和金融风险。

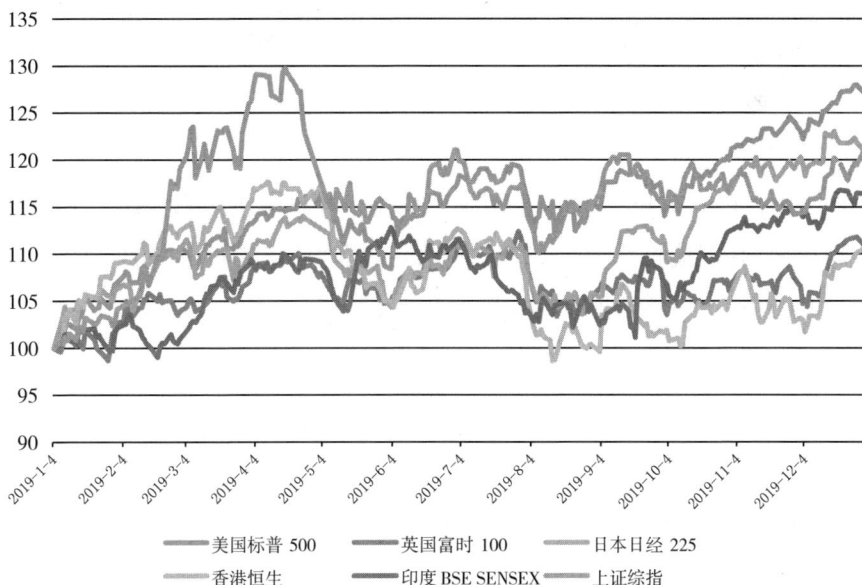

图 6-1 2019 年全球主要估值波动(以 2019 年初值为 100)

数据来源:https://finance.yahoo.com/world-indices。

二是全球股市波动较大,投资者情绪剧烈摇摆。虽然全球股市整体保持

涨势,但美国标普 500、英国富时 100 等重要股指一度出现显著跌幅,Cboe 美国股市波动率指数和 Cboe 新兴市场股市波动率也曾一度飙升(如图 3-2 所示),投资者悲观和避险情绪在 5 月末和 8 月末分别达到高潮,投资者普遍对经济走势缺乏信心,不愿意将资本投入股票市场。但是,2019 年末,虽然经济基本面并未出现显著变化,随着中美贸易摩擦缓和、英国"脱欧"尘埃落定等,投资者情绪又出现迅速好转,带动股市迎来大幅上涨行情。

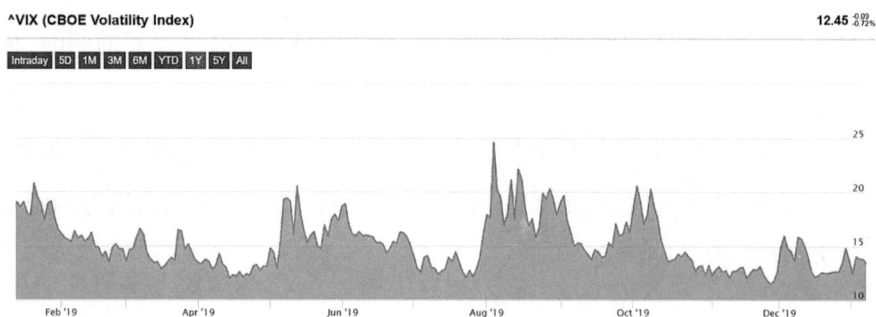

^VIX (CBOE Volatility Index)   12.45 -0.09 -0.72%

Intraday | 5D | 1M | 3M | 6M | YTD | 1Y | 5Y | All

图 6-2　2019 年 Cboe 美国股市波动率指数

数据来源:http://www.cboe.com/vix。

三是债市收益率走低,负利率债券余额居高。作为主要避险工具的美国国债收益率走低,其中美国 30 年国债收益率一度跌至 1.907%,创历史新低。英美等经济体国债收益率在较长时期内维持"倒挂"。2019 年 8 月,作为欧元区经济发展主要引擎的德国整条收益率曲线都落入负利率区间,为历史首次,其中 30 年国债收益率一度跌至 -0.272%。根据彭博统计,2019 年 9 月,全球负收益率债券总量接近 17 万亿美元,达到全球可投资债券总量的 30%,说明投资者避险情绪和悲观预期在酝酿,对未来英美乃至全球经济衰退的担忧上升到新的高度。2019 年四季度,债券收益率有所回升,例如美国 10 年期国债收益率从 8 月末的低点 1.938% 提升至 12 月末的 2.389%,德国 30 年期国债收益率到 12 月末也已经恢复到 0.353%,但收益率整体仍处于历史低位(如表 6-1 所示),而负利率债券总量仍处于高位。

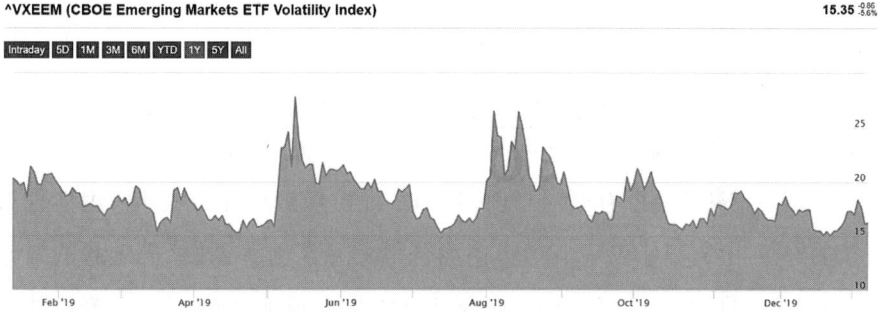

^VXEEM (CBOE Emerging Markets ETF Volatility Index)　　　　　　　　　　15.35

图 6-3　2019 年 Cboe 新兴市场股市波动率指数

数据来源：http://www.cboe.com/products/vix-index-volatility/volatility-on-etfs/cboe-emerging-markets-etf-volatility-index-vxeem。

表 6-1　美国、德国、英国 30 年期国债收益率

收益率(%)	2012 年末	2015 年末	2018 年末	2019 年末
美国 30 年期国债	2.952	3.015	3.020	2.389
德国 30 年期国债	2.158	1.491	0.877	0.353
英国 30 年期国债	3.097	2.669	1.816	1.332

数据来源：https://cn.investing.com/。

四是新兴市场国家货币汇率波动加剧，一度出现大幅贬值。例如，2019年 7、8 两月，俄罗斯卢布相对美元贬值 5.5%，印度卢比贬值 3.8%，巴西雷亚尔贬值 7.1%，南非兰特贬值 7.3%。这既说明投资者对这些国家的经济前景信心不足，也可能是竞争性货币贬值的信号。

（三）全球经济治理分歧加剧，经贸纷争此起彼伏

一是经济治理理念分歧明显扩大。二战以来，虽然发达经济体和新兴经济体之间在具体的经贸规则领域同样存在矛盾，但各方推进全球贸易投资自由化、充分发挥市场在资源配置中的作用以做大全球经济"蛋糕"的全球经济治理理念是基本认同的，为 20 世纪末以来全球化的深入发展创造了良好的条件。然而，近期发达经济体和新兴经济体在全球经济治理的一些原则性理念

上的分歧持续加大，美国等少数发达经济体认为给予大多数发展中国家差别待遇违反所谓的"公平"原则，包括在气候变化中反对"共同而有差别"的承担责任原则，在WTO改革中反对给予大多数新兴经济体优惠待遇，并明确提出应运用所谓"对等"原则要求其他国家经贸规则向美国看齐，等等。

二是经贸冲突不断升级。当前，各国在经贸规则理念的差异已经体现为直接的经贸冲突，去年以来，在"自由而公平贸易""对等原则"等理念的指导下，美国主动挑起各类经贸争端，迄今已经和中国、欧盟、印度等主要经济体发起了多场贸易冲突，且冲突均呈现持续波动升级的态势，并正在向其他经济体蔓延。

（四）各国经贸联系显著减弱，全球化进程面临严重波折

一是全球直接投资规模持续下降。联合国贸易和发展会议（UNCTAD）统计显示，2015年以来，全球外国直接投资流入量出现明显下滑，从2015年的2万亿美元持续下降到2018年的1.3万亿美元，2018年全球外国直接投资存量也出现了自2008年以来的首次下降。虽然2019年上半年全球直接投资额为6400亿美元，同比增长24%，但仍低于过去十年的平均水平，且此轮恢复性增长主要是由于发达经济体之间并购的复苏，发达经济体对新兴经济体的直接投资仍处于下降态势。

二是全球货物贸易增速明显放缓。2010年三季度以来，全球货物出口量增速明显下行，长期在0—5%之间波动。尤其是2018年以来，受以中美贸易战为代表的世界经贸冲突加剧影响，全球货物出口量增速快速下滑，根据UNCTAD的数据，2019年第二季度出口负增长0.11%，跌至金融危机以来的最低值，三季度也仅增长0.26%。全球主要经济体出口均有所下滑，2019年1—11月我国货物出口增速为-0.3%，同期美国、日本、韩国出口增速分别为-1.1%、-4.5%和-10.6%，1—10月欧盟出口增速为-3.6%，其中，前三大经济体德国、英国、法国出口增速为-4.9%、-2.8%和-1.8%。

三是全球产业链分工萎缩迹象明显。全球产业链分工合作最重要的一个

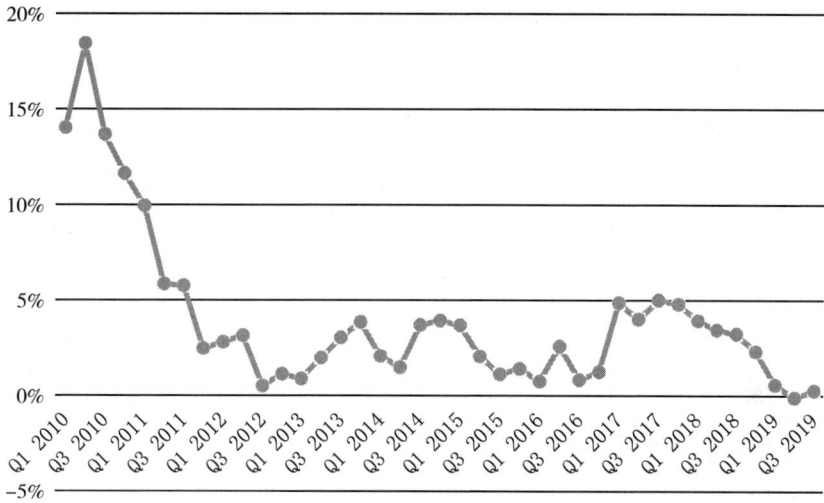

图 6-4 金融危机以来全球货物贸易出口增速

数据来源：UNCTAD 数据库。

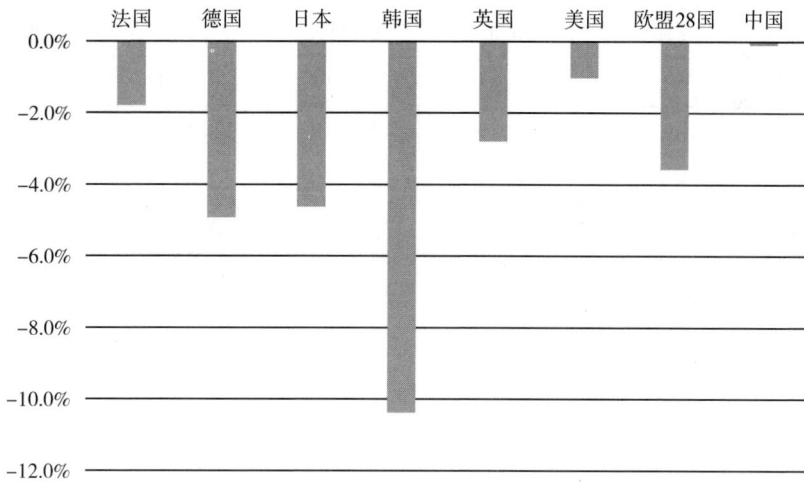

图 6-5 2019 年 1—10 月份主要经济体出口增速

数据来源：中国出口数据来自中国海关总署，其余经济体出口数据来自 OECD 数据库。

特征是产品的生产由多个国家共同完成，即产品的价值由多个生产它的国家共同获得，一国出口产品的价值中既包含了本国的增加值也包含生产中投入的国外中间品。为此联合国贸发会议将"参与全球价值链的贸易总额"（GVC participation）定义为一个经济体出口产品中来自其他经济体的增加值加上其他经济体出口中来自该经济体的增加值。2000—2010 年间各经济体参与全球价值链的贸易总额年均增速普遍在 9% 以上，而 2010—2017 年年均增速则全部在 4% 以下。与此同时，无论是发达国家还是发展中国家，2011—2016 年间，出口中本国增加值的比例普遍有所上升，例如欧元区国家从 2011 年的81.80% 上升到 2016 年的 83.55%，日本从 85.7% 上升到 88.62%，美国从87.27% 上升到 90.96%，中国从 78.26% 上升到 83.35%，印度从 74.90% 上升到 83.87%。因此，这说明全球价值链在各国之间的分工呈现弱化态势，而在各国的国内部分则日益强化。

表 6-2　全球主要经济体出口的国内增加值含量

年份	欧元区	日本	美国	中国	印度
2011	81.80%	85.70%	87.27%	78.26%	74.90%
2012	81.46%	86.05%	87.59%	79.16%	74.90%
2013	82.16%	84.83%	88.54%	79.65%	75.25%
2014	82.55%	84.19%	88.82%	80.47%	77.05%
2015	83.15%	86.77%	90.52%	82.68%	80.91%
2016	83.55%	88.62%	90.96%	83.35%	83.87%

数据来源：OECD Tiva 数据库。

二、世界经济出现新一轮大调整是大概率事件

一是从经济格局看，新兴经济体和守成经济体之间的剧烈冲突恐难避免。目前，新兴经济体取代发达经济体引领全球经济发展已经开始接近从量变到质变的关口。从需求侧看，虽然新兴经济体整体需求规模仍然低于发达经济体，但中国、印度等新兴经济体在全球经济中的地位已经显著上升，两国若按购买力评价计算 GDP 规模已经达到全球第一和第三位，印度已经制定了在

2040年购买力评价计算GDP超过美国的计划;从供给侧看,新兴经济体在土地、资源、劳动力等传统生产要素上的整体优势仍将维持,而在新一轮技术革命和产业变革持续推进过程中发挥"弯道超车"优势,缩小与发达经济体在技术、管理和专业服务等领域的差距将成为大概率事件;从体制机制看,新兴经济体既有效吸收了发达经济体构建市场经济体制的丰富经验,也基于自身的经济特征进行了卓有成效的制度创新,激发自身经济增长潜力的能力也显著强于发达经济体。因此,未来新兴经济体取代发达经济体在更高层次上引领全球经济增长是大概率事件。但发达经济体已经形成了"要素质量优势—实体经济质量优势—金融优势—规则制定优势—政治军事优势"的循环反馈机制,必然会运用金融、规则、科技乃至政治军事等各方面的力量来限制新兴经济体的赶超,从而引发剧烈冲突。只有在新兴经济体在冲突中进一步成长壮大,发达经济体发起冲突对其自身的损害大于收益之后,才会再次形成新的互利共赢格局。

二是从分工格局看,技术进步带来的新产业和新分工模式将逐步取代传统模式。一方面,5G、物联网、人工智能等新一轮信息技术正在积极投入应用,将继续改变传统产业的要素密集度,并推动个性化定制、协同创新、系统解决方案等新业态、新模式成为主流。另一方面,人体增强、太空、核聚变等重大革命性技术的突破也在酝酿之中,一旦取得重大技术突破,则很可能彻底改变现有的生产方式,导致全球分工格局出现颠覆性变化。

三是从经贸规则看,现有规则体系被打破重组的可能性要高于渐进完善的可能性。与20世纪全球化浪潮初期相比,当前商品和要素跨境自由流动的成本已经大幅度下降,进一步降低贸易投资壁垒对于扩大全球生产可能性曲线的边际效用也显著降低,如何构建更合理、更公平的利益分配机制则成为全球化的新焦点问题。在这一问题上,各方立场天然存在分歧,大概率需要通过激烈博弈才能达到新的规则平衡,将导致全球经贸规则出现"破坏式重组"而非渐进改良式改革。

三、新冠肺炎疫情已经导致全球经济剧烈调整

全球经济大调整可以通过渐进有序的方式进行,也可能通过剧烈无序的方式进行,WTO 改革、CPTPP 签署等偏向于前者,英国脱欧风波、中美经贸争端等则偏向于后者。目前看,新冠肺炎疫情成为全球经济剧烈调整的"导火索"。

(一)即便没有新冠肺炎疫情,主要经济体也将在经济基本面上维持低速增长格局

整体上看,全球经济调整期必然会导致经济增长动能不断减弱,制造业及投资领域的复苏遭遇瓶颈,企业和家庭继续抑制长期支出,投资和耐用消费品需求持续低迷,国际贸易增长受到打压,主要经济体面临的内部和外部需求均呈疲软态势。同时,无论世界经济调整是否有序,各国之间的经贸争端仍将高频多发,甚至引发到政治、军事层面,经济增长面临的下行风险加剧。国际货币基金组织不断下调全球经济增长前景预测值。据其 10 月最新预测,2019年全球经济增长预计为 3.0%,较 4 月预测值下调 0.3 个百分点,这将是 2008年以来的最低增速;而 2020 年经济增速有望抬升到 3.4%,较 4 月预测值下调0.2 个百分点。预测值下调的主要原因是全球制造业疲软和贸易冲突加剧。

从主要经济体看,美国财政赤字和债务水平上升,未来消费增长动力是否持久存疑,就业饱和,薪资增长受限,私人投资持续疲软,在降息背景下产能扩张动力仍不足,政府财政政策空间受限,经济增长降速不可避免。欧元区制造业衰退幅度加深,经济前景更加暗淡,加之受英国硬脱欧风险上升等因素影响,经济恶化风险明显加大。新兴经济体和主要发展中国家供给和需求端均陷入停滞甚至衰退,加上外部需求减弱,经济增长前景也不容乐观。根据国际货币基金组织在新冠疫情暴发前发布的数据,2019 年发达经济体经济增速预期为 1.7%,较 1 月预测值下调 0.3 个百分点;新兴市场和发展中经济体 2019

年和 2020 年经济增速分别为 3.9% 和 4.6%,美国、欧元区、德国、日本、英国 2019 年经济增长预期分别为 2.4%、1.2%、0.5%、0.9% 和 1.2%,2020 年经济增长预期分别为 2.1%、1.4%、1.3%、0.5% 和 1.5%。

表 6-3　主要国际组织经济增速预测　　　　（单位:%）

	IMF（2019 年 10 月）		世界银行	
	2019	**2020**	**2019**	**2020**
美　国	2.35	2.09	2.3	1.8
欧元区	1.16	1.39	1.1	1
日　本	0.89	0.47	1.1	0.7
中　国	6.14	5.82	6.1	5.9
发达经济体	1.68	1.67	3.7	4.3
新兴市场和发展中经济体	3.92	4.55	3.5	4.1
全　球	3.01	3.41	2.4	2.5

（二）即便不暴发新冠疫情,部分主要经济体出现短期严重衰退甚至引发全球性危机的风险也将显著上升

从历史经验看,全球经济大调整往往伴随着局部或全面的经济危机出现。其原因在于,在全球经济繁荣期积累的实体经济供需失衡、金融市场泡沫、收入分配差距巨大、经济治理和经济基础不适应等诸多问题很难全部通过渐进改革方式完成,往往会在某个时点剧烈爆发,带来短期内的经济失速下行、大面积的企业破产和失业率的大幅度上升。

从现实看,主要经济体出现短期严重衰退的风险明显加剧。美国虽然经济基本面尚可,但私人投资者信心已经下行,波音、宝洁等部分企业利润也已出现大幅度下降。在全球经济风险持续加剧,突发性事件不断爆发的情况下,美国证券市场投资者信心出现突发性跳水的风险正在累积中。一旦这一事件发生,将迅速影响美国家庭财富规模并冲击消费,大幅加剧美国乃至全球经济

衰退风险。德国、韩国等外向型经济体受全球经贸冲突升级、经贸规则趋于无序的影响巨大，陷入衰退的风险持续上升。巴西、俄罗斯、南非、阿根廷、土耳其乃至印度等经济体国内深层次矛盾难以解决，在外部形势恶化的大背景下极易发生金融乃至紧急危机。

（三）经贸冲突与政治、地缘矛盾交错激化的风险显著上升

从经贸层面看，在新冠疫情导致全球经济整体陷入衰退，甚至可能爆发危机的情况下，全球经贸合作所新创造的红利将进一步下降，美国等经济体通过升级经贸冲突以掠夺更多红利的意愿将更加强烈，但也将面临更多的报复性措施。具体而言，美国对印度、越南乃至欧盟部分出口商品征收关税的风险将进一步上升，虽然中美即将签署第一阶段协议，但前三批我国对美出口商品被征关税水平并未有实质性降低，中美经贸争端再次升级的风险仍不能排除，日韩贸易争端也有进一步扩大化的风险，英国如脱欧进程不及预期，英欧之间的贸易壁垒也将进一步激化。

从非经贸冲突看，少数经济体运用非经济手段以达成经济目的的风险将大幅度上升，各国之间的科技、金融、政治等领域之间也将爆发更多冲突。美国在科技、金融等领域向我国施压的风险将进一步提升，甚至导致南海问题、朝核问题等周边热点地缘问题出现新变数；英国和欧盟之间、日本和韩国之间以及中东等热点地区也可能出现新的纷争，如欧盟和英国很可能在欧洲金融市场方面发生剧烈冲突，日本和韩国政治纷争进一步加剧，伊朗核问题引发战争风险，等等。

（四）全球经贸规则陷入短期无序的可能性增加

当前，美国等少数发达经济体已经很难接受 WTO 在发展中国家地位、产业政策等领域的全球经贸规则体系，但这些发达经济体虽然在各类新议题上存在诸多分歧，但整体理念原则相对一致，通过先达成双边经贸规则安排，再最终达成区域性经贸规则体系的可能性是存在的。当前，在广大新兴经济体

的强烈反对下,美国等少数发达经济体在 WTO 框架内实现自身利益诉求存在较大难度。在这一背景下,美国很可能联合经贸规则体系和其相近的日本、澳大利亚、欧盟等经济体,采取实质性退出 WTO 的方式,"另起炉灶"构建经贸规则体系。印度、阿根廷、土耳其等新兴经济体出于维护自身利益目的,打 WTO 规则"擦边球"甚至公然违背 WTO 规则的可能性也将大幅度上升。一旦这种情况出现,WTO 规则体系很可能"名存实亡",全球经贸规则甚至可能出现短期无序状态,贸易投资面临的壁垒很可能将大幅度增加。

(五)新冠肺炎疫情直接引发全球经济衰退

今年以来,新冠肺炎疫情成为影响全球经济的最主要因素。由于新冠病毒传染力非常强、感染初期症状不明显,加之相当一部分发达经济体出于各种偏见忽视了疫情早期防控,导致新冠肺炎疫情成为二战以来全球最为严重的一次疫情,截至 2020 年 5 月 23 日已经 520 多万人感染,死亡人数超过 33 万人。为应对疫情,大多数主要经济体均采取了减少社交距离、停工停课等措施,经济活动在短期内几乎被迫中断。从目前看,大多数发达经济体疫情刚刚进入平台期,俄罗斯、印度等主要新兴经济体疫情有暴发迹象,预计二季度全球疫情很难得到完全控制。考虑到新冠病毒的特殊性,公共卫生专家不能排除年底新冠肺炎疫情再次暴发的可能性。在新冠肺炎疫情的影响下,美国页岩油企业高杠杆等各国经济存在的结构性矛盾也在迅速显现,进一步加大了全球经济复苏的难度。IMF 最新预测 2020 年全球经济将衰退 3 个百分点,其中发达经济体将衰退 6.1%,新兴经济体将衰退 1.0%。但此次全球经济衰退主要是受疫情这类外部因素的短期冲击,如果今年下半年新冠肺炎疫情能够得到有效控制,2021 年全球经济将迅速回升。

四、对策建议

我国作为此轮世界经济大调整的重要一极,应坚持以夯实自身为前提,以

"守义为先,维利为次"为价值导向,立足全球经济发展的大局进行战略决策,在将所受冲击降低在最低限度的前提下,成为全球经济由"大破"向"大立"转化的重要支柱力量。

（一）短期内有效防范外部风险

从目前看,在此轮全球经济格局调整过程中,我国是新供给、新需求、新模式、新体系等"增量"的主要贡献者之一,必然会面临较大的外部压力。为此,必须灵活有效应对外部压力,将其对我国经济发展的冲击降低到最低限度。具体而言,应妥善应对中美经贸争端,既坚持维护自身利益底线,又有效管控升级风险,防范中美经济"脱钩";加强同世界主要经济体在经贸规则上的协调,尽可能防范现有多边经贸规则体系受到破坏性冲击;在深化改革、扩大开放的前提下运用更加精准、更加科学、更加灵活的手段维护经济安全。灵活处理复工复产和防控新冠肺炎疫情之间的关系,提升经济体系的抗突发事件冲击能力。

（二）持续提升经济综合实力,为在更高层次参与构建全球经济新格局做好准备

在世界经济经历一段时间的冲突甚至部分领域无序之后,世界经济必然会进入一个新的发展轨道。从要素禀赋、体制机制等各方面看,我国具备了在世界经济新轨道上发挥更大作用的潜力,而提升经济综合实力则是发挥作用的前提条件。为此,应继续深化供给侧结构性改革,特别是建设创新型强国,打造全球重要的新产业新业态新模式发源地;继续深化改革扩大开放,在借鉴国际一流经贸规则的过程中形成具有独特优势的开放型经济体制;积极培育和吸收各种高端要素,为全球实现更高层次供需平衡奠定要素基础。

（三）坚定不移实施一系列重大中长期战略

针对未来全球经济发展的重点领域实施一系列中长期战略对于在大变局

之后在经济发展中发挥主导作用具有重要意义。具体可在以下几个方面予以推动：一是以太空、人体增强等未来产业为重点的原始创新能力提升战略；二是维持制造业规模并提升发展层次的战略；三是打造全球人才、知识、创新高地的战略；四是逐步构建和对接国际一流经贸投资规则的战略；五是在持续扩大开放过程中创新国家安全维护模式的战略；六是在中西部地区培育经济增长新高地的战略。

（执笔人：李大伟、季剑军、孔亦舒、陈大鹏）

下 篇

改革发展重点问题篇

第七章　培育新支柱产业

未来全球"三链"格局和经贸规则面临重塑,科技、产业、场景三大变革同步交互发生,我国产业发展将走出国际竞争"舒适区",依靠创新驱动产业转型升级、推动经济高质量发展的要求更加紧迫,亟须培育与发展阶段转换、大国地位提升相匹配的新支柱产业,即具有重大技术突破、广阔市场容量、强大赋能或关联带动效应,对经济稳增长和高质量发展起到重要支撑作用的产业,主要包括新一代人工智能、生命健康、新材料、文化创意等新兴支柱产业和机械、电子信息、汽车、化工、房地产、轻纺等转型升级后的现有支柱产业。经测算,到2025年,新支柱产业增加值规模将达到52.08万亿元,占GDP比重达到38.5%,其中新兴支柱产业对GDP增长贡献达到15.8%。培育新支柱产业要以高质量发展为导向,以"深度工业化"战略为统领,将制造强国建设作为一项长期国策,实施"新支柱产业培育十大举措",全面提升产业链韧性、供应链弹性和价值链增值性,维护国家产业安全,塑造产业竞争新优势。

当今世界处于百年未有之大变局,世界经济版图深刻调整,全球经贸规则和治理体系面临变革。我国由中等收入迈向高收入国家过程中,迎来世界新一轮科技革命和产业变革与我国经济转向高质量发展阶段的历史性交汇,我国产业发展走到了新的战略转折点。经验表明,一个国家经济发展阶段的重大变化,往往伴随着产业结构的演变升级,与之相匹配的支柱或主导产业也会更新迭代。面对国际国内新形势新变化,要抢抓机遇、谋高站远,加快培育与新阶段新要求相适应、面向未来参与全球竞争的新支柱产业体系,为推动经济高质量发展提供强有力的支撑。

一、今后一段时期我国产业发展环境的若干重大变化

（一）"三链"格局向"三大经济圈"收敛，跨国企业"中国+1"态势渐显

全球经济"东快西慢、南升北降"的格局持续演进，中国、印度、东盟等亚洲板块快速崛起，亚洲经济圈与北美经济圈、欧盟经济圈构成全球经济"三足鼎立"之势，全球产业发展格局和生产组织网络发生重大变化，按朋友圈做生意的"俱乐部"模式盛行，产业链、供应链、价值链从开放型"全球模式"转向全球化与区域化并举，区域性贸易比重上升较快，为我国在优势产业领域构建以我为主的区域性"三链"提供了重要机遇。国际经贸规则面临变革调整，中美战略竞争博弈常态化、持久化，跨国企业布局产业链从成本考量转向成本最低与风险分散并重，"中国+1"战略成为其不得不考虑的选择，导致我国制造业产业链外迁压力加大。据广东省统计数据显示，2018年共有125家规模以上工业企业转移到东南亚地区。

（二）世界经济在弱增长中寻找新动能，科技、产业、场景三大变革交互迭代

过去200年来，科技革命变迁周期不断变化，新技术从发明到运用的时间大大缩短。当前，新一轮科技革命处于孕育爆发的前夜，人工智能、生物、新材料、新能源等具有广泛关联性和全局性的重大技术创新及其应用开始逼近"零界点"，新兴技术正在群簇涌现、交叉融合、快速渗透、加速迭代，商业化应用场景集中迸发，新技术跨越"死亡之谷"的时间进一步大大缩短，一项新技术在商业转化的同时另一项新的技术变革又出现了，科技、场景、产业三大变革基本同步。目前世界经济仍处于弱增长态势，各国都在积极寻找培育新动能，我国具有强大的国内市场、海量的数据资源、完整的产业体系，"三大变革"有望率先在我国同步发生，并带动经济进入高质量发展轨道。

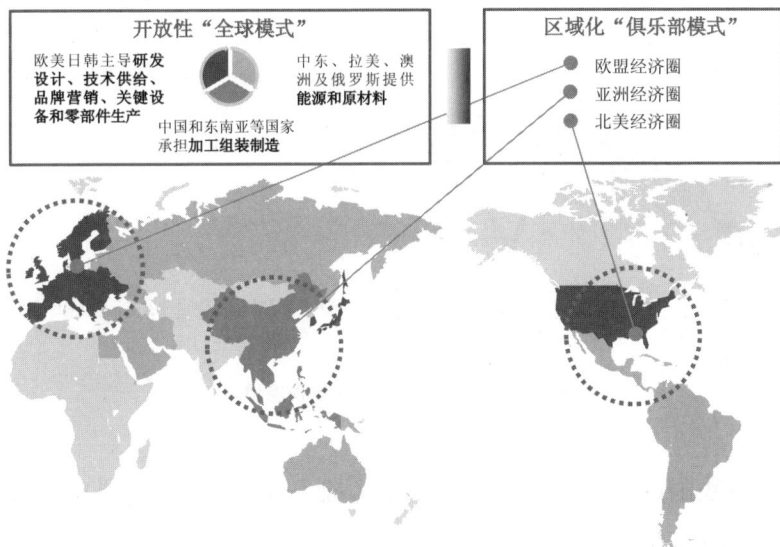

图 7-1　全球"三链"格局演变

图 7-2　历次科技革命中技术普及速度

互联网渗透率 ——2008 ——2009
——2010 ——2011
——2012 ——2013
——2014 ——2015
——2016 ——2017
——2018

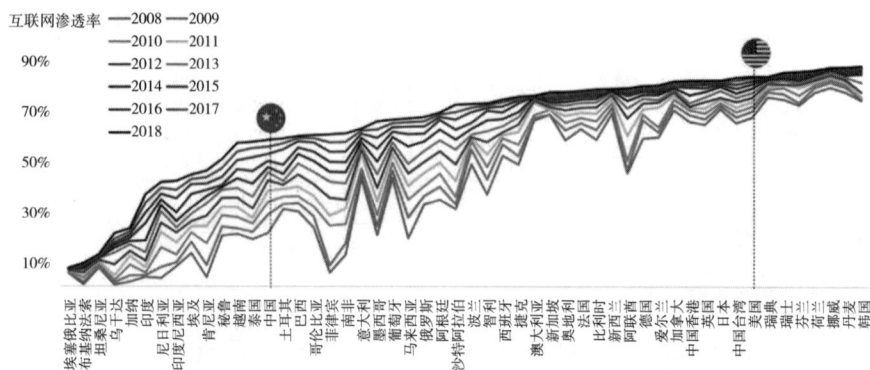

图 7-3　全球互联网渗透率快速提高

（三）我国迈向高收入国家行列是大概率事件，产业发展将走出国际竞争"舒适区"

我国即将从中等收入国家进入高收入国家行列，承担的国际责任和义务将发生变化，基于发展中国家地位享受的优惠和差别待遇可能减少甚至取消，以美国为首的发达国家对我国高技术产业的封锁和围剿加剧，全球高技术产业在工业 4.0 赛道上的竞逐更加激烈，我国产业发展将走出入世 20 年来国际竞争"舒适区"，面临发达国家高精尖产业和发展中国家中低端产业的双重挤压。发展阶段转换、经济增速下行、国际竞争加剧，需要我国发展模式、产业结构加快切换到高质量轨道。

（四）我国工业化进入深度提升阶段，城镇化进入高质量转型后半场

根据工业化经典理论，我国已经进入工业化后期，但结构性矛盾依然突出，东中西工业化发展不平衡，中低端产能过剩和中高端供给不足并存，"两业融合""两化融合"水平不高，供给体系质量和效益有待提高，工业化深度不够。推动浅层工业化向深度工业化转型，将成为未来我国工业化的核心，将为传统产业转型升级提供空间，也为新兴产业培育壮大创造机遇。我国城镇化进入下半场，城镇化滞后于工业化的局面有望改变，全球最大规模的中等收入

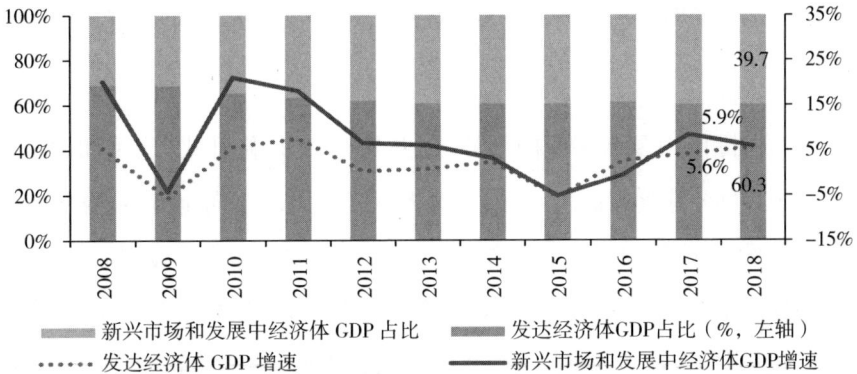

图 7-4　2008 年以来发达经济体与发展中经济体 GDP 份额及增速

群体崛起和数亿人口的城镇化,将释放巨大的内需潜力,为产业高质量发展提供强大市场需求。

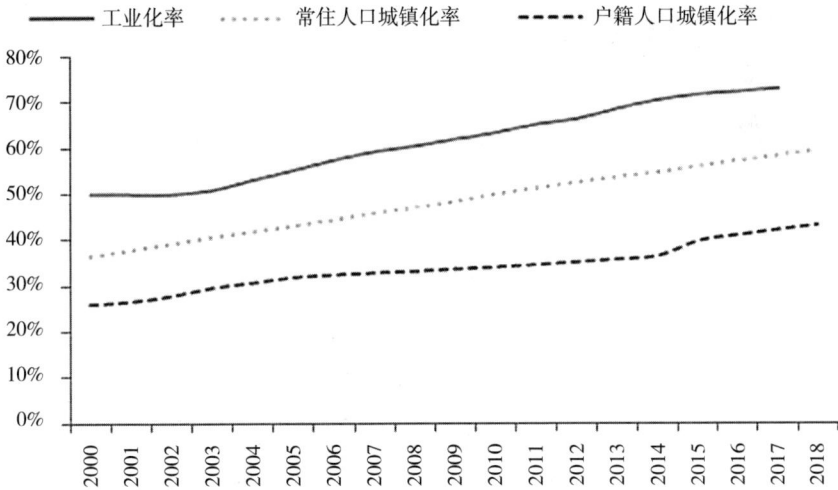

图 7-5　我国城镇化和工业化进程①

————————————

① 参考倪鹏飞等(2014)的研究,工业化率是非农就业人口占比。

(五)新一轮改革红利有望加快释放,更加成熟定型的制度环境将逐步确立

面对国际国内复杂多变的形势,过去多年来的"修补式"改革和调整,已经出现了边际效应递减态势,党的十八大以来我国改革向全方位、宽领域、深层次系统推进,改革"接棒"政策推动经济发展的效应在逐步显现。随着供给侧结构性改革"八字方针"进一步落实落地,要素市场化和产权制度改革取得突破,"放管服"改革力度加大,产业政策向普惠性、功能性转型,很多制度将更加完善、更加定型,产业发展面临的体制性矛盾、政策性障碍有望破除,我国产业与国际接轨的制度保障有望形成,改革红利将持续惠及产业转型升级和经济高质量发展。

二、新支柱产业的内涵特征、识别依据及产业图谱

(一)培育新支柱产业势在必行

培育新支柱产业具有重要意义。一是稳定经济增长需要产业新旧动能接续转换。受劳动力成本持续上升、资源环境约束加大、国际市场空间缩窄等因素影响,我国电子信息、汽车、机械、轻纺、房地产等支柱产业增长放缓甚至见顶下行,亟须通过培育新的支柱产业形成新动能,对冲传统动能衰减对经济造成的下行压力,确保经济增长保持在合理区间。二是高质量发展需要与之相匹配的产业体系。我国经济发展正在从要素驱动转向效率驱动和创新驱动阶段,顺应发展阶段和经济社会主要矛盾变化,需要通过培育新支柱产业,加快构建创新引领、要素协同、供需匹配的现代产业体系,推动产业、效率、动力三大变革,提升全要素生产率。三是抢占全球经济竞争制高点需要支撑有力的新支柱产业。当前全球经济增长动能正在加快转换,主要发达国家纷纷加大对人工智能、5G、生命科学等领域的支持,力图抢占未来科技创新和产业发展

制高点。为避免在全球产业竞争中落伍,错失新一轮科技革命和产业变革历史机遇,亟须培育新支柱产业,塑造我国产业国际竞争新优势。四是市场机制不完善需要政府在培育支柱产业中发挥作用。金融危机后,主要国家逐渐强化了政府在产业发展中的作用,如美国发布了《先进制造业领导战略》,德国出台《德国工业战略2030》,日本公布了《综合创新战略》。我国市场机制还不完善,市场失灵领域较多,需要有效发挥新型举国体制优势,完善市场功能、弥补市场失灵,支持新兴支柱产业发展和现有支柱产业转型升级。

(二)准确把握新支柱产业内涵

新支柱产业是指具有重大技术突破、广阔市场容量、强大赋能或关联带动效应,对经济稳增长和高质量发展起到重要支撑作用的产业。新支柱产业内涵有狭义和广义之分,狭义概念是指新兴支柱产业;广义概念除新兴支柱产业外,还包括转型升级后的现有支柱产业。本研究采用广义新支柱产业概念。

新支柱产业具有如下特征:一是体量支撑性,具有较大的产值规模,对GDP增长贡献率较高。二是技术突破性,符合新一轮科技革命方向,技术创新的商业化应用进入爆发临界点。三是强大带动性,能够广泛影响产业链上下游相关产业,或对其他产业具有明显赋能作用。四是持续成长性,产品、技术和服务市场容量大、应用范围广,增长速度持续快于同期GDP增速。

(三)新支柱产业体系构成

1. 新兴支柱产业

识别新兴支柱产业要综合考虑国家经济社会发展阶段要求、国家重大战略导向、具有高效供给能力和适应市场需求等因素。

——识别标准。结合已有研究成果和专家访谈,确定9个识别标准作为潜在选项。采用德尔菲法,按照得分高低,将经济增长贡献度高、产业关联度强、技术先进、成长性好、赋能效应大等5个指标确定为识别标准(见表7-1)。

表7-1 43位专家新支柱产业识别标准调查结果

识别指标	指标内涵	平均得分	排序
经济增长贡献度高	即2025年产业增加值增量与GDP增量之比超过3%	4.26	1
产业关联度强	即新支柱产业的影响力系数大于1	4.26	2
技术先进	即产业发展所依赖的技术符合新一轮技术革命方向,技术创新和产业化应用已有突破,并处于或即将达到世界先进水平	4.21	3
成长性好	即有持续广阔的市场需求支撑,当前及未来5—10年产业产值增速持续高于同期GDP增速	4.20	4
赋能效应大	即对其他产业发展具有生产率倍增、衍生新业态等增强放大作用	4.09	5
生产率上升快	即产业的全要素生产率提升速度位居所有产业前列	4.05	6
产值规模大	即2025年产业产值或总收入接近或达到10万亿元量级	3.67	7
人才储备和制度保障较好	即产业发展所需的人才已有一定积累,支持产业发展的政策和监管审批制度等外部生态较好或者持续向好	3.56	8
就业能力强	即一定量资本或投资所提供的就业机会多	3.21	9

注释:分值越高代表该识别标准的重要性越高,最高为5分。

——识别结果。第一步,框选候选产业名单。通过全面梳理近年来中央和国内发达地区政府部门相关产业规划、发达国家相关战略、国际咨询和投资机构关注热点,确定新一代人工智能、生命健康、文化创意、新能源、新材料、节能环保等6个新兴产业作为新兴支柱产业候选名单①(见图7-6)。

其次,确定新兴支柱产业。根据5个识别标准,邀请行业专家打分,画出产业雷达图。按照雷达图面积排名,结合产业影响力大小,最终确定新一代人工智能、生命健康、新材料、文化创意为四大新兴支柱产业②。

———————————

① 新一代信息技术、高端装备作为现有支柱产业的升级版,不再作为候选新兴支柱产业。

② 机械、电子信息等现有支柱产业分类是按照官方统计口径划分的,本文新兴支柱产业大都是新技术新产品新业态新模式,体现了产业融合的趋势,无法在官方统计口径找到具体分类方法,但为了更好地说明和概括新兴支柱产业的全貌,本文并未采用传统的产业分类标准。

国内新兴产业发展战略和规划

海洋产业

新能源汽车　新一代信息技术　增材制造
新一代人工智能　区块链
生命健康、文化创意
新材料、新能源
节能环保、高端装备

主要发达国家战略

教育培训

量子科技

国际咨询、投资机构关注热点

金融科技
电子商务
新零售
现代物流

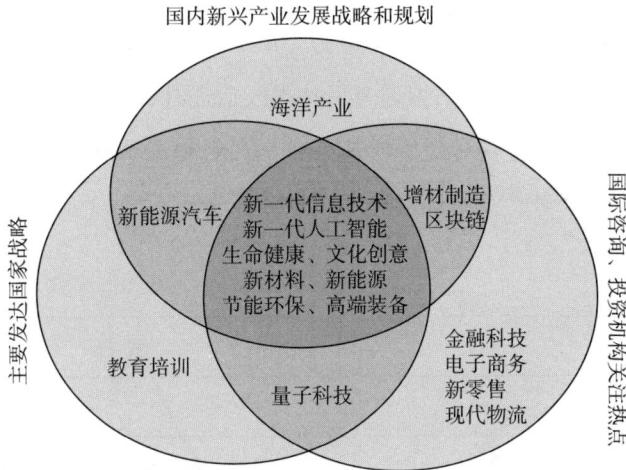

图 7-6　候选新兴支柱产业

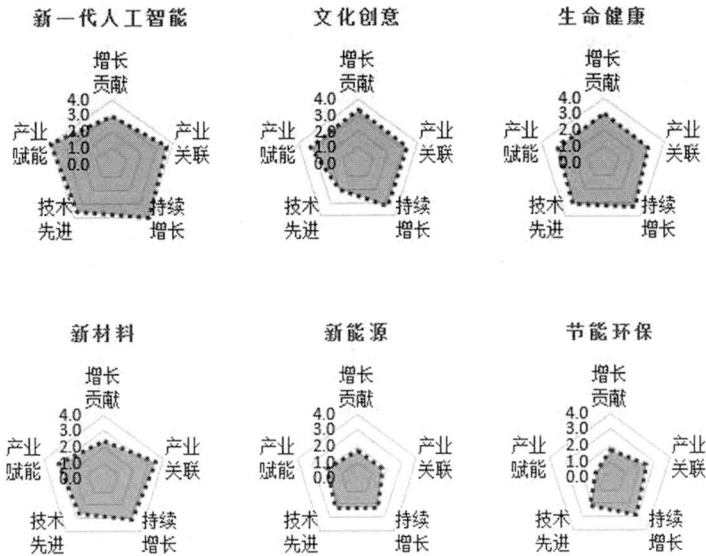

新一代人工智能

增长
贡献
4.0
3.0
产业　2.0　产业
赋能　1.0　关联
0.0
技术　持续
先进　增长

文化创意

增长
贡献
4.0
3.0
产业　2.0　产业
赋能　1.0　关联
0.0
技术　持续
先进　增长

生命健康

增长
贡献
4.0
3.0
产业　2.0　产业
赋能　1.0　关联
0.0
技术　持续
先进　增长

新材料

增长
贡献
4.0
3.0
产业　2.0　产业
赋能　1.0　关联
0.0
技术　持续
先进　增长

新能源

增长
贡献
4.0
3.0
产业　2.0　产业
赋能　1.0　关联
0.0
技术　持续
先进　增长

节能环保

增长
贡献
4.0
3.0
产业　2.0　产业
赋能　1.0　关联
0.0
技术　持续
先进　增长

图 7-7　候选新兴支柱产业雷达图

2. 转型升级的现有支柱产业

按照国家行业分类,以增加值占 GDP 比重超过 3%、产业影响力系数大于等于 1.1 为标准,对现有行业进行筛选,最终确定机械(不含汽车)、电子信息、汽车、化工、房地产、轻纺等六大产业为现有支柱产业（见图7-8）。经测算，2017年六大现有支柱产业增加值为26.79万亿元，占GDP比重32.6%。尽管传统产业发展动能衰减，但通过新技术改造提升，以新形态、新面貌出现，实现"老树发新枝"，仍然对经济增长具有举足轻重的作用。为此，我们把转型升级后的现有支柱产业也纳入新支柱产业体系。

（单位：%）

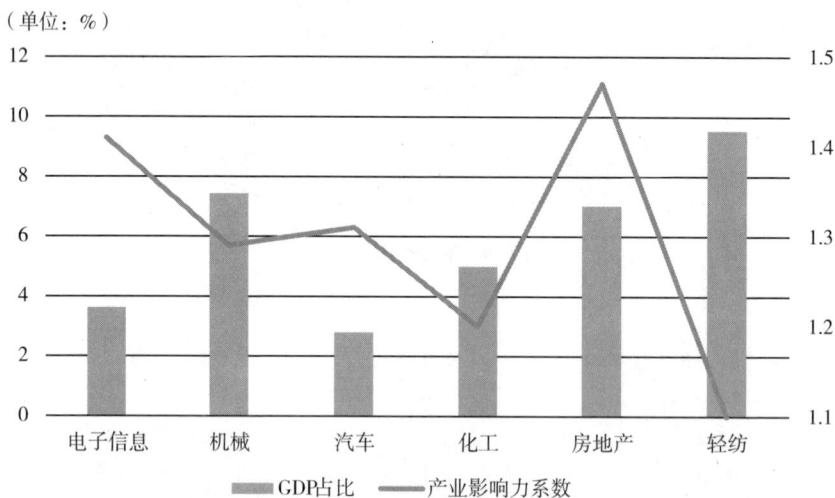

图7-8　现有支柱产业GDP占比和影响力系数

（四）新支柱产业"三大图谱"

1. 新支柱产业体系图谱

今后我国新支柱产业由两大板块构成：一是以新一代人工智能、生命健康、新材料、文化创意为代表的新兴支柱产业；二是以机械、电子信息、汽车、化工、房地产、轻纺等为代表、经过改造升级后仍然能够支持经济稳定增长的现有支柱产业。这两个板块犹如两个车轮，在技术、人才、资本、数据等要素的驱动下，通过5G、大数据、云计算、物联网、移动互联网等通用技术连接，形成双轮驱动发展格局（见图7-9）。

2. 新支柱产业成长图谱

由于技术和市场应用成熟度的不同，新支柱产业成长阶段具有差异性。

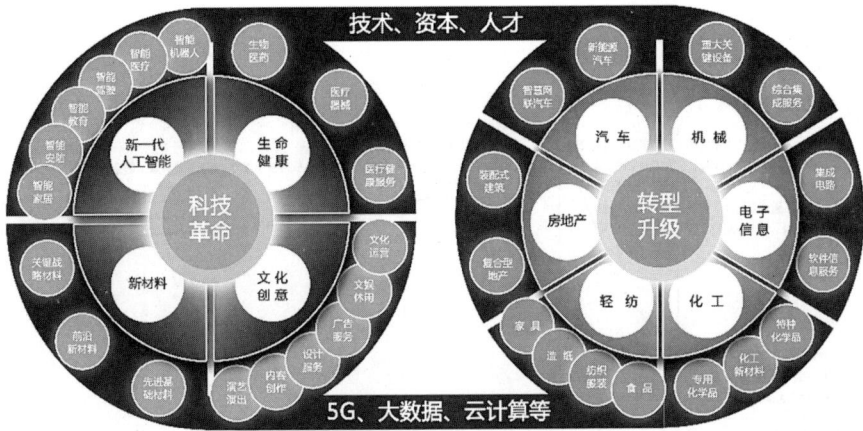

图7-9 新支柱产业体系图

其中,大部分新一代人工智能产业、生命健康产业仍将处于产业成长期,部分技术趋于成熟的人工智能产业、新材料产业将保持快速发展势头;智能网联汽车、智能机器人等新一代人工智能产业以及石墨烯材料、智能材料等新材料产业等仍处于产业萌芽期;新能源汽车、集成电路、重大关键设备、复合型地产等相当一部分转型升级后的现有支柱产业将进入产业成熟期,应用场景相对明确,技术更加成熟(见图7-10)。

3. 四大新兴支柱产业地理图谱

未来新一代人工智能产业将会形成以北京为中心的基础研发和技术创新中心,以长三角和珠三角为中心的产业化应用中心,并有可能形成沿长江人工智能产业带。生命健康产业将形成以北京、山东、长三角、珠三角为代表的四大产业集群,北京、上海、广东在技术创新和产业化应用方面仍将保持领先。文化创意产业主要集中于北京、上海和广东三省(市),未来文化创意产业仍可能延续这一区域集聚态势。新材料产业主要分布在东部三大城市群,其中北京、广东、上海、江苏处于绝对领先地位。

113

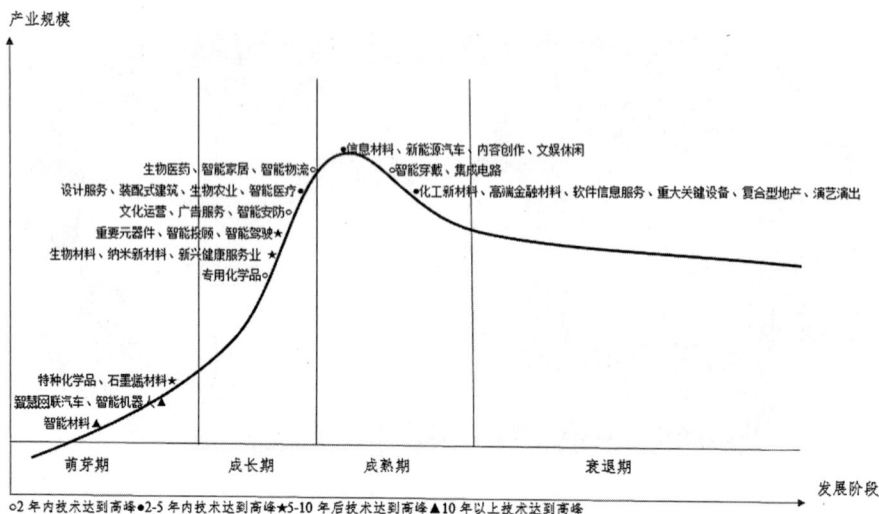

图 7-10　新支柱产业成长图

三、四大新兴支柱产业的发展空间与支撑效应

(一)新一代人工智能产业发展潜力和赋能效应正在加快释放

1. 人工智能是新一轮科技革命和产业变革的重要驱动力量,已经成为国际竞争的新焦点

人类社会正站在智能时代的入口,人工智能具有颠覆旧传统、赋能新时代等特点,是赢得未来产业竞争优势的关键,被认为是科技创新的下一个"超级风口"。谁率先在人工智能领域实现突破,谁就会掌握未来发展的主动权。人工智能革命将以"以更快的速度、更广的范围整合和重构全球价值链条",带来国家之间竞争的"赢者通吃",重塑未来一个较长时期的产业竞争格局。一个国家若在人工智能的技术窗口期无法有效培植先发优势,可能将永久丧失战略机遇期,未来后发追赶将更加困难。美国、加拿大、日本、新加坡、阿联酋、芬兰、丹麦、法国、英国、欧盟、韩国和印度都发布了促进人工智能应用与开

发的战略。2018年以来,美国先后出台多个人工智能发展规划与政策,把人工智能提升为国家战略。我国也高度重视发展人工智能。习总书记强调"人工智能是引领新一轮科技革命和产业变革的战略性技术,具有溢出带动性很强的头雁效应""加快发展新一代人工智能是我们赢得全球科技竞争主动权的重要战略抓手"。2017年国务院印发《新一代人工智能发展规划》,明确了我国面向2030年的新一代人工智能发展战略。

2. 人工智能产业发展受到技术、平台、应用的多重驱动,进入到接近大规模商业化的爆发期

人工智能产业发展取决于技术突破、平台载体、应用场景等多因素协同共振。当前,人工智能已经进入到第三次发展浪潮,处于高德纳(Gartner)技术成熟度曲线的萌芽期和泡沫期之间。在技术上,以DNN深度神经网络、CNN卷积神经网络、RNN递归神经网络为主的深度学习算法取得一定的技术突破;在平台上,以谷歌TensorFlow为代表的一批开源平台和组件大大降低了创新门槛,大量的创新者能够快速开发人工智能应用。在应用上,人脸识别、语音识别、生物识别、机器学习等人工智能技术,在智能安防、自动驾驶、医疗诊断等多个产业细分领域已出现大量应用,新业态层出不穷。

3. 我国发展人工智能具有独特优势,迎来"变道超车"战略机遇

据有关研究,我国和美国处于世界人工智能方阵的第一梯队。相比美国,我国在人工智能基础理论、算力、算法等方面存在差距,但在海量数据来源和应用场景方面有明显优势,人工智能语音识别、视觉识别等技术居于世界领先水平,自适应、自主学习、直觉感知、综合推理、混合智能和群体智能等初步具备跨越发展能力,商业化应用到达临界点。人工智能技术与实体经济融合步伐加快,渗透并赋能于农业、工业、交通运输、能源、金融、医疗、社会管理等领域,形成了农机智能作业、智能制造、智能家居等新产业新业态。2012年以来,除个别年份外,我国人工智能产业增速都在30%以上。

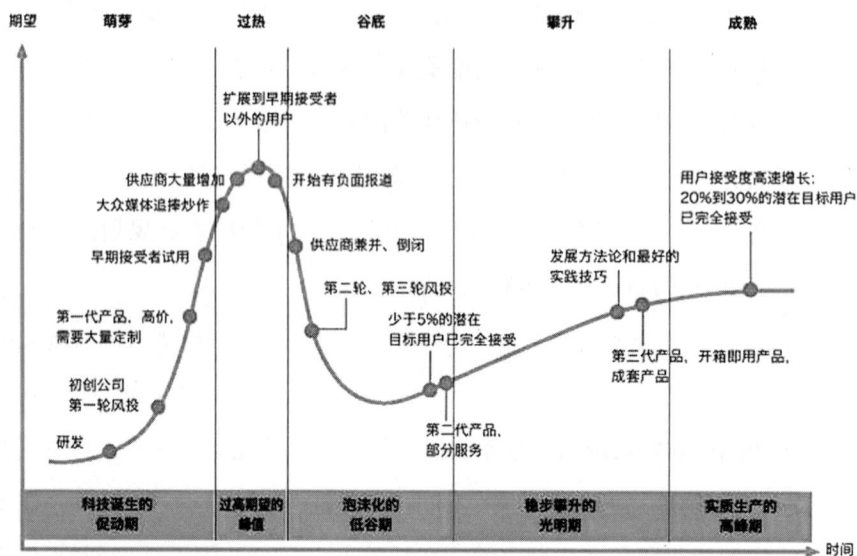

图 7-11　高德纳咨询公司（Gartner）技术成熟度曲线

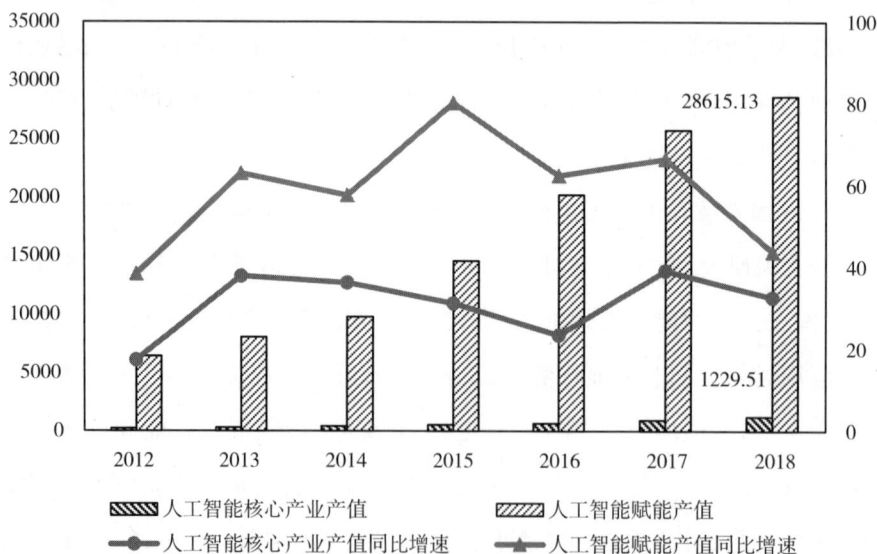

图 7-12　我国人工智能产业发展态势（亿元，%）

（二）满足人民美好生活向往和支撑永续发展的生命健康产业进入"快车道"

1. 生命健康产业正在成为大国科技经济战略的核心内容

随着生物技术和信息技术深度融合并加速向各领域渗透,带动人类社会生产生活方式深刻变革,以生物技术为引领的生命健康产业正在成为继新一代人工智能之后各国竞争的热点。世界主要国家竞相发布生物经济国家战略,将发展生物经济作为掌控未来竞争主动权、保障国家安全的重要手段,如美国的《国家生物经济蓝图》(2012)、《为未来生物技术产品做好准备》(2017),欧盟的《持续增长的创新:欧洲生物经济》(2012),德国的《2030 年德国生物经济战略研究:通往生物经济之路》(2102)等。

2. 不断突破的生物技术引领全球生命健康产业走向发展快车道

生命科学逐渐成为继信息技术之后世界科学研究最为活跃的领域,过去10 年间,全球生物和医学发表论文数量占自然科学论文总数近一半。《科学》杂志 2017 年发布的十大科学突破,7 项与生物技术有关。全球研发百强企业中,生物医药行业占近 1/3。特别是近年来,生命健康领域干细胞、基因测序、基因编辑等技术研究取得了丰硕成果,各类新药开发进程加快,成本正在以超过摩尔定律的速度下降,现代生物技术逐渐走进千家万户,有望推动生命健康产业进入蓬勃发展期。

3. 我国具备生命健康产业加快发展的基础和条件

我国是全球生物资源最丰富的国家之一,在生物领域吸引了大批海外行业领军人才回国发展,涌现了一批创新型高成长企业,若干细分领域技术储备与主要发达国家处于同一起跑线,同时我国还拥有庞大的市场空间,具备发展生命健康产业的诸多有利条件。近年来,随着新一代信息技术与生命健康产业加快融合,我国移动医疗、可穿戴医疗器械、智能化居家养老、智慧健康管理等业态蓬勃发展,规模以上医药制造业主营业务收入从 2000 年的 1627 亿元增加到 2018 年的 27116 亿元,年均增长近 18%。

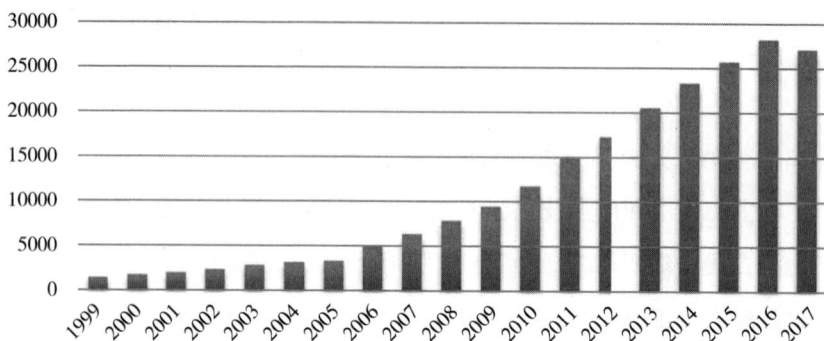

图7-13　1999—2017年我国医药制造业产值规模（亿元）

（三）符合产业转型和消费升级需要的文化创意产业迎来发展"黄金期"

1. 文化创意产业是进入工业化后期许多发达国家的战略和支柱产业

从国际经验看,进入工业化后期,许多国家都把文化创意作为国家战略,将其培育成为国家的支柱产业。日本1995年确立了21世纪的文化立国方略,制定了《文化艺术振兴基本法》等多部法律,文化创意产业增加值占日本GDP的18%左右,动漫成为三大支柱产业之一。韩国1998年提出"文化立国"战略,出台了《21世纪文化产业的设想》《文化产业振兴基本法》等政策法律,目前韩国文化产业是仅次于汽车的第二大出口创汇产业,增加值占GDP比重达15%;英国1998出台《英国创意产业路径文件》,设立创意产业特别工作组,文化创意产业成为仅次于金融业的第二大产业。

2. 经济发展和人均收入"双提升"、产业转型和居民消费"双升级"将创造文化创意产业巨大市场空间

今后一段时期我国经济社会发展面临重大变化,人均GDP跨越1万美元大关,中等收入群体不断扩大,居民消费加速向服务消费、精神消费升级,对文化创意产生巨大需求;5G、人工智能、视频互动等技术取得较大突破,对文化创意产业支撑渗透性增强,AR/VR、数字图像设计等技术快速发展,催生出数字图像、数字媒体、数字展示、虚拟与现实旅游、动漫等文化新业态,文化创意产业有望迎来发展"黄金期"。我国是文明古国、文化大国,丰富多样的文化资源使我国具备加快发展文化创意产业的基础条件。2004 年以来,文化创意产业年均增速达到 15% 左右。

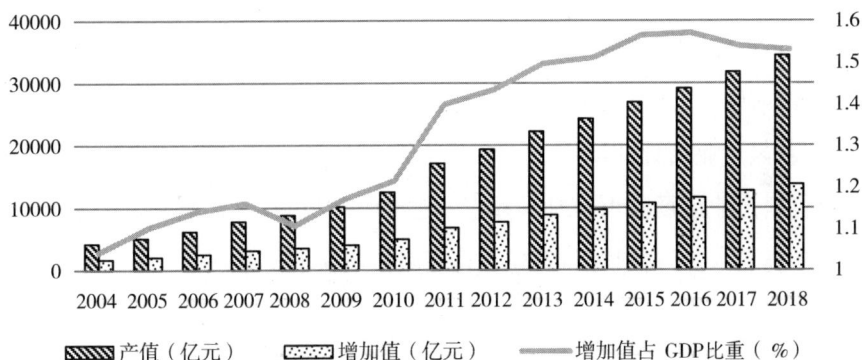

图 7-14 2004—2018 年我国文化创意产业规模

(四)提升产业基础能力和产业链水平的新材料产业需求加速增长

1. 新工业革命催生新材料产业需求,世界主要发达各国加快新材料产业布局

新材料被视为构成国民经济各领域的"积木块",是新兴行业赖以发展的基础产业。特别是新一轮科技革命与产业变革催生出来的人工智能、新能源等产业快速发展,对新材料需求快速扩大。有研究显示,自 2015 年来全球锂电池与材料、碳纤维、3D 打印材料和石墨烯年均复合增速分别达到 14%、12%、35% 和 42%。近 10 年来,发达国家纷纷启动"再工业化"战略,将新材料作为回归实体经济、抢占新一轮国际科技经济竞争制高点的主要基础,不断加大对新材料的支持力度,以美国为代表的世界各国纷纷发力促进新材料的研发和发展。2015 年,美国宣布组建先进复合材料制造创新研究所,有力支撑了美国的"先进制造业伙伴"计划,成为美国制造业创新网络的重要组成部分。

2. 我国加快推动传统产业改造和新兴产业培育,新材料产业发展迎来市场机遇期

当前,我国新材料产业体系已经初步形成,产业规模连续多年保持20%左右的增速,远高于10%的全球平均增速,产值从2010年的0.61万亿元快速增长到2017年的3.10万亿元,稀土功能材料、先进储能材料、光伏材料、有机硅、超硬材料、特种不锈钢、玻璃纤维及其复合材料等产能已经居世界前列。未来一段时间,我国正逐步推动制造大国向制造强国转变,大力推动传统产业改造和新兴产业培育,以新能源、智能汽车、节能环保、生物产业等产业快速发展,新材料产业市场需求将加速增长,电子信息材料、能源材料、生物医用材料、纳米材料、超导材料等新型材料将迎来市场快速扩张期。

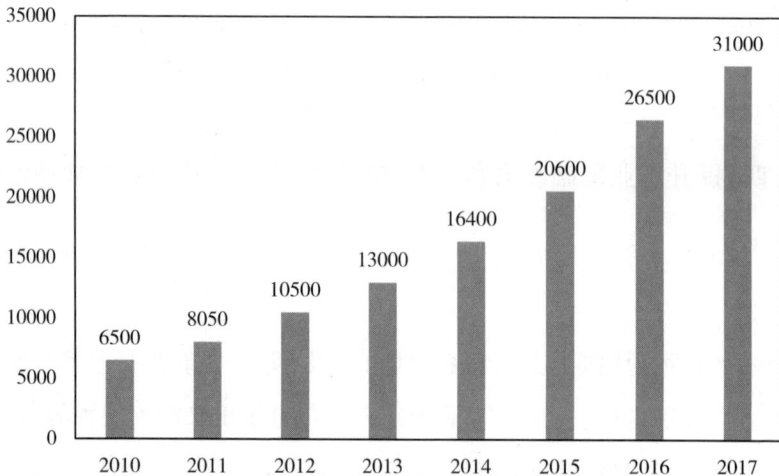

图7-15　2010—2017年我国新材料产业产值规模(亿元)

数据来源:智研咨询。

(五)新兴支柱产业发展空间与支撑效应测算

未来新一代信息技术、大数据、云计算、人工智能等技术日益成熟,新兴支柱产业将保持快速增长态势,对国民经济的贡献将逐步提升。人工智能技术会愈发成熟,商业化进程加快,新一代人工智能产业将从发育期进入成长期。

生命科学和生物技术持续突破,人口老龄化、居民健康需求不断增长,生命健康产业将迎来高速发展期。文化创意产品和服务的技术支撑更加牢固,居民消费偏好加速向服务消费、精神消费转变,文化创意产业将进入转型升级的新阶段。新材料技术创新速度加快,国家政策支持力度加大,市场需求空间不断扩张,新材料产业迎来快速发展期。

本研究采用自回归滑动平均模型(ARMA)①,分基准、乐观和悲观三个情景,对新兴支柱产业增长空间和支撑效应进行测算,结果如下:

——基准情景:部分关键技术取得突破,市场应用稳步扩大。测算表明,2021—2025年,四大新兴支柱产业增加值年均增长10.96%,到2025年,增加值合计达到14.5万亿元,占GDP比重合计达到10.71%,对GDP增长贡献率达到15.84%。其中,新一代人工智能产业增加值年均增长15.02%,2025年达到3万亿元;生命健康产业增加值年均增长9.59%,2025年达到5.96万亿元;文化创意产业年均增长11.4%,2025年达到2.90万亿元,新材料产业年均增长9.55%,2025年达到2.64万亿元(见表7-2)。

表7-2 基准情景下新兴支柱产业发展空间及支撑效应

年份	预测指标	新一代人工智能	生命健康	文化创意	新材料	合计
2020	产值(万亿元)	4.15	10.77	4.22	4.78	23.92
	增加值(万亿元)	1.49	3.77	1.69	1.67	8.62
	增加值占GDP比重(%)	1.47	3.73	1.67	1.65	8.52
	GDP增长贡献率(%)	3.81	5.11	2.80	3.66	15.38
2025	产值(万亿元)	8.28	15.63	7.23	7.54	38.68
	增加值(万亿元)	3	5.96	2.90	2.64	14.5
	增加值占GDP比重(%)	2.22	4.40	2.14	1.95	10.71
	GDP增长贡献率(%)	4.29	6.07	3.35	2.13	15.84

① 由于新兴支柱产业没有官方统计数据,更没有投入产出数据,无法采用动态可计算一般均衡模型(MCHUGE)。

续表

年份	预测指标	新一代人工智能	生命健康	文化创意	新材料	合计
2021—2025年增加值年均增速(%)		15.02	9.59	11.40	9.55	10.96

注:GDP按照每年6%增长率外推得到。人工智能产业既包括人工智能核心产业,也包括其赋能带动的产业。

——乐观情景:新兴技术大规模爆发,应用场景海量出现。测算表明,2021—2025年,四大新兴支柱产业增加值年均增长12.17%,到2025年,增加值合计达到18.17万亿,占GDP比重合计达到13.42%,对GDP增长贡献率达到23.91%。其中,新一代人工智能产业增加值年均增长15.1%,2025年达到4万亿元;生命健康产业增加值年均增长9.56%,2025年达到7.15万亿元;文化创意产业年均增长11.43%,2025年达到3.47万亿元;新材料产业年均增长15.96%,2025年达到3.55万亿元(见表7-3)。

表7-3 乐观情景下新兴支柱产业发展空间及支撑效应

年份	预测指标	新一代人工智能	生命健康	文化创意	新材料	合计
2020	产值(万亿元)	5.54	12.92	5.06	4.84	28.36
	增加值(万亿元)	1.98	4.53	2.02	1.70	10.23
	增加值占GDP比重(%)	1.96	4.48	2	1.68	10.12
	GDP增长贡献率(%)	8.27	11.92	5.80	3.92	29.91
2025	产值(万亿元)	11.05	18.76	8.68	10.15	48.64
	增加值(万亿元)	4	7.15	3.47	3.55	18.17
	增加值占GDP比重(%)	2.96	5.28	2.56	2.62	13.42
	GDP增长贡献率(%)	6.5	8.70	4.61	4.10	23.91
2021—2025年增加值年均增速(%)		15.10	9.56	11.43	15.96	12.17

注:乐观情景下生命健康产业年均增速小于基准情景是因为本文是以2018年为基数的预测,乐观情景将2020年生命健康增加值乐观估计,导致2020—2025年期间增长率相对减少。

——悲观情景:关键技术突破不及预期,场景应用滞后。测算表明,

2021—2025 年,四大新兴支柱产业增加值年均增长 7.23%,到 2025 年,增加值合计达 11.13 万亿,占 GDP 比重合计达到 8.22%,对 GDP 增长贡献率为 8.88%。其中,新一代人工智能产业增加值年均增长 6.21%,2025 年达到 2 万亿元;生命健康产业增加值年均增长 7.07%,2025 年达到 4.77 万亿元;文化创意产业年均增长 8.73%,2025 年达到 2.31 万亿元,新材料产业年均增长 6.96%,2025 年达到 2.05 万亿元(见表 7-4)。

表 7-4 悲观情景下新兴支柱产业发展空间及支撑效应

年份	预测指标	新一代人工智能	生命健康	文化创意	新材料	合计
2020	产值(万亿元)	3.74	9.69	3.80	4.18	21.41
	增加值(万亿元)	1.48	3.39	1.52	1.46	7.85
	增加值占 GDP 比重(%)	1.46	3.35	1.50	1.45	7.76
	GDP 增长贡献率(%)	3.56	1.33	1.12	2.15	8.16
2025	产值(万亿元)	5.52	12.5	5.79	5.85	29.66
	增加值(万亿元)	2	4.77	2.31	2.05	11.13
	增加值占 GDP 比重(%)	1.48	3.52	1.71	1.51	8.22
	GDP 增长贡献率(%)	2.08	3.44	2.07	1.29	8.88
2021—2025 年增加值年均增速(%)		6.21	7.07	8.73	6.96	7.23

综上,未来 5 年,在基准情形下,新兴支柱产业增加值占 GDP 比重上升 2.19 个百分点,现有支柱产业占比将下降 3.01 个百分点,新兴支柱产业快速发展无法有效弥补现有支柱产业下行对经济增长带来的负面影响。其中,新一代人工智能产业对经济增长的支撑作用提升 0.75 个百分点,主要是人工智能赋能效应带来的;其次是生命健康产业(0.67 个百分点),再次是文化创意产业(0.47 个百分点),新材料对经济增长支撑作用提升幅度最小,但仍能提升 0.3 个百分点。

四、六大现有支柱产业的提升空间与支撑效应

（一）现有支柱产业改造升级后仍有较大发展新空间

1. 产业告别两位数高增长期，发展动能逐步衰减

随着我国经济发展走过重化工业阶段，国内市场需求放缓，国际市场空间收窄，现有支柱产业发展已经或即将进入生命周期成熟期，产能过剩矛盾突出，行业增速普遍下行。2003—2017 年，六大现有支柱产业平均增速从23.9%降至9.4%（见图7-16），与 GDP 增速之间的缺口越来越小，由 2003 年的 13.8 个百分点降至 2017 年的 2.6 个百分点，对经济增长贡献逐步弱化。

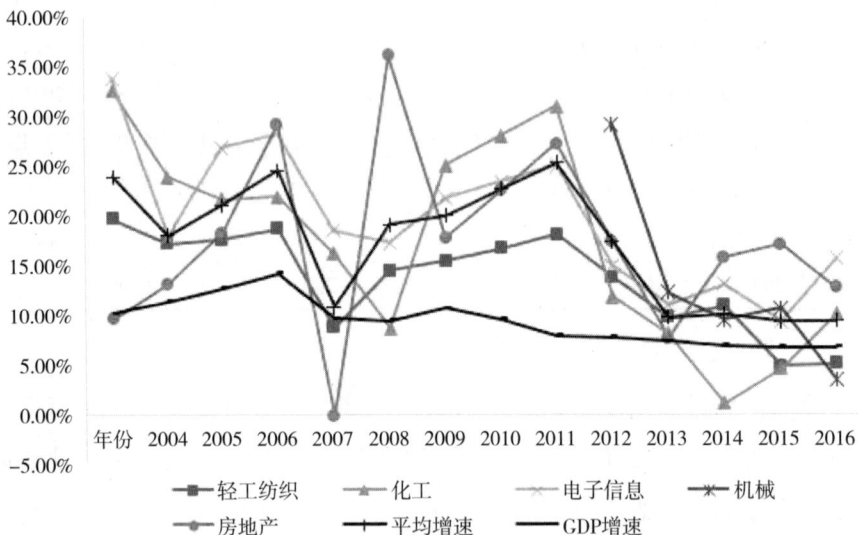

图 7-16 2003—2017 年现有支柱产业增速

2. 分化趋势明显，部分行业进入发展"拐点"

现有支柱产业总体上已经开始向技术密集型和创新驱动型发展模式过渡，行业间和行业内发展呈分化趋势。轻工纺织行业受制于低端产能过剩，高端产能建设不足，常规化、同质化产品过度发展等问题，整体保持平稳发展态

势。化工行业受制于规模体量基数高、市场需求趋于饱和、环保压力加大等影响，已达到发展拐点。机械行业作为主要投资品行业，随着我国重化工业发展高潮已过，市场需要明显放缓，行业增长速度逐步下行。汽车行业经过近20年快速增长后，近10个月销量连续下滑，在没有更大政策刺激的情况下，行业发展将进入盘整期。电子信息行业受全球产业链重构、核心技术制约和产业外迁等影响，发展不确定性加大，快速发展难以持续。房地产行业在"房住不炒"的调控总基调下，进入由扩量到提质的稳定发展阶段。

专栏1　现有支柱产业增长空间解析

轻工纺织。随着消费升级日益显现，纤维材料、纺织印染加工、三大终端制成品行业均面临内需潜力释放新空间。纤维材料制备与应用技术的不断突破，将使各种高性能、多功能、复合纤维新材料逐步替代传统材料、进口材料。

化工。高端化工产品补短板进程加快，化工新材料、专用化学品、特种化学品将快速发展，生物化工、超纯物质、新型结构材料等新领域发展潜力大。

机械。智能制造装备随着技术创新和推广应用加快，将会保持相对较高的增长速度；个性化、专用化、高端化装备产品将保持快速增长；装备控制系统、软件及监测运维售后一系列服务迎来巨大增长空间。

汽车。在汽车市场整体增速放缓的趋势下，新能源汽车产销有望持续高速增长，7座的中大型MPV销量将进一步增加，基于5G的车辆远程控制将得到普及，2025年可能实现L4级的自动驾驶产品产业化。

电子信息。集成电路产业有望进入高景气，行业跨越大规模进口替代临界点而加速发展；以服务消费机器人、可穿戴设备等为代表的智能消费类电子产品将成为新增长点；与物联网相关的敏感器件制造和技术服务等将迎来加速发展；超高清视频、虚拟现实等消费电子产业发展潜力巨大。

房地产。从服务住房需求向服务更好生活方式转变，养老、休闲、文旅、商业、产业等住房新消费、新业态持续增长，城市更新修复、海绵城市、智慧城市等发展推动建筑产品更新换代。

（二）现有支柱产业发展空间与支撑效应测算

今后一段时期我国现有支柱产业仍有进一步释放潜能的空间。从需求侧看，城镇化潜力释放，关键核心技术装备补短板将不断创造投资需求，居民消费升级将激发内需潜力，为现有支柱产业转型升级提供市场空间。从供给侧看，新技术广泛应用和交叉渗透，供给侧结构性改革红利释放，现有支柱产业向数字化、网络化、智能化、绿色化方向延伸拓展还有很大空间。

基于动态可计算一般均衡模型（MCHUGE），我们分基准、乐观和悲观三个情景，对现有支柱产业增长空间和支撑效应进行测算，结果如下：

——基准情景：世界经济延续现有增长态势，中国经济保持平稳增长。经测算，2021—2025 年，轻工纺织、化工、电子信息、机械、汽车、房地产六大现有支柱产业增加值年均增长 3.84%，到 2025 年，增加值规模总量达到 37.58 万亿元，占到 GDP 的 27.76%（见表 7-5）。

表 7-5　基准情景下现有支柱产业增长模拟

增加值规模（亿元）	轻工纺织	化工	电子信息	机械	汽车	房地产	合计
2019	85933.2	46259.5	32868.1	68810.0	25436.1	65731.9	299602.8
2020	87823.8	48480.0	34051.3	71287.2	26682.5	69610.1	311252.4
2021	89580.2	50758.5	35311.2	73924.8	27963.2	73647.5	323222.3
2022	90744.8	53144.2	36653.1	76660.0	29333.4	77771.8	334973.8
2023	91924.5	55960.8	38082.5	79419.8	30829.4	82127.0	347514.6
2024	93487.2	58870.8	39529.7	82437.7	32370.9	86890.3	361215.7
2025	95356.9	61873.2	41031.8	85652.8	33957.1	91843.1	375757.8
2021—2025 年增加值年均增速	1.66%	5.00%	3.80%	3.74%	4.94%	5.70%	3.84%

——乐观情景：世界经济企稳回升，中国经济转型升级取得积极成效。经测算，2021—2025 年，轻工纺织、化工、电子信息、机械、汽车、房地产六大现有支柱产业增加值年均增长 4.79%，到 2025 年，增加值规模总量达到 40.71 万

亿元,占到 GDP 的 30.07%(见表 7-6)。

表 7-6 乐观情景下现有支柱产业增长模拟

增加值规模 (亿元)	轻工纺织	化工	电子信息	机械	汽车	房地产	合计
2019	91613.5	46743.8	34848.7	68810.0	25723.9	65768.9	307784.9
2020	94911.6	49179.2	37030.2	71899.6	27010.1	69175.7	322196.3
2021	98423.3	51795.5	39359.4	75012.8	28376.8	72793.6	337384.7
2022	102065.0	54494.0	41831.2	78343.4	29818.3	76862.8	353596.4
2023	105841.4	57398.6	44462.4	81806.2	31309.3	81174.8	370683.3
2024	109757.5	60526.8	47263.5	85552.9	32890.4	85606.9	388707.6
2025	113818.5	63698.4	50198.6	89479.8	34534.9	89895.8	407091.1
2021—2025 年 增加值年均增速	3.70%	5.31%	6.27%	4.47%	5.04%	5.38%	4.79%

——悲观情景:世界经济出现新一轮危机,中国经济转型不及预期。经测算,2021—2025 年,轻工纺织、化工、电子信息、机械、汽车、房地产六大现有支柱产业增加值年均增长 2.65%,到 2025 年,增加值规模总量为 34.02 万亿元,占到 GDP 的 25.13%(见表 7-7)。

表 7-7 悲观情景下现有支柱产业增长模拟

增加值规模 (亿元)	轻工纺织	化工	电子信息	机械	汽车	房地产	合计
2019	82001.5	46333.6	31792.3	67372.0	24544.7	63476.4	290975.8
2020	82772.3	48200.8	32650.7	70053.4	25634.5	64860.2	298537.4
2021	83674.5	50162.6	33519.2	72729.4	26667.6	66293.6	306379.4
2022	84486.2	52199.2	34373.9	75551.3	27646.3	67685.8	314296.4
2023	85508.5	54323.7	35247.0	78550.7	28757.6	69229.0	322859
2024	86372.1	56518.4	36195.2	81614.2	29838.9	70731.3	331431.2
2025	87149.4	58824.4	37103.7	84854.3	31083.2	72237.8	340169.6
2021—2025 年 增加值年均增速	1.04%	4.06%	2.59%	3.91%	3.93%	2.18%	2.65%

综上,现有支柱产业在未来 5 年仍有一定的发展空间,即使在悲观情境下,也将保持 2.65% 的年均增速,而在基准和乐观情境下,将分别保持 3.84%、4.79% 的年均增速,仍是经济平稳增长的重要支撑。

五、培育壮大新支柱产业面临的主要障碍

（一）产业创新发展生态不完善

一是公共创新资源配置不合理。主要表现为创新资源配置政府大包大揽,透明度和合理性有待提升,部门间政策衔接性不强。如,国家大量科研经费配置到高校和科研院所而非企业,企业在重大应用技术攻关中仍处于从属地位,而不是主体地位。二是关键核心技术研发和创新平台不足。大量产业核心技术和关键零部件高度依赖国外,一些领域或重要方向的科技重大设施布局仍为空白。据有关部门梳理,目前制约我国产业发展的"卡脖子"技术有 600 多项,高端产品开发技术 70% 需要外援,重要的零部件 80% 需要进口。三是产业链链式创新协同不够。我国产业创新多为应用端的模式创新,链条前端相关技术创新较少,特别是基础研究、配套技术研究严重不足。如,我国人工智能基础层企业和技术层企业分别仅为美国的 42%、46%。

（二）要素市场化配置机制不健全

一是传统要素市场化配置机制不完善。要素市场特别是土地、资金、人才、技术市场还不健全,价格市场化形成机制尚未健全,要素自由流动存在体制性障碍。例如,人力资源在体制间、区域间、城乡间流动障碍较多;资本进出仍然缺乏公平统一、开放透明的市场准入机制和灵活有效的退出机制。二是数据、信息等新要素流动交易机制亟待建立。数据资源确权、开放、流通、交易的相关制度尚未形成,协同治理的法律依据尚不完善,开放、共享、安全的数据生态尚未建立。三是高端要素积累和整合能力不强。研发人才、创意人才的

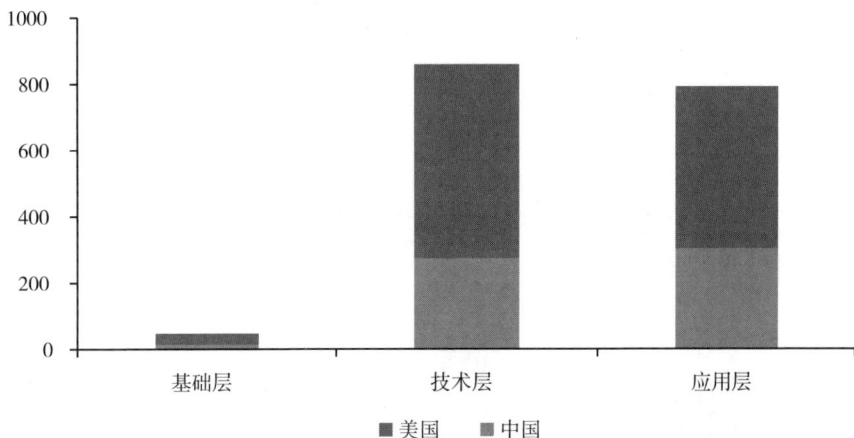

图 7-17　中美人工智能企业分布比较

数据来源:《2017 年中美人工智能创投现状与趋势研究报告》。

培育和国际化高端人才吸引不足;各类资金关注短期效益,投机心态浓厚,研发投入大、周期长、风险高的创新创业项目领域缺乏"耐心资本"眷顾。

(三)行业治理能力与创新迭代加速不匹配

一是相关法律法规存在"真空地带"。如,数据主权和资产、个人隐私保护等法律法规缺乏,影响人工智能健康发展。二是现有产业政策不适应。如,2019 年我国医保目录正式开启动态调整,更新时间缩短至 2 年一次,与距美国的一个季度调整一次的做法仍有较大差距。三是政府监管能力跟不上。市场化、法制化手段尚未得到充分应用,"一管就死、一放就乱"的现象仍时有发生。四是标准体系建设滞后。技术和产品更新迭代较快,但相应标准不健全,导致优质不优价、劣币驱逐良币。

(四)产业发展路径转换成本高

一是技术路径转换困难多。存在转型储备不足、技术选择迷茫、改造成本过高等问题。据国研中心调查,向数字化转型时,33%的企业认为缺乏预算与资源、31%的企业认为缺乏专业技能。二是国际分工路径转换门槛高。我国企业在产品研发、关键技术部件、品牌营销、售后服务等高附加值环节对跨国公司有着强烈依赖，相关积累不足，导致分工路径转换难度大、风险高，甚至面临跨国公司技术和市场打压，价值链"低端锁定"问题突出。三是组织管理路径转换挑战大。在扁平化、平台化、网络化的新组织管理模式构建过程中，企业进行差异化创新的成本很高，甚至可能因新旧管理模式转换不畅、运行低效而面临反复和波折。

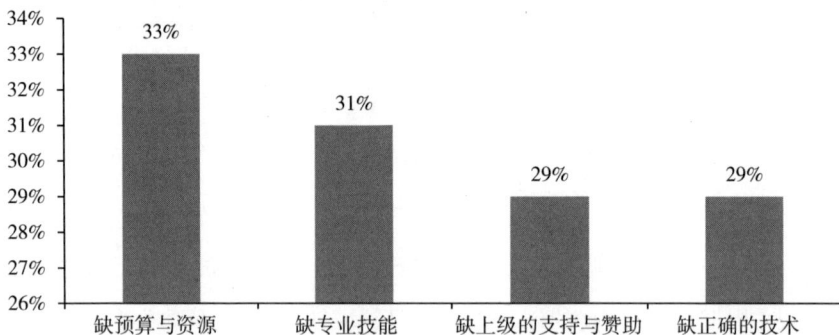

图 7-18　企业数字化转型的主要困难

数据来源：国务院发展研究中心调研问卷数据（近 300 份）。

（五）新技术风险防范机制不健全

一是数据治理法规不健全影响行业有序发展。人工智能、生命健康等产业发展的时代是"数据驱动"的时代，但新技术、新需求和多样化的应用场景又给数据安全防护带来全新挑战，数据应用可能会带来各类社会问题，导致行业无序发展，影响行业进一步健康成长。二是就业应对机制不完善制约人工智能等产业发展。人工智能对人类劳动能够形成更深层次的替代，可能会带来巨大的失业风险，在就业转换困难的条件下，政府可能会为减少就业风险而选择性抑制部分人工智能技术的应用。三是平衡新技术伦理道德风险和新兴产业发展挑战加大。例如，生命科学技术应用的伦理边界复杂，过度的管控会阻碍生命健康产业创新发展，而管理缺位又会带来经济社会风险。

六、以新理念、新战略、新举措培育新支柱产业

（一）总体思路

培育新支柱产业要坚持"稳增长、高质量和防风险"三维平衡,将制造强国建设作为一项长期国策,以高质量发展为导向,以供给侧结构性改革为主线,实施"深度工业化"战略和"供应链国家安全"战略,围绕"三链"提升"三性"(产业链韧性、供应链弹性和价值链增值性),建立有法治约束的新型举国体制和更加完善的市场决定机制,打造要素体系、制度环境、产业组织、市场需求相互协同的产业发展生态,积极培育以新一代人工智能、生命健康、新材料、文化创意等为引领的四大新兴支柱产业集群,挖掘轻工纺织、电子信息、汽车、机械、化工、房地产等现有支柱产业新潜能,构建创新引领、新旧并举、支撑有力、供需匹配的新支柱产业体系,塑造我国产业竞争新优势,维护国家产业安全,构筑稳定国民经济增长、支撑高质量发展的新基石。

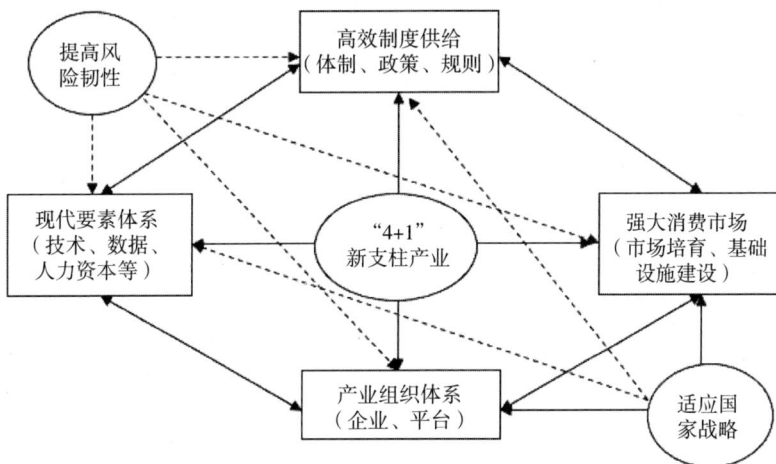

图 7-19 新支柱产业发展生态

——主攻方向:围绕"三链"提升"三性",推动新支柱产业高质量发展。

未来国际国内经济形势的复杂性、不确定性仍会继续增加,向高收入国家跃升和深度工业化进军,我国产业发展依然有很大空间和潜力,但"中国+1"背景下全球产业链、供应链调整"外转"压力,国内产业由长期增长转为增速下行后的"俯冲"惯性,以及新产业新业态"潮汐"波动等风险叠加,面临的挑战也前所未有。有效应对各类风险挑战,需要顺应高端化、智能化、服务化、绿色化、个性化、全球化趋势,实施产业基础再造工程,打好产业基础高级化、产业链现代化攻坚战,在新支柱产业培育过程中,全面提升产业链韧性、供应链弹性和价值链增值性,改变产业脆弱性、供应链结构刚性和价值链分离格局。一是提升产业链韧性。加强产业全生命周期服务和配套体系建设,提高对外部技术封锁和产业转移压力的应对能力,避免"非死即转"或高端产业低端化"卡脖子"问题。二是提升供应链弹性。积极融入全球供应链网络,加快智慧供应链建设,畅通国内生产到消费的循环。三是提升价值链增值性。避免简单"去工业化",突破价值分离格局,促进制造与产品设计、软件开发和集成系统以及为向市场提供有价值的产品或服务的生命周期服务业活动的融合。

——发展路径:无中生有、有中生新,精益求精、融合发展,实现时间继起接续、空间互动平衡。依据产业生命周期、技术成熟度等,坚持提升存量和扩大增量相结合,构建供需高效匹配的新支柱产业体系。一方面,稳固提升现有支柱产业,稳住产业"基本面"和经济"基本盘"。通过提供政策"缓冲垫"、支持绿色化、数字化、智能化改造等多种方式,挖掘现有支柱产业的潜力和空间,避免旧的"下得太快""去得太猛"引发经济失速风险。其中,对处于成熟阶段向衰退阶段转换"拐点"的产业,如房地产,提供必要的政策"缓冲垫",避免惯性下行、过快下行;对于进入成熟阶段但处于阶段性峰值、未来还有一定上升潜力的产业,如汽车产业,支持技术改造和"走出去",进一步释放产业增长潜能;另一方面,强大新兴支柱产业,形成接续强劲动能。加强技术创新、市场准入、市场培育等支持,抓住技术突破、产业化"两头",促进关键核心技术特别是原创性技术突破,解决好信任、资金、制度和市场"四个瓶颈"问题,迈过技术转化"死亡之谷",促进新一代人工智能、生命健康、文化创意、新材料等产业集聚爆发式发展。

——主要抓手:建立有法治约束的新型举国体制和更加完善的市场决定机制。实践已经表明,政府干预和市场调节互有长短,都有正负效应。培育新支柱产业,不是要不要谁的问题,而是如何让政府的作用更加有效、市场的决定作用更加充分。未来国际国内形势更加复杂多变,构建面向未来的产业体系,有效管理和应对重大风险,政府和市场的作用"一个都不能少"。关于政府,需要发挥集中力量办大事的制度优势,适应国际经贸规则变化趋势和要求,建立有法治约束的举国体制。尽量减少对企业微观经济活动的直接干预,重点放在健全市场、维护市场、激活市场上,改变挑选"优胜者"、过度依赖税收优惠和财政补贴、直接行政干预过多的方式,推动法治政府建设,落实依法行政,实现政府干预行为市场化法治化规范化,在"市场失灵"领域有积极作为。关于市场,要建立更加完善的市场决定机制,构建统一开放、竞争有序的现代市场体系,让市场决定作用更加充分。在完善商品市场的同时,要更加突出要素市场的建设,其中,加快建设城乡统一的建设用地市场、技术交易市场尤为重要,真正做到企业能够自主经营公平竞争,消费者自由选择自主消费,商品和要素自由流动平等交换。

——重点任务:构建要素、制度、组织、市场一体化的新支柱产业创新发展生态。新支柱产业具有的独特技术经济特征,决定其竞争力的形成不仅取决于核心技术,更为关键的是产业生态系统质量,包括要素体系、制度环境、企业组织、需求条件等。四者之间相互作用、相互补充,共同构成完整的产业生态系统。

1. 要素供给效率:强化产业高质量发展基础性支撑。要素体系是现代产业体系的基本单元,现代要素以及组合方式决定着支柱产业发展的质量和效益。培育新支柱产业,需要推动要素结构升级,加快现代人力资本积累,增强技术主导能力,提升资本形成效率以及数据治理能力,来一场深刻的要素效率革命。其中,将数据这种关键新要素低成本、广泛地引入生产过程十分重要。

同时,要尽快打破阻碍要素流动的壁垒和障碍,促进新的生产要素向生产效率较高的领域和环节流动,提高要素配置效率。

2. 制度供给效能:打造高效的产业发展制度环境。制度是经济增长的关键变量。培育新支柱产业,不能单纯依靠某项政策调整或体制创新,更依赖于整体性制度变迁,包括新的体制、政策、标准的形成以及彼此之间的协同。体制方面,侧重"还权于市场",强化市场化、法治化手段运用,降低企业制度性交易成本,推动资源向优质企业和产品集中;政策方面,重点是弥补"市场失灵",推动政策转型,解决好"以新鼎旧"政策混乱、部门政策"打架"、行业政策"画圈"等问题。标准方面,着力解决标准缺失、滞后、交叉重复等问题,利用标准来改善供给、淘汰落后、引导消费、规范市场。

3. 产业组织结构:激活产业高质量发展的微观基础。产业组织是现代产业体系的重要组成部分,其变化所产生的资源使用效率与创新效率改进对产业发展至关重要。培育新支柱产业,需要构建适应新的技术经济范式的产业组织体系,包括企业组织、产业活动的空间组织和行业体系三个维度。在新技术条件下,优化企业组织结构,重点要培育一批具有全球竞争力的大型网络平台企业、制造业领军型企业和隐形冠军企业,创新产业集群建设模式,尤其需要关注基于网络的虚拟产业集群建设和的培育,通过产业链、价值链和供应链的互联互接激发关联企业的创新行为。

4. 强大消费市场:推动新技术应用场景革命。需求是技术创新的重要动力,是激发产业变革的重要变量。应充分利用强大的国内市场,推动应用场景革命,提升传统消费,培育新兴消费,激发潜在消费,促进国内市场与壮大市场主体、提升供给质量的有效协同。一方面,通过财政补贴、政府采购等方式,加快市场培育,创建应用示范推广机制,创造新的市场需求和应用场景,打通新技术和产业发展之间的通道;另一方面,补齐消费领域基础设施短板,推进中西部地区、农村地区现代流通、信息网络、服务消费等基础设施建设,提升消费者消费体验。

（二）新支柱产业培育十大举措

一是构建以我为主的供应链组织网络，有效应对产业链过快外迁现象。积极主导构建亚洲经济圈供应链组织网络，尽快完成区域全面经济伙伴关系协定（RCEP）、中日韩自贸区谈判，推动相关方就亚太自贸区（FTAAP）谈判的时间表和路线图达成共识。高度重视中美贸易摩擦导致我国制造业产业链外迁加快的现象，千方百计留住供应链头部企业，鼓励企业深化对外投资合作，设立海外研发中心、生产基地和境外分销服务网络，积极参与全球供应链分工体系，保障国内产业安全。

二是积极参与 WTO 改革和国际经贸规则重构，为新支柱产业发展争取有利的国际环境。坚持非歧视和开放的核心价值，积极参与 WTO 改革和相关国际规则的形成或重构，妥善选择立场，提出更多有利于新支柱产业发展的方案，稳步推动"三降"（降关税、降壁垒、降补贴）。全面梳理国内各类产业补贴和支持政策，系统评估实施效果，取消不合理补贴，调整完善不规范补贴。

三是发挥新型举国体制优势，突破技术、设备和人才多重封锁。创新重大科技项目遴选方式和形成机制，加强技术创新普惠性政策支持，聚焦高端芯片、关键元器件、先进制造工艺、基础软件、高端工业软件等，联合攻克关系国家安全的"卡脖子"技术，强化"杀手锏"技术研究，做好反制预案。实施美国华裔科学家"还巢计划"、海外高层次人才全球招募计划，完善本土科技人才培育机制，加强创新人才的培养和储备。

四是破除制造企业转型高成本和高风险困局，推动制造业高质量发展。围绕解决制造企业转型成本过高、"路径依赖"等问题，加强工业互联网平台、公共技术服务平台等建设，积极开展企业业务系统云端迁移示范，加大企业智能化改造后补助、购买云平台服务补贴等力度，提升复杂产品、尖端产品制造能力。引入保险、基金运营方式，建立企业转型风险疏解机制。

五是加大新型基础设施建设，强化发展"硬支撑"。创新新型基础设施投融资模式，构建多元化投融资体系，有序推进 5G、人工智能、工业互联网、物联网等新型基础设施建设。坚持补短板与提升水平并举,加大传统基础设施领域"补短板"力度,补齐农村基础设施和公共服务设施建设短板,加大城际交通、物流、市政基础设施等投资力度,推进传统基础设施智能化改造。

六是加强产权、标准、征信等建设,打造发展"软环境"。加大财产权和知识产权保护力度,健全知识产权的权利归属制度和利益分享机制,完善知识产权维权机制和预警防范机制。全面开展新支柱产业基础共性标准、关键技术标准、行业应用标准研究,建立标准动态调整机制。加强企业征信体系建设,大力营造诚信经营、追求卓越的制造文化。

七是提升数据治理能力,掌握产业数字化转型主动权。推进数据要素改革,加强数据标准化建设,强化数据确权、数据流动交易和数据隐私保护,建立数据采集、确权和流动机制。建设全国一体化大数据中心,建设数字经济试验区。支持建设跨行业、跨领域的工业互联网平台,加强大型平台企业数据使用的规制。强化国家数据主权保护,倡导建立数字经济国际规则。

八是加快产业政策转型,构建产业政策和竞争政策协调机制。加快产业政策立法,设立专门的产业政策监督部门。减少并逐步消除各类政策中有违公平竞争的政策措施,推动反垄断执法的常规化,深化各类政府政策的公平竞争审查。全面清理和废止不利于全国统一市场建设的政策措施,制定行业管理的"政策清单"。

九是以要素市场化改革为重点降低制度成本,进一步优化营商环境。围绕提升竞争公平性、投资安全性、信贷可及性,推动已有政策落地生根,完善保护民间投资者合法权益的政策。深挖简政放权空间,在结构性减税方面推出更多实质性举措。深化垄断行业和要素市场改革,理顺资源和要素价格机制。打破行政主导技术创新资源配置模式,健全协同创新、转移转化的创新收益分配制度。加快探索负面清单或产业准入的审管分离制度,强化事中事后监管。

十是构建新兴技术风险防范机制,引导和规范新技术应用。加强人工智能、生物技术等潜在风险研判和防范,探索建立触发式监管机制。建立健全法律法规,出台数据安全法,尽快研究和制定人工智能、生命科技等新兴科技领域的专项法规,明确科学研究和技术开发、应用中应遵循的基本伦理准则。建立健全有关个人隐私保护、数据资产评估、数据流通规则等法律法规。加强科技伦理制度化建设,加快制定人工智能、生物技术等新兴技术伦理准则。

专栏2　新支柱产业政策支持重点

新一代人工智能。实施人工智能重大科技专项;推动关键领域的技术攻关和标准研制;支持人工智能最新成果转化应用;开展人工智能创新试验和应用试点;完善人工智能教育体系。

生命健康。建设医学成果转化中心、高端制剂平台、医药合同研发机构(CRO)、医疗器械工业化服务平台等;建设人工智能型分级诊疗机制、个性化普惠健康检查、精准医疗设备物联网、生物健康成果评估体系等。

新材料。推进产业协同创新体系建设,整合搭建重大产业创新载体和平台;组织开展新材料产品应用示范,加快初期市场培育和扩大;推动布局优化调整,引导加强新材料产业集聚区建设。

文化创意。加强文化创意产业知识产权服务保护;健全现代文化市场体系;完善促进文化消费、推动文化创意和设计服务与相关产业融合发展的支持政策。

汽车。设立汽车核心技术国家重大专项;加强新能源汽车补贴及双积分政策预期引导;加大自动驾驶技术、智能网联汽车、氢燃料汽车等支持;推动汽车产业"走出去"。

机械。突破一批关键技术装备;推动企业兼并重组、淘汰滞后老化标准;调整或取消进口高端装备鼓励政策;清理国产高端装备歧视政策。

电子信息。支持芯片、系统软件等关键技术创新;强化元器件、整机、应用与服务之间的协调配合;推动工业互联网发展;强化智能终端、光伏等领域国际合作。

化工。深化油气等资源性产品价格形成机制改革;积极发展混合所有制经济;扶持化工新材料、精细专用化学品、现代煤化工、节能环保等领域建设一批行业创新平台。

房地产。落实"一城一策、分城施策";按照"人地挂钩"原则调整城市住房用地供应;构建都市圈房地产协同调控机制;完善住房租赁的土地、税收、租金配套政策。

轻工纺织。推进实施"三品"战略,扩大中高端产品供给;完善行业创新体系,优化品牌培育管理;鼓励探索商业新模式,推广个性化定制消费;加强行业标准体系建设,推动纺织标准国际互认。

（执笔人:黄汉权、涂圣伟）

第八章　促进形成强大国内市场

　　加快促进形成强大国内市场是我国主动应对内外部风险和挑战的战略抉择与必由之路。"强大国内市场"是指规模范围更庞大、结构层次更优化、制度规则更完备、影响力与吸引力更强的现代市场及其运行机制。为了全面提升国内市场运行质量与效率，推动供给与需求在更高层次、更高水平上达成均衡，全面畅通国民经济循环，要抓住中等收入群体扩围和消费结构升级的有利条件，针对市场发展不平衡、基础设施不完善、规则不健全等突出问题，建议实施：优化需求结构和激发内需新增长点，提升产业链水平和确保供应安全，推动市场基础设施扩容提质增效，健全现代市场体系和一流营商环境，完善现代产权制度和要素配置体系，全面促进内外市场与规则融通等六方面重点任务。

　　市场是一种战略资源。我国拥有超大市场规模优势，这是参与重塑全球竞争格局的重要优势与关键支撑。展望未来一段时期，外部环境波谲云诡，亟待把巨大市场潜力转化为实际需求，拓展现代市场体系的立规建制能力，不断增强国内市场的对外影响力与吸引力，将"大市场"的资源优势转变成"强大市场"的国际竞争优势，为经济高质量发展注入强劲的内生动能。

一、促进形成强大国内市场的内涵和分析框架

（一）强大国内市场的提出背景和内涵特征

　　"市场"一般指的是商品和服务交换的空间场所、达成供求均衡的平台媒

介、配置资源的机制与能力。相应地,"国内市场"是一个国家或经济体范围内,进行商品和服务交换的全部领域、所有平台媒介和规则体系。

"强大国内市场",是认清当前内外部政治经济形势,在新时代推进国家治理体系和能力现代化实践中应运而生的概念。当把"强大国内市场"作为动宾短语理解时,它表示为了支撑经济高质量发展、建设现代化强国的一种手段和过程,当用"强大的"形容"国内市场"时,它代表的是一种目标或者结果。它是在中美大国博弈、全球范围的保护主义和单边主义、地区紧张局势升级背景下提出的,意即在外部需求支撑力明显下降的情况下,为稳定增长需要寻求更为强劲而持久的内生动能。可见,强大国内市场既是一种战略目标也是一个重要实践抓手,表明了我国坚定用自身健康平稳发展的确定性对抗外部环境复杂多变不确定性的信心与决心。

2018年底中央经济工作会议首次提出"促进形成强大国内市场",2019年政府工作报告再次明确"促进形成强大国内市场,持续释放内需潜力。充分发挥消费的基础作用、投资的关键作用,稳定国内有效需求,为经济平稳运行提供有力支撑"。"必须适应社会主要矛盾变化,以供给侧结构性改革为主线,促进形成强大国内市场,使供需在更高水平上良性循环,推动我国经济高质量发展"(何立峰,2019)。从概念提出和时代使命来看,衡量国内市场是否"强大"至少应有以下四个维度的特征:

一是规模范围更庞大。市场规模、容量、范围不断扩大及增速明显提高是"大"的衡量标准。当前我国社会消费品零售总额已超38万亿元,居世界第二位,不久将跃居世界首位,我国银行业金融机构总资产规模已是全球第一,国内市场拥有超大规模和更为巨大的潜力。

二是结构层次更优化。市场中各类平台、主体之间的联系日益紧密,形成区域性乃至全国统一大市场;高、中、低端不同层次市场架构布局合理;主体之间的竞争或垄断关系、替代或互补关系不断优化。实体和虚拟(网络)交易,商品、服务和要素交易,集中和分散交易,线上和线下交易等各种形态相得益彰,智能化、网联化、平台化、共享化等新形态和新模式层出不穷。

三是制度规则更完备。强化市场法治、社会信用和市场监管等基础性制度建设,确保各种市场交易在完善的法治框架下进行,交易、收购、支付、融资、配险、退出等机制安排"于法有据",运行规范有序。市场的撮合交易、发现价格、配置资源、优胜劣汰、收入分配等功能发挥得更加充分,竞争机制更为有效,制度性交易成本更低。

四是影响力与吸引力更强。内外隔绝的封闭市场不可能是"强大"的国内市场。只有国内市场运行的质量效益更高,与国外市场的关联性和互补性更强、规则融通更加顺畅,全面增强对外部市场和投资者的影响力与吸引力,在此基础上才能谋求相应的竞争力与话语权,更好体现大国责任与担当。

由此分析,我们将"强大国内市场"界定为规模范围更庞大、结构层次更优化、制度规则更完备、影响力与吸引力更强的现代市场及其运行机制,其是一种积极主动配置国内外要素资源的核心能力,是驱动经济高质量发展的强劲引擎,是新形势下应对大国博弈的战略底牌,是推动供给与需求在更高层次与水平上实现动态均衡的完整体系。

(二)促进形成强大国内市场的分析框架

强大的国内市场是一个国家蕴藏无尽能量的"内置引擎",市场经济的"大车"跑得快或不快,关键看引擎的体系建构与能量传导。内需旺盛和不断升级是国内市场"强大"之源,现代化的治理体系和能力是国内市场"强大"之基。广义国内市场,如图8-1所示的范畴,是包括供给体系、需求体系和市场体系在内的整个国民经济循环系统,该经济循环系统嵌套了四种密切相关的循环(包括纵向升级和横向循环),国内市场是否"强大"关键就看这些循环是否畅通。

循环之一是需求体系内部由低到高的消费升级。在需求"金字塔"(图8-1右侧三角形)内部,消费者自由选择和自主消费,随着需求层次与购买力不断提升,从生存型消费转向发展型、享受型消费,更加追求消费品质与安全,推动消费升级与新消费模式不断涌现。完善促进消费的体制机制,有助于增强消费对经济发展的基础性作用。

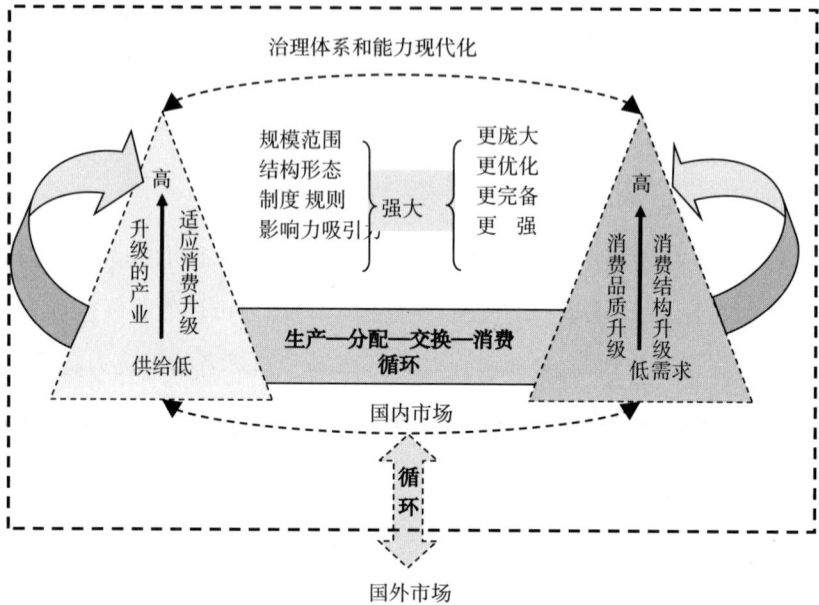

图 8-1 强大国内市场的"四大循环"分析框架

循环之二是推动供给体系内部由低到高的产业价值链升级。在供给"金字塔"内部（图8-1左侧三角形），投资者、生产者在特定生产要素配置结构下，实现自主经营和公平竞争，推动适应需求升级的产业升级，提高我国企业在全球产业链上的分工地位和参与价值分配、保障供应链安全的能力。深化投融资体制改革，发挥投资对优化供给结构的关键性作用。促进市场机制更加有效，使得微观市场主体具有充沛活力，是决定供给结构优化和体系升级的基石。这些方面正是深化供给侧结构性改革八字方针当中"增强"和"提升"的应有之义。

循环之三是"生产—分配—交换—消费"的国民经济循环。需求（消费）结构升级与供给（产业）结构升级之间不是孤立的，促进形成强大国内市场就是要打破阻碍供需匹配的所有软硬壁垒，只有以生产为起点经过分配、交换达到消费、再进一步促进生产的循环十分畅通，社会化扩大再生产才能正常有序进行，市场的统一性和运行效率才能切实提高。中央提出"六稳"的首要任务正是"稳就业"，即增强劳动力市场稳定性和灵活性，同时调整和优化国民收入分配结构,提高实际可支配收入,增强居民及其家庭消费能力,更好推进消费升级,进而拉动产业创新发展,创造出更多就业岗位,进一步保持就业市场和国民收入稳定增长,由此将激发更加高端和多元化的幸福生活需求,倒逼产业结构和质量提升,从而实现推动供需在更高水平和层次上实现动态均衡。在如此循环往复中实现螺旋式上升,最终形成国民经济良性循环。这一循环是强大国内市场的核心所在,国民经济循环是否畅通是衡量和判断国内市场是否真正强大的重要标准。

循环之四是国内市场和国外市场之间的经济循环,关键是以内外相融促强大。"强大国内市场"并非单纯指国内市场规模大,而是国内和国外紧密关联、互为支撑的大市场协同发展能效巨大。衡量国内市场是否"强大",需有国际视野,对标美欧等全球公认的强大市场,廓清与发展阶段相关的"强大"规律与特征。在纷繁复杂国际形势下,要稳慎处理国内市场与国际市场的关系,以更加主动的姿态参与全球市场治理,凭借超大国内市场规模和与之相称的市场规制能力,在国际贸易谈判中博弈正当利益,积极捍卫多边经贸规则体系,从而进一步拓展和增强在全球范围配置要素资源的能力与水平,更好保障内外经济循环畅通。

本章将在厘清强大国内市场相关概念、基于畅通经济循环的视角确立理论分析框架的基础上,研究促进形成强大国内市场的必要性和紧迫性,针对妨碍国内市场进一步做大做强的瓶颈性问题,研究提出促进形成强大国内市场的主要思路,并进行相关市场前景分析,最后提出 6 个方面重点任务与对应的路径措施(见图 8-2)。

二、加快促成强大国内市场的必要性和紧迫性

当前和未来一段时期,面临世界政治经济"百年未有之大变局",我国处于大有可为的重要战略机遇期,鲜明的时代特征要求把国内市场这种战略资源用活、用好和用到位,这与实现"中国梦"和夯实国际竞争新优势休戚相关。

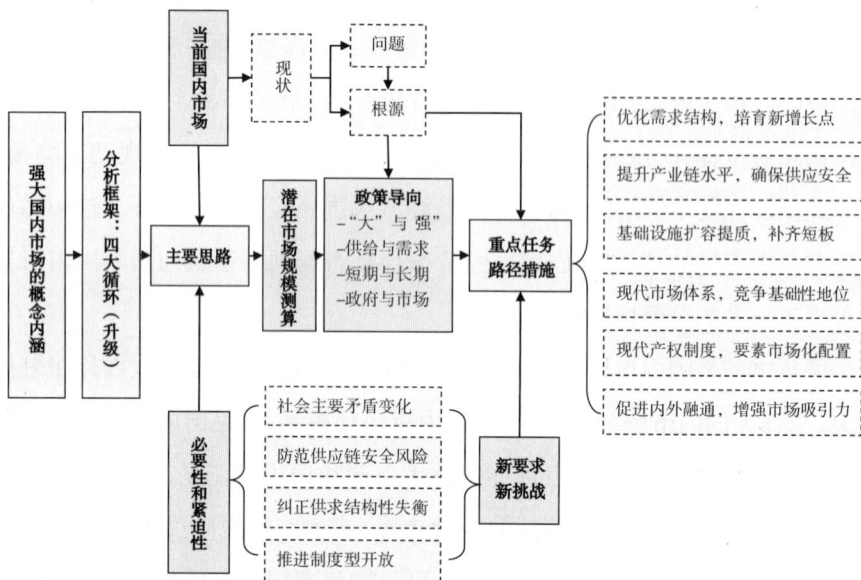

图 8-2 本报告的研究路径

（一）更好解决社会主要矛盾需要强大国内市场作为坚实保障

按照世行现行标准,我国即将达到高收入国家水平。2020 年实现"全面小康"之后,国内中等收入群体愈加壮大,人口城镇化水平进一步提高,人民对美好生活的追求需要不断升级。强大国内市场要聚焦人民群众没有被满足的基本需要和尚待激发的潜在需要,通过结构性改革来满足既有需求和开创新需求,稳定消费预期和提升消费能力。强大国内市场要以保障民生、促进均衡发展为出发点和落脚点,更加关注优化收入分配,合理调节阶层与城乡利益格局,满足不同利益诉求。

（二）确保产业自主创新和供应链安全需强大国内市场作为坚强后盾

新一轮科技跃升和商用场景变革呼之欲出,全球竞争将聚焦人工智能和 5G 等新技术开启的新市场。在贸易摩擦演变为持久战的背景下,美欧以国家安全名义强化技术出口和并购限制,我国供应链安全压力陡然增大,只有国内市场才是真正掌握在自己手中的底牌,所有企业乃至整个国家都要作出华为式的"极限生存"假设,当先进技术和设备部件都不可能靠外部市场获得、新产品被国外市场禁入时,为维持市场生存和更好服务国民,就需要以国内市场自主确保科技自立,这是强大国内市场的时代使命。

(三)高质量发展和纠正供需结构失衡需要国内市场规模更大、韧性更强

通过强大国内市场启动的内生消费与投资直接扩充生产规模,是宏观层面稳增长、畅通供求循环的内核所在,是微观层面激励民间投资、生产、创新、就业与收入等良性循环的关键所系。我国居民消费将加速从数量型转向质量型,要打破体制机制壁垒,着力强化有效供给,提供更多高性价比的商品和服务,充分释放教育、育幼、养老、医疗、文化、旅游等消费潜力,进一步发挥服务业扩大收入与就业、稳定消费的多重功能。

(四)加快推进制度型开放需要增强国内市场规则和环境吸引力

展望未来一段时期,外部环境更趋复杂,国际经贸规则面临重大调整,主要经济体经贸摩擦加剧。巨大的市场需求和制度体系,无疑是我国争取国际贸易谈判利益、改善企业外贸环境、吸引境外投资的重要底牌,稳住国内市场是"稳外资"和"稳外贸"的重要抓手与支撑。我们强大国内市场并不是要把所有海外消费都吸引回国、把外需都转化成内需,而是要有效满足自身和世界需求,让全球共享中国市场发展壮大之红利,同时在全球治理体系中谋求与我国市场体量和贡献相称的影响力与制度性话语权。

三、国内市场发展面临的主要问题及根源

当前,虽然国内市场存量不小,潜力巨大、成长性好、结构和环境也都在优

化，但是与进一步做大做强国内市场、充分发挥超大市场规模优势的战略目标相比，还有相当差距。主要是我国在市场发展与市场体系建设方面仍存在要素流动不畅、主体活力不足、供需机制不顺、内外规则不融等短板问题，这些问题的影响及背后的体制机制根源需要深入剖析。

（一）现状：我国市场是消费结构升级快且吸引力大的市场

1. 市场规模和速度位居全球前列

商品市场规模优势明显，2018 年我国社会消费品零售总额已达 38 万亿元（约 5.76 万亿美元）。按现有经济增速（6.0%—6.5%）计算，我国市场有望在两三年内超过美国（6.04 万亿美元），成为全球最大的商品零售市场。我国电子商务领域零售交易额占全球交易总额的 40% 以上，约为美国交易额的 2倍，移动支付个人消费额约为美国的 11 倍。从服务市场看，2018 年国内服务性消费规模约为 19 万亿元，根据国家统计局数据，目前我国中等收入群体已超过 4 亿人，中等收入群体家庭已达 1.4 亿人，位居世界第一，消费增长动力强劲。从对经济增长的贡献来看，2008 年全球金融危机之后，我国一直致力于提振内需贡献，改变出口和外需拉动的增长模式，2018 年最终消费支出对经济增长贡献率达到 76.2%。国内要素市场规模迅速壮大，我国银行业金融机构总资产已超过 270 万亿元人民币，居全球第一；股市总市值内地股票（不含港澳台）总市值 7.6 万亿美元左右，居全球第二，仅次于美国；我国债券发行量超 60 万亿，市场规模居世界第三，仅次于美国和日本。

2. 市场结构持续优化

我国消费对经济增长的贡献率自 2015 年以来稳定在 50% 以上，消费规模扩大的同时，消费结构进入快速升级阶段，整个消费不断向服务消费升级；商品消费向中高档升级；线下消费向线上线下结合升级。服务消费进一步提质增效，比重逐步上升，现已占到居民消费支出结构的 50% 左右，与此同时，恩格尔系数已降至 28% 左右。人均医疗保健、教育文化娱乐消费支出 2019 年上半年增速分别为 9.5%、10.9%，均高于人均消费支出 7.5% 的增速。股票、债券、产权、技术、劳动力、土地等多种类多层次要素市场体系基本形成。资本市场结构有所优化，直接融资占社会融资比重逐年提高，新上市公司中高新技术企业占比已超80%，2019年推出科创板试点注册制积累经验。合格境外机构投资者（QFII）、沪港通、深港通和债券通等参与内地资本市场交易通道不断丰富，外资金融机构数量和资产规模迅速增长。2018年我国债券被纳入彭博巴克莱全球综合指数，A股被纳入全球新兴市场MSCI指数体系。

3. 市场发展环境改善

全国确立统一的市场准入负面清单制度，在市场准入、审批许可、经营运行、招投标、军民融合等方面为不同所有制企业打造公平竞争环境。推动确立竞争政策在经济政策体系中的基础地位，大力清理违反公平、开放、透明市场规则的政策文件，推进反垄断、反不正当竞争执法和公平竞争审查。

我国营商环境已进入全球排名前50的经济体之列，跻身营商环境改善幅度排名前三经济体。大力落实"放管服"改革，进一步精简和规范行政审批，深化"多证合一、一照一码"改革，企业注册登记所需时间大幅缩短，如今开办企业只需9天，与OECD高收入国家持平，企业注册数快速增长。全面推行互联网+政务服务，"一窗受理、一站服务""不见面审批""一枚公章管审批""最多跑一次"等举措在全国推广，大幅减少企业奔波之苦。加大对乱收费查处和清理力度，全面推开涉企收费公示制，强调收费项目清单"一张网"，清单之外一律不得收费。

竞争性领域和环节的产品和服务价格已完全放开，价格形成机制实现了根本性转变，政府定价比重已不足3.0%，其中第一、二、三产业的价格市场化程度分别达100%、97.4%和95.9%。市场信息化水平大幅提升，商品交易已实现就近配送、商流和物流信息无缝对接，大幅降低了物流成本。

4. 国内市场的支撑力和吸引力不断增强

超大规模的国内市场一直是我国企业发展壮大和参与全球竞争的坚强后盾。国内市场的对内支撑力显著增强，既为大众化商品规模生产提供需求，也为特种装备、小众商品和服务提供生存土壤，各种商品服务在不同市场需求中迭代更新完善,有助于更好降低企业成本,有效提升我国企业的国际竞争力。近年来,国内消费市场规模持续拓展,样态和结构不断丰富,尤其是各类新兴消费和消费新增长点在不断涌现,基于网络平台的消费规模壮大很快,智能化、信息化、共享式、体验式消费进一步普及。国内市场的对外吸引力也不断增强。越来越多跨国公司贴近我国市场拓展业务,我国国内市场甚至已成为跨国公司"兵家必争"之地。尤其是人工智能、新能源车、智慧医疗、智能家居等新一代能源和信息技术相关的企业,更加关注中国市场的份额、占有率、成长性等业绩。例如,特斯拉来华设厂并铺设其超级充电网络,就是国内市场影响力和吸引力明显扩大的典型例证。

(二)阻碍国内市场做大做强的问题及其根源

当前我国规则统一、公平竞争的国内市场体系还不够完善,区域分割和地方保护仍在阻碍资源要素在不同地区间的自由流动。行业垄断和行政性垄断不同程度存在,市场机制尚未得到充分有效发挥,抑制了科技创新和全要素生产率提高。

1. 巨大潜力尚未转化成实际消费,市场规模拓展受限

从消费支出规模看,国内区域之间、城乡之间的差距仍较大,人均消费支出规模靠前的城市是靠后城市的 3 倍以上。因收入分配尤其是劳动报酬改革、社保和公共服务保障仍不到位,区域协调发展和新型城镇化蕴藏的巨大市场潜力尚未完全释放。从消费结构看,我国发展享受型消费支出占比比发达国家低 20—30 个百分点,恩格尔系数仍偏高,这与我国拥有全球规模最大、最具成长性中等收入群体的国情并不相称。近年来,教育、育幼、养老、医疗、家政等城市生活服务供给缺口较大,而且优质服务越来越稀缺,但是社会资本进入服务市场的意愿与投资积极性依旧低迷。从消费品质和环境看,目前低端同质化供给相对过剩,绿色安全、提供更好消费体验的高端供给不足,难以全面满足多元化美好生活需要,本土品牌的美誉度与消费者忠诚度偏低,导致大量高端消费流失海外。据麦肯锡全球研究院数据,2018 年不到 3000 万名中

国消费者在奢侈品上的花费占全球奢侈品消费的 1/3,而且在逐年较大幅增长。

根源在于结构失衡,部分重要改革尚在推进中。收入分配尤其是劳动报酬改革、社保和公共服务保障仍不到位,虽然中等收入群体数量增长较快,但是实质购买力仍不强。中等收入家庭扩大消费有诸多后顾之忧,如高房价负担、为孩子升学与老人大病不得不进行预防储蓄等。此外,医疗、养老、育幼等领域仍存在民办非企业和工商企业双轨制问题,相关事业单位改革在局部深陷"泥淖",有限市场化条件下服务供给数量与质量必然难以大幅提升。

2. 中间投入品市场被割裂和低端锁定,供应链安全难以保障

我国中间投入品市场的结构性供求失衡与终端消费品市场相比,有过之无不及。大量关键原材料、核心零部件还严重依赖进口,不仅进口成本高昂,而且面临断供风险和安全隐患。尤其是某些对单一来源地的对外依存度超过 50% 甚至更高的工业中间品,其需求的价格弹性很小,供应链缺乏弹性,容易受制于人。近年来,我国中间投入品市场面临的"双向挤压"越来越严重,发达国家和跨国公司收紧全球供应链并吸引制造业回流,越南等国凭借低成本优势分散了加工组装品的市场份额,导致我国市场对"外部供应链"的吸引与锁定能力持续下降,供应链外迁风险越来越大。此外,我国市场价值链"两头在外"的特征依然明显,品牌建设滞后与品牌消费激增之间的矛盾非常突出,自主、新兴、高端、国际化品牌比重明显偏低,原创设计、科技信息、融资租赁、维修保养等市场价值链微笑曲线的前端和后端服务普遍存在缺失或不足。

导致上述矛盾的根源在于:我国自身受供给侧结构性矛盾制约,以消费升级为导向的产业升级支撑不够、后劲不足;此外,美国等发达国家强化核心技术出口管制、发达国家的跨国公司通过设置技术与市场壁垒阻止我国进入价值链高端环节,加剧对我国产业和市场的"低端锁定"。

3. 市场基础设施存在短板,制约市场结构优化和影响力提升

从新型基础设施来看,与我国即将引领全球新一轮智能消费、率先建构智

能化大市场的期待和愿景相比,目前新型信息网络等基础设施投入缺口仍较大,覆盖率较低。从基础设施普及来看,内陆边远城市尤其是城乡结合部的商贸物流、冷链、仓储、结算等市场基础设施陈旧,交易平台"小散乱"和消费"最后一公里"堵点仍突出,售后维修、以旧换新和循环利用等服务与东部发达地区差距甚远。从功能性基础设施来看,虽然各地都在建设能源资源交易平台,比如上海、重庆之后,浙江、广东和其他内陆地区也要建设天然气交易平台,但交易规模小且分散,缺乏具有国际影响力的交易平台和交易枢纽,难以谋求与消费大国和进口大国身份相称的国际市场影响力和话语权。

上述问题的根源在于:区域发展不均衡,部分欠发达地区基础设施融资渠道依旧狭窄,薄弱环节补短板项目的投资吸引力不足;地方融资平台负债率普遍较高,甚至存在明显的债务风险隐患,导致投资有效性和持续性难以保障;缺乏有效机制更广泛地调动和鼓励社会资本参与投资,利益分配和退出机制也不够健全;地方有冲动建设能源资源交易平台,甚至是一哄而上,但整体规模和影响力难以提升。

4. 存在区域封锁和地方保护行为,影响全国统一市场建设

我国公平竞争的市场环境尚未定型,广泛存在行业壁垒、区域封锁、标准不一致等阻碍竞争性市场格局形成的障碍,部分存在滥用行政权力和市场支配地位的各种垄断和不正当竞争行为,市场被割裂并被锁定在低端。地方倾向性产业政策转型不力,影响市场整体规模优势发挥,导致不同所有制、不同规模、不同地域的市场主体仍难以公平参与竞争。指定交易、强制垄断等行政性垄断行为屡有发生。有些竞争"非中性"的做法影响民间投资积极性,制约企业家精神成长,导致企业创新的内生动能不足。

问题的根源在于,公平竞争的市场文化缺失,部分重点领域的市场化改革推进仍有阻滞;竞争政策的基础性地位尚未全面确立;基层反垄断执法力量相对薄弱、能力参差不齐等。

5. 要素市场化进程明显滞后,资源配置效率尚待提升

超大规模市场和产业发展需要超大规模的要素资源支撑,但我国内外部

都面临不少挑战。从外部来看,我国原油、天然气等能源资源对外依存度过高,能源资源安全问题构成重大挑战,不仅进口成本高昂,而且面临断供风险和安全隐患。从内部来看,制约要素市场化配置的障碍,既有市场垄断行为多发、资源环境要素外部性难以内部化导致的内生性扭曲,也有要素市场双轨运行、区域和行业性壁垒、直接干预等局部政策性扭曲。要素市场化进程仍然滞后,导致市场主体活力不足、激励被扭曲、利益分配失衡、竞争力下滑,其已成为拖累高质量发展和国内市场空间拓展、限制全球资源配置与供应链布局能力提升的瓶颈所在。

究其根源,仍在于政府与市场边界尚不够清晰,部分关键要素仍被锁定在传统体制内,确权仍不到位且权益归属相对混乱。

6. 参与全球治理的渠道窄且能力弱,内外市场融通不畅

随着我国经济体量进一步扩大,我国所受到的牵制和羁绊越来越大。一是我国对于是否属于发展中国家和市场经济地位的判定与一些发达国家有明显分歧,导致难以把控在对外经济政策中适用哪种口径的国际规则,使得一些国家频繁质疑我国对外贸易与投资政策违反"对等原则"。二是由于我国国有企业承担的作用以及市场化改革路径与国际惯行规则有所不同,国有企业往往被认为有政府背景而受到更多限制,经常遇到规则冲突,导致其在国际市场竞争中要付出更高的交易成本和风险代价。三是由于国内市场补贴政策在符合国际惯例方面存在一定差距,使得部分外资开始质疑我国公平竞争环境。

内外融通不畅的根源在于:两个"不够",即我国建立高质量和高水平开放型市场体系的程度还不够,我国参与全球规则制定话语权以及国内改革设计针对现有国际规则的对标也不够。我国对外开放程度还有待提升,特别是在服务业开放层面仍有待尽快推进。国内服务业发展还够不充分,不利于支撑大规模服务消费升级的需要。此外,我国虽然已充分融入了全球价值链体系,但是贸易自由化水平还有待进一步提升,特别是FTA(自由贸易协定)建设的范围以及质量有待改进。

四、促进形成强大国内市场的主要思路和发展前景

当前和未来一段时期,需要进一步明确促进形成强大国内市场的思路和发展前景,凝聚理论和实践共识,推动经济高质量发展,更好满足人民美好生活需要,促进供给和需求动态平衡,全面畅通国民经济循环。

（一）主要思路

紧紧抓住我国中等收入群体扩围和消费结构升级的有利内部条件,有效应对全球市场规则嬗变和国际市场环境趋紧的不利外部环境,针对我国市场发展不均衡、基础设施不完善、规则体系不健全等突出问题,通过优化需求结构和激发内需新增长点,提升产业链水平和保障供应链安全,加快市场基础设施扩容提质,健全现代市场体系的规制能力、夯实竞争政策的基础性地位,完善现代产权制度和要素市场化配置体系,全面促进内外市场及规则融通,加快促进形成规模更庞大、结构更优化、规则更完备、质量效率更高、全球吸引力更足的国内市场,为经济高质量发展提供重要基础,为供给侧结构性改革提供核心动力,为满足日益增长美好生活需要提供重大保障,为制度型开放提供有效促力,从而推动供给与需求在更高层次、更高水平上达成均衡,全面畅通国民经济循环。

（二）政策导向

1.“大”乃“强”之基,“强”乃“质”之本

强大市场要以拓宽规模和范围、提升增速为前提,以提升市场发展质量、运行效率和治理能力为落脚点。市场乃创新的首要驱动力,是确保中国崛起不再受制于人的重要支撑。要把握重新定义市场与技术关系的历史契机,加快实现从“市场换技术”向“市场强技术”的战略转型,通过国内市场结构优化、提质增效倒逼产业升级,加快建立有利于核心技术创新突围的良好市场环

境,为 5G 等新技术商用提供更多实用场景,力争扭转关键核心技术受制于人的局面。

2. 以短见长,长短结合,力争标本兼治

强大国内市场要辩证处理短期需求管理与中长期结构调整的关系。短期需求刺激必不可少,有助于市场规模扩张、稳定市场发展态势,但是"强市场"不能"头疼医头,脚疼医脚",而要从制约有效需求扩大的瓶颈入手,从供给侧寻求解决问题的治本之策。"供给侧"包括商品和服务、要素、制度三个层面,商品和服务劣质低效的根源仍在于要素配置低效和制度有效供给不足,所以治理重大结构失衡尤为关键,务求确立持续强大国内市场的长效机制。

3. 供需动态平衡,新消费与新供给壮大新市场

市场经济是需求导向型经济,供给和需求是经济内在关系中两个相互依存的基本方面,供给的总量扩张与结构调整必须以需求变化为导向,需求实现又必须依赖供给。要同步推动供给和需求双侧的结构性改革,通过绿色、安全、优质的新消费引领新供给和塑造新市场,找到供需新平衡点,推动技术和市场向"专、精、特、新"方向发展,打造新型资源配置网络,推动经济发展尽快完成新旧动能接续和转换。

4. 有效市场与有为政府各归其位、各司其职

真正的市场强大是内生性的,关键在于强化市场配置资源的决定性作用,聚焦立规建制、破除壁垒,彻底解决体制机制层面的结构性难题与矛盾,由内而外地推动市场实现高标准和现代化发展。强大市场离不开政府的保驾护航,政府"有为"体现在加快补齐基础设施"硬短板"、市场规则"软短板",强化政策供给的稳定性与可预期性,真正放活各类要素资源,为市场发展和结构优化提供源头活水。

(三)未来国内市场前景分析

1. 内需市场总体规模和结构特征

分三种情景展望 2025 年的 GDP 规模。在 GDP 实际增速分别是 5.0%、

5.5%和6.0%的假定下,考虑经济新常态以来物价总水平变化规律,未来五年CPI预测值是1.6%左右,根据生产函数估算,2025年的GDP规模将分别达到146.4万亿、148.5万亿、150.6万亿(见图8-3);与此对应的资本形成规模为58.6万亿、55.6万亿、52.7万亿;对应的最终消费规模为87.8万亿、92.9万亿、97.9万亿,消费对经济增长的贡献率维持在60%以上,其中,居民消费支出预计将达到64万亿—70万亿元(见图8-4)。

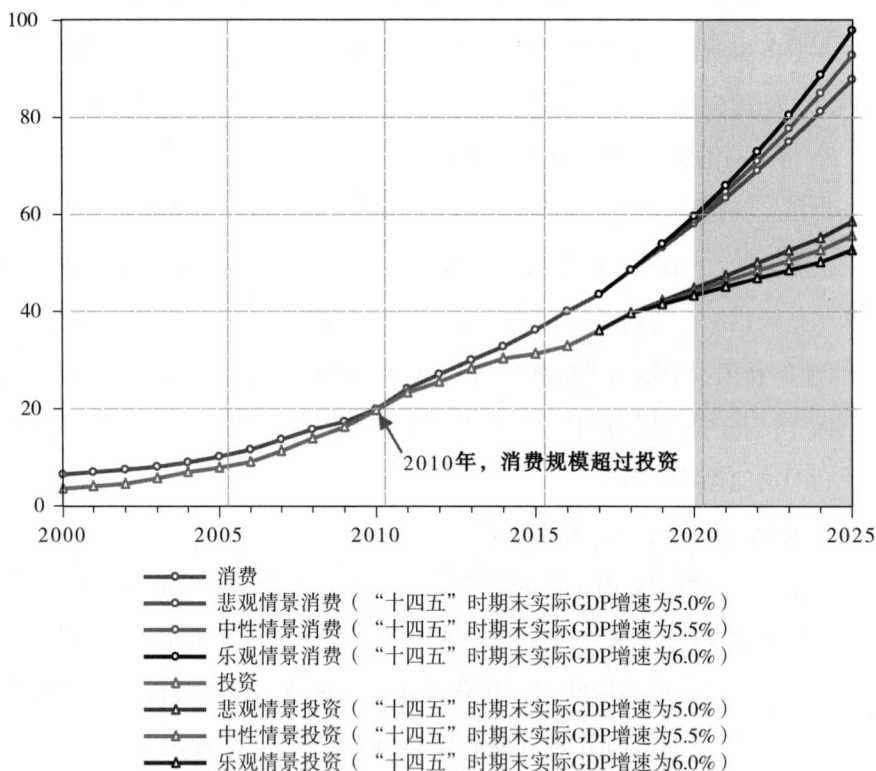

图8-3 展望2025年的消费和投资规模预测(万亿元)

资料来源:课题组测算并绘制。

　　未来五年是促进形成强大国内市场、推进经济高质量发展的关键时期,据测算,我国消费率可能升至60%—65%,储蓄率与投资率相应降至35%—40%(见表8-1和图8-5)。考虑到社会保障体系更加完善,政府公共服务支出将增加,政府消费率可能升至17%左右。随着居民平均消费倾向与可支配收入

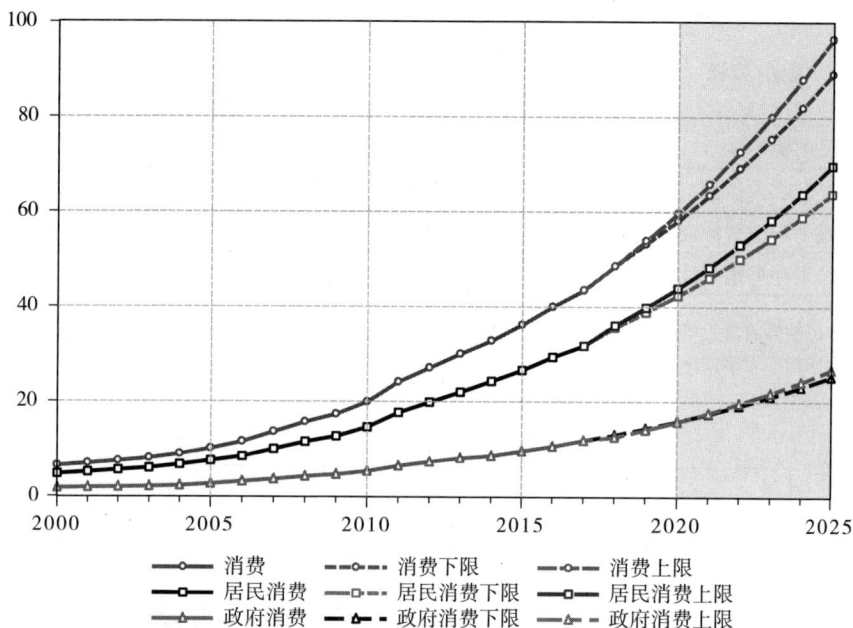

图 8-4 展望 2025 年的我国消费规模分类型预测(万亿元)

资料来源:课题组测算并绘制。

份额的提高,居民消费率将升至 43%—48%,居民服务消费比例呈上升趋势,居民平均消费倾向可能升至 0.7 左右。展望到 2025 年,居民衣、食、住方面的生存型消费大约降至 60%,对应的消费支出将达到 53 万亿—58 万亿元;发展享受型消费升至 40%,对应的消费支出将达到 36 万亿—38 万亿元(表 8-2),分别比 2020 年增加 15 万亿—20 万亿元和 15 万亿—17 万亿元。

表 8-1 展望 2025 年我国内需指标与当前主要经济体的比较

国别/指标	中国			美国	日本	德国	英国	韩国
	当前	中性	保守	2015—2017 年的平均值				
消费率	53.6	62—65	60—62	82.4	76.2	72.5	84.1	64.1
投资率	44.4	35—38	38—40	20.0	23.9	19.9	17.2	29.1
储蓄率	46.4	35—38	38—40	17.6	23.8	27.5	15.9	35.9
政府消费率	14.5	17.0	17.0	14.3	19.8	19.4	18.6	15.1

续表

国别/指标	中国			美国	日本	德国	英国	韩国
	当前	中性	保守	2015—2017 年的平均值				
居民消费率	39.1	45—48	43—45	68.1	56.3	53.1	65.5	49.0
可支配收入份额	61.6	64—68	61—64	76.6	61.4	64.1	70.3	57.2
居民平均消费倾向	0.64	0.70	0.70	0.89	0.92	0.83	0.93	0.86
居民生存型消费比重	66.1	60.0	60.0	34.6	50.7	49.1	49.0	43.8

注:中国的当前值为 2017 年或 2016 年的数据,中性和保守表示对未来五年的预测值;除居民平均消费
倾向指标无单位外,其余指标单位为"%";资料由作者整理。

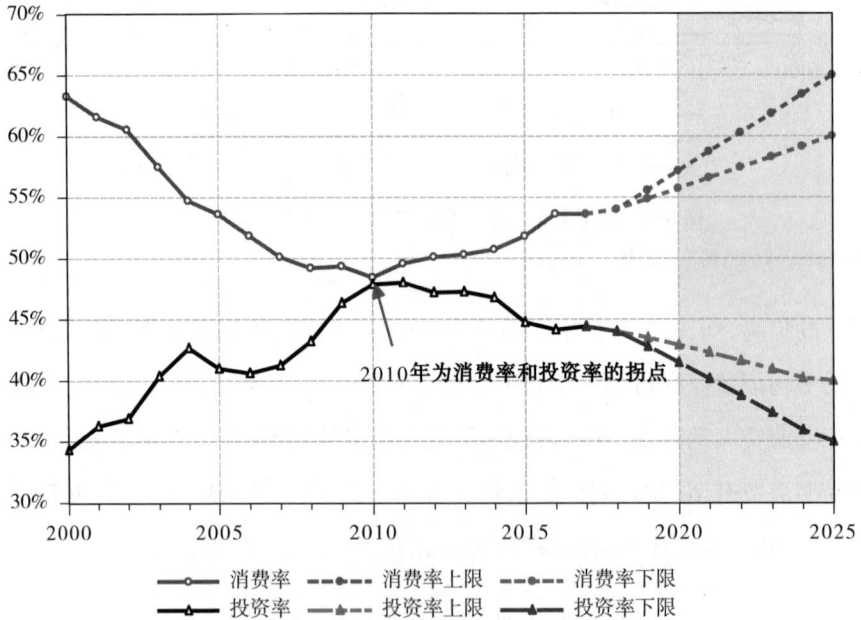

2010年为消费率和投资率的拐点

图 8-5　展望 2025 年的消费率和投资率预测(%)

资料来源:课题组测算并绘制。

表 8-2　我国与主要经济体居民消费支出结构情况　　（单位:%）

消费支出结构情况	中国	美国	日本	德国	英国	韩国
生存型消费	66.1	34.8	50.8	49.3	49.2	43.6
食品和烟酒	30.5	8.5	17.4	13.7	12.0	16.0

消费支出结构情况	中国	美国	日本	德国	英国	韩国
衣着	7.3	3.2	3.7	4.7	5.4	6.1
居住	22.2	19.0	25.5	24.1	27.1	18.5
生活用品及服务	6.1	4.1	4.2	6.7	4.7	3.0
发展享受型消费	33.9	65.2	49.2	50.7	50.8	56.4
医疗保健	7.4	21.3	3.7	5.2	1.8	5.1
交通和通信	13.2	12.1	13.9	17.3	15.5	15.5
教育、文化和娱乐	10.9	11.1	10.0	9.9	11.3	14.0
其他商品和服务	2.4	20.7	21.6	18.3	22.2	21.8
金融保险	—	8.0	—	6.1	6.1	—
旅馆住宿	—	6.9	7.8	5.3	9.5	8.3

注：表中数据为2013—2017年的平均值，中国数据来自国家统计局住户调查数据，其他经济体数据来自经济合作和发展组织国民账户数据。

2. 未来重点市场发展趋势和潜在规模

当前，占最终消费比重较高的仍然是餐饮、汽车、住房、家电家居、生活性服务等居民消费市场，这些市场主要是以满足刚性需求为主的消费市场。估算未来市场潜在规模，既要考虑传统消费市场的发展趋势，又要考虑激励和扩大新兴消费市场的潜力空间。例如智慧医疗、智能家居、智能驾驶等属于引领市场发展方向的新模式、新场景，是当前和未来内需市场拓展的新增长点。综上因素，本研究筛选出汽车及车后服务、家电家居、住宅租赁和家装、城市生活服务、智能+5G+物联网这五大重点市场，进行基于可预期因素的潜在市场规模估算，主要结论如下：

——智能网联汽车、高档车将带动汽车消费升级，车后市场将迎来更快发展。目前国内汽车保有量2.5亿辆，接近美国，但就每百人保有量而言，我国是19辆，与美国80辆、日本58辆还有差距。根据日本等国经验，百人保有量达到20辆左右的临界值后，汽车销量增速从20%下降至4%。考虑到目前我国城镇化率和居民杠杆率低于日本当年，预计销量增速降至5%左右。据中汽协预测，2019年销量约2800万辆（含150万辆新能源车），据此推算2025

年销量约为3700万辆,市场规模为3.7万亿—5.5万亿元(车均价按10万—15万元计算)。2018年汽车后市场规模已达1.3万亿元,未来随着平均车龄上升和租赁市场发展,车后市场将迎来更快增长,增速按10%假设的话,2025年的市场规模将达2.3万亿元。综上,展望到2025年,汽车和车后服务市场潜在规模约为6.0万亿—7.8万亿元。

——高端化、定制化消费升级支撑家电家居市场规模扩大。以日本家庭的家电保有量为参照,当前我国洗衣机和冰箱已接近日本,但整体家电仍低于日本水平。未来市场增长点在于"大、美、舒、智、健、全"方向的消费升级以及"下沉市场"的消费普及。虽然城镇家庭家电保有量趋于饱和,但是农村家电市场尚有空白,尤其是空调和彩电等仍有潜力。近五年小家电市场发展迅猛,年均增长率13.5%,预计2019年小家电市场规模将达到4000亿元。展望未来五年,大家电、小家电市场增速分别按5%、10%预估,家电市场总规模约为1.14万亿元。随着以旧换新销售高峰和家电故障频发的维修高峰到来,预计2020年维修市场将突破1万亿元,2025年将达1.6万亿元。综上,展望至2025年,家电和家居相关市场潜在规模约2.74万亿元。

——以租代购的新时尚支撑住房租赁市场发展提速。当前我国住房租赁市场交易总量1.2万亿元,租房人口1.94亿人,约占全部人口的13.9%,房屋租赁率仅为18%,低于发达国家平均水平35%,未来仍有很大发展空间。展望未来,预计新增居住需求的家庭将以80后、90后甚至00后为主,据相关行业协会预测,到2025年将有2.52亿人通过租房实现"住有所居",覆盖人口比重将接近20%,租金总量将突破3万亿元。与居住密切相关的是家装市场,2018年住房装修装饰产值达2.04万亿元,同比增长6.3%。目前我国人均家装消费支出133美元左右,低于美国930美元和日本520美元,随着主力家装人群对品牌品质投入意愿的增强,在长租公寓、新建住房全装修等发展趋势下,综合多家机构预测,将保持8%左右的增速,展望2025年住房家装市场规模将至3.5万亿元。

——养老、教育、家政、旅游、信息等城市品质生活服务市场规模年均增速将接近 20%。2018 年全国居民人均服务性消费支出 8781 元,同比增速 15.8%,占消费支出比重达 44.2%。同期,家政服务支出增速超 30%,医疗、餐饮服务支出增速均超 20%。这类城市品质生活服务的供给缺口很大,从业人员工资刚性上涨,假定未来五年人均服务性消费支出的年均增速为 16%,则 2025 年全国居民人均服务性消费支出将达到 2.5 万元,占消费支出的比重按年均提高 2.2 个百分点计算,2025 年将在 60% 左右。展望到 2025 年末,全国总人口按 14.3 亿人预估,则生活服务市场潜在规模将超 35.75 万亿元。

——人工智能+5G+物联网市场将成为国内消费市场的放大器,有望发挥市场规模倍增效应。当前,万物互联的大市场蓬勃发展,可以将接入物联网的汽车、家电、手机、住房等实物直接变成提供各类生活服务的智能平台。智能硬件升级+智能服务普及+服务迭代,将使得智能大市场以几何级数膨胀。智能大市场的潜在规模无法单独估算,但其对于国内主要消费市场规模的放大倍数,即智能化发展带来的市场溢价或增值空间,在未来五年预计在 1.1 倍到 1.3 倍之间。根据多家机构预测,将率先实现大规模商用的场景是智慧医疗、智能安防、智能家居、智能网联车市场等。例如,2018 年智能驾驶市场规模约 900 亿元,预计 2019 年将突破千亿元,到 2020 年智能化新车占比将超 50%,到 2025 年新车基本实现智能化。预计未来五年汽车智能化市场规模显著扩大,将保持年均 20% 的增速,2025 年规模将达到 3800 亿元。据此来看,智能化对于汽车市场的放大系数相当于 1.1 倍。智慧医疗、智能家居等更多消费场景情况与此类似。

预测结论:以上五类重点市场能够满足民众衣、食、住、行、康、养、医、教等各方面多元化需求,目前粗略估算,展望至 2025 年,上述重点市场的潜在规模合计约 51.0 万亿—52.8 万亿元,智能化放大系数按 1.2 倍计算,重点市场潜在规模为 61.2 万亿—63.4 万亿元,相当于上文预估的 2025 年最终消费(87.8 万亿—97.9 万亿元,见图 8-4)的 65% 左右。假定其他因素不变,如果上述重点市场 60 万亿元左右的潜在规模都能转化成最终消费的话,那么将为未来五年实现 5.5% 的 GDP 实际增速提供一定支撑。

五、加快促进形成强大国内市场的重点任务

当前和未来一段时期,围绕供给侧结构性改革"巩固、增强、提升、循环"八字方针,加快推进市场化改革,促进现代市场体系建设和推进制度型开放,激发市场活力,提升市场创造力,释放市场发展潜力,尽快实现市场要素的空间畅通、市场主体的竞争畅通、市场机制的供需畅通、市场规则的内外畅通,在良性循环和供需动态平衡中,充分发挥超大市场规模和统一市场优势,形成支撑国民经济高质量发展和整体水平跃升的巨大势能,构建以强大国内市场整合国际市场资源的战略平台。为此,提出六个方面重点任务和相应的 20 条路径措施。

（一）优化需求结构和激发内需新增长点,将巨大潜力变成现实

内需市场是确保经济平稳增长的"压舱石"。将巨大内需潜力变成实际需求,这是促进形成强大国内市场的首要任务和主要抓手。

1. 稳住重点内需市场,促进消费结构和品质升级

坚持"房住不炒"和因城施策,强化住房保障制度建设,推动房地产"去泡沫化",进而有序推动经济"去房地产化"。健全多元化住房供应保障体系,繁荣发展国内住房租赁市场。推动汽车、家电等传统消费朝着高端化、智能化、网联化、共享化加快品质升级。大力倡导以租代购、绿色安全共享的消费新理念与新模式。显著增加高品质、绿色、安全供给,消除国内外市场不合理价差,加速吸引高端消费回流。充分挖掘"下沉市场"的内需潜能,促进三、四、五线和农村家庭的消费普及与扩容提质。

2. 顺应服务消费占比扩大的升级趋势,推动服务消费成为发展新支柱

全面放开信息、医疗、教育、育幼、养老、家政、文化、旅游等市场准入,取准入前许可,对所有市场主体"非禁即入",大力培育消费新热点和新支柱。向高收入国家消费档次和服务品质看齐,培育本土高端消费品牌,以创新引领和

高品质服务打出国际知名度。加快消费信贷产品和服务模式创新,不断提升消费金融服务水平。发展更好保障消费者权益的新型消保组织和维权机制,融通各类消费与信用大数据平台,重点治理消费品后服务市场秩序与滥收费问题。强化对家政、养老、育幼等服务从业者的专业培训、中介服务平台的信用监测。

3. 提升居民收入、优化税收调节增强消费能力

优化收入分配结构,重点扩大中等收入群体规模和实际消费能力。稳步提高低收入人群最低工资标准,多渠道确保农民增收,确保城乡低收入家庭购买力有实质性上升。推动城乡公共服务均等化,消除居民家庭消费升级的后顾之忧,推动城乡居民家庭从生存型消费全面转向发展型消费。加快消费税立法进程,对照商品和服务消费明确分类标准与相应税则,完善个人所得税专项附加扣除政策,适时扩大扣除范围。

(二)提升产业链水平,确保供应链安全,增进供需动态匹配度

以国内市场规模优势促进和夯实技术优势,将我国超大市场规模转化为全球最大的新技术、新产品、新模式试验场与产业化平台,着力畅通国内市场与生产主体之间的循环。

1. 打造顺应消费升级的全产业链和多层次市场体系

实施重要中间投入品供应安全保障行动,摸底排查5G、人工智能、工业互联网、物联网相关的工业设计软件、关键设备、原材料、核心部件等的市场断供风险,重点关注海外供应来源单一、对外依存度高的中间投入品和辅助工具,针对性制定拓展进口来源或实施进口替代的方案与步骤。开展重要工业软件自主研发和替代行动,组织相关机构和企业联合攻关严重依赖海外授权的芯片设计、三维设计和自动化设计软件,制定替代方案,利用庞大国内市场,尽快培育功能性、安全性和可靠性都强的工业设计软件自主开发平台。开展品牌重大装备全球市场提升行动,引导要素和资源向重大装备制造业集聚,强化系统协同创新,加强关键和核心技术攻关,强化知识产权保护和标准化工作,明

确支持首台（套）示范应用的举措。

2. 推动人工智能+5G+物联网实现市场融合创新

重点实施"5G 中国"战略。建设全球领先的新一代 5G 大型通信网络，争取掌握全球 5G 网络标准建构权，突破一批反映消费新趋势的核心、关键及共性技术。加快折屏手机、VR/AR、汽车电子、高清屏显等 5G 终端自主研发和推广，力争 2025 年 5G 手机国内市场占有率超 40%，5G 活跃用户数达 4 亿人，领先于全球。推动重点行业"四化"升级工程，在全国工业领域掀起绿色化、高速化、智能化、品质化的"新四化"改造浪潮，重点推进 5G+高铁网、5G+特高压电网等大型技术网络"新四化"升级。拓展 5G+8K 视频检测、5G+AR 智能装配、远程控制、机器人管网巡检等工业互联网大市场，打造 5G+智能网联车、5G+智慧工厂、5G+智慧矿山等应用示范平台。

3. 向微笑曲线两端延伸服务市场，更好衔接新消费与新供给

打造高端、品牌化、国际化的专业性服务机构，推动生产性服务向价值链高端延伸，引导市场主体由销售产品、售后维修等低附加值服务向个性化定制、综合解决方案提供、智能信息服务等高附加值服务转型。健全完善研发设计、知识产权、科技成果检验、中介咨询、融资租赁等生产性服务市场体系，实现从研发到产业化到最终市场的有效衔接。在金融服务方面，建立健全无形资产抵押贷款机制，完善专利、技术、著作权、品牌等无形资产的知识产权评估制度。

（三）加快基础设施扩容提质增效，促进市场高效均衡发展

增强基础设施补短板的投资力度和有效性，推进既利当前又利长远的重大基础设施建设，夯实促进形成强大国内市场的基础。

1. 聚焦关键领域基础设施"补短板"

重点推进国家物流枢纽、都市圈交通网、陆海新通道、三峡新通道、川藏铁路、沿边公路等一批重大基础设施建设。加大脱贫攻坚、农村水利、生态环保、能源交通等与多层次市场发展相关的"补短板"基建投资。强化市政公用基

础设施与交通、能源、电力、水利等密切衔接,整体提升基础设施现代化水平。在长三角、港珠澳大湾区打造与世界级城市群相匹配的市政设施和商贸流通枢纽。强化中西部尤其是城乡结合部和农村商贸基础设施建设,打通区域、城乡间流通网络,加快集中式功能型市场平台建设。

2. 打造支撑万物互联的新型智能化基础设施网络

加快示范城市的组网进程,聚焦城市、县城及发达乡镇,建设数百万个宏基站和数千万个小基站,为 5G 应用提供额外的无线电频谱,确保关键网络设施不受制于人,为全国范围推广商用做好准备。加快与智能网联车、智能驾驶等新技术商用匹配的交通设施智能化改造进度。全面破除民间资本进入新型基建领域的障碍,完善向民间推介重点项目的长效机制,规范有序运行 PPP。

3. 推进非常规油气田开发,建设具有国际影响力的油气交易枢纽

加快四川盆地等页岩气项目建设进度,推动深海油气勘探开发和页岩油项目商业化,打造千万吨级非常规油气田,更好保障油气供应安全。发展定位明确且辐射广泛的新型油气资源交易平台,打造具有国际影响力的交易枢纽。充分发挥撮合交易、发现价格、传递信息、信用保障等交易枢纽功能,制定统一的交易规则和标准,强化油气期货与现货市场的联通性,谋求与需求大国和进口大国相称的国际影响力和定价权。

(四)健全现代市场体系,夯实竞争政策基础性地位,提升制度规则完备性

加快推动营商环境、市场监管、竞争政策执法迈向世界一流水平,这是促进形成强大国内市场的重要体制保障。

1. 确立全国统一的市场准入体系,塑造高标准可预期营商环境

落实全国市场准入负面清单制度和年度调整机制,强化负面清单制度的权威性和有效性。通过统一编码,增强其与审批清单和权责清单的衔接,确保准入规则一致性。在取消养老等服务市场准入前许可的基础上,消除民办非企业与工商企业的"双轨"待遇,实现税收、用地、收费和购买服务一视同仁。

破除民营机构在竞争性领域开展连锁经营与自愿退出的限制,鼓励"下沉"三、四、五线和县乡广泛开展业务。

2. 以公平竞争审查和反垄断执法为重点打造公平竞争环境

强化竞争倡导,推动公平竞争理念根植人心,全面提升竞争政策实施的统一性、独立性、专业性和权威性,防止各类有违公平竞争规则的经济政策出台。针对知识产权等特定问题、网络经济、平台共享经济等新形态等,加快制订执法指南,以规范执法推动普法。完善竞争性市场结构,避免独占或寡占,防止集中度过高导致的串谋涨价、囤积居奇、断供等垄断和不正当竞争行为。大力惩处滥用行政权力排除或限制竞争的行为,尤其是规范集中采购、公共工程招投标中的不公行为。

3. 健全与国际接轨的市场标准组织和管理体制

大幅减少政府针对产品性能和规格设置的具体参数,增加保障人身健康和生命安全的强制性标准,争取在未来5—8年把安全类标准占比提升至30%以上。重点是建立健全智能化领域的标准体系,支持头部企业参与制定国家标准,组建相关协会或产业联盟,在整合资源、完善供应链、提供咨询与培训方面发挥更大作用。完善全国统一的标准化信息平台,汇集国家、地方标准信息,提供一站式查询和甄别服务。基于全国组织代码信息,建设商品、服务标准化信息公示系统,为消费者自由选择、自主维权创造条件。

4. 建设覆盖全过程的现代化市场监管体系

完善重点商品和服务的安全监管标准,强化源头可溯、全流程控制,将不安全风险降至零,严厉惩治并终身禁入不安全责任主体。建立与国际接轨的公共安全风险评估与应急处置机制,整合各部门资源,提高监管执法及时性与有效性。引导企业主动披露社会责任信息,鼓励上市企业编制社会责任报告,将消费保护、质量安全、环保等纳入强制信息披露范围。适应人工智能+5G+物联网市场跨界融合的新特征,建设包容审慎监管新机制,稳步扩大智能网联车、智能驾驶路测牌照发放范围,在普及基础较好的城市推进真实场景规模化商用。强化服务质量诚信体系建设,鼓励生产企业与地方政府联合建立售后服务企业黑名单并实现全国联网,明示消费者,严惩服务质量低下和涉嫌欺诈的行为。建立旅游失序城市和景区的全国性黑名单,强化属地监管责任,杜绝强制消费等不正当竞争行为。

(五)完善现代产权制度,推动要素市场化改革,提高市场配置效率

解除直接干预、破除隐性壁垒,实现确权"到位"、放活"到位",努力把生产要素配置到边际回报最高的领域,为促进形成强大国内市场提供"源头活水"。

1. 明确产权归属,促进产权有效交易

清晰界定全部国土空间的各类自然资源产权归属,任何产权变动、限制或剥夺都需经过法定程序和合法方式。完善产权交易制度,建立资产评估准确、交易过程透明、价格合理、资金保障到位的交易运行机制,确保产权各类权能的所有者都能获得正当交易收益。健全自然资源有偿使用制度,完善市场价格形成机制,让各类资源真正转为可流动、可交易、有交易价值属性的资产。

2. 创新发展混合所有制经济,保障合法权益严惩侵权

坚持和完善基本经济制度,优化国有经济布局,做强做优国有资本的同时,激发社会资本通过控股、参股、交叉持股等方式实现产权深度融合。依法保护企业家财产权和创新权益,重点整治公共部门违法侵占、扣押、冻结企业财产的行为,严格限定以公共安全和公共利益之名征收征用私人合法财产的范围。强化知识产权保护,大幅提高针对侵权行为的法定赔偿标准,确立惩罚性赔偿制度。健全知识产权海外维权保障机制,督促我国企业严格自律,帮助其提升海外维权能力。

3. 理顺要素价格形成机制,确立真正体现稀缺性的价格体系

在竞争性领域,确保自主定价,杜绝政府对企业定价行为的直接干预,纠正以补贴、配额等方式扭曲价格的干预行为。避免特定要素领域一家独大或少数企业掌控市场,防止集中度过高导致的不正当竞争。进一步推动电力、石油、天然气市场化改革,必须实施政府定价的少数自然垄断环节,确立现代化

价格监管机制,提高定价科学性与透明度。

4. 打造区域要素资源交易共同市场

打破区域封锁,消除地域歧视,限制各种阻碍要素跨区域流动的政策出台,推动要素在更多市场主体之间、更大范围内合理配置。推广长三角、珠三角等区域促进要素资源一体化、建立要素资源共同市场的成熟经验,加快发展布局科学、辐射广的新型交易平台,完善统一的交易规则和服务标准。吸引更多市场主体、主管部门和各地公共资源交易平台参与多层次要素资源共同市场建设,鼓励交易主体跨区域自主选择市场平台,激发市场活跃度和保障交易有效性。

(六)促进内外市场和规则融通,增强国内市场的全球影响力和吸引力

培育一批具有全球资源配置能力的骨干企业,积极融入并维护现有国际秩序规则,充分拓展国内市场发展的外部空间,构建以强大国内市场整合国际市场资源的战略平台。

1. 提高市场双向开放水平,扩大国际规则制订中的制度性话语权

加快国内服务业市场的双向开放,不断提升我国 FTA(自由贸易协定)的范围、数量和质量,鼓励国内企业加快"走出去",塑造高质量和高水平市场双向开放新格局。进一步完善外资准入负面清单及鼓励外商投资产业目录,在服务业、制造业、采矿业、农业推出新的开放举措,在更多领域允许外资控股或独资经营,协同优化准入前和准入后国民待遇相关制度。大力推进共建"一带一路",构建更广泛的国际商业合作网络和更高标准的合作模式。积极参与全球治理,以维护我国核心利益为目标,联合有利益交集的国家,适当关照战略竞争对手关切,主动参与国际规则调整,争取主动权和话语权。积极推动WTO 改革,巩固和扩大全球化成果,加强"一带一路"建设的规则设计,使之成为现有国际经贸规则的有益补充。

2. 深化国资管理体制改革,适应并引领国际公共机构治理规则变革

加快对接国际组织关于公共机构的惯例,在经济政策制订中落实竞争中性原则,淡化国企经营活动中的行政色彩以及"走出去"时的所有制属性,在推动国有资本管理更加法治化和市场化的前提下,引导国际社会和国际组织在对我国国有企业认定中客观行事,在国际组织、多边论坛中阐述和解释中国关于公共实体的立场,力争让新的国际经贸规则更多吸纳我国关于竞争中性的相关主张。

3. 加快制定和落实相关法律法规,强化国内外规则的统筹衔接

积极推进产业补贴相关的立法工作,通过"产业政策法治"明确政府补贴制度设计的目标,通过"财政法治"提升政府补贴的公平与效率,并通过"竞争法治"确保政府补贴的公平,完善对政府补贴的公平竞争审查机制。进一步完善《外商投资法》及相应制度,将近期国际关于知识产权和环境保护等方面的升级版内容增补进外资管理相关办法中,持续营造符合国际惯例和通则的营商环境。健全完善国家安全审查制度等规则体系,在提升国内市场全球吸引力的同时,确保国家安全和核心利益不受侵犯。

（执笔人：臧跃茹、郭丽岩、曾铮、徐鹏、周适等）

第九章 推动外贸高质量发展研究

中国特色社会主义和我国经济社会进入新时代,高质量发展成为今后一段时期的根本要求和科学遵循。外贸作为当前我国参与全球价值链分工、扩大国际影响力的主渠道,在优化产业结构、促进经济发展、满足人民美好生活需要等方面发挥着不可或缺的重要作用。在国际国内大发展大变革大调整背景下,系统研究外贸高质量发展相关问题,特别是创造性构建外贸高质量发展的指标体系,对于贯彻落实党中央国务院最新精神要求、推进开放型经济体制改革创新以及指导相关部门下一步开展工作均具有重大现实意义。研究在重点考虑全球贸易影响力、对外贸易竞争力、外贸体制先进性、对外贸易协调性等四大因素的基础上,建立了包括商品贸易额占全球贸易额的比重、服务贸易占全球服务贸易额的比重、单位出口增加值、全球品牌 500 强企业数量、跨境电商贸易额占总贸易额比重、平均最惠国关税水平、商品贸易平衡程度以及西部地区对外贸易占全国比重等在内的十三大指标体系,并以 2017 年为基点,面向 2025 年进行了情景分析和政策模拟,并提出了相应的政策保障。

一、新时期推动外贸高质量发展的现实背景

(一)外贸高质量发展的内涵特征

当前,我国经济已由高速增长阶段转向高质量发展阶段,推动外贸发展尽快实现质量变革、效率变革和动力变革是当前我国构建高水平开放型经济新

体系的重点任务。研究认为,外贸高质量发展是能够很好满足人民日益增长的美好生活的需要,是体现新发展理念的需要,是创新成为第一动力、协调成为内生特点、绿色成为普遍形态、开放成为必由之路、共享成为根本目的的发展,是从"有没有"转向"好不好"的发展。外贸高质量发展内涵特征是一个值得深入探讨的命题,研究认为至少包括如下四方面内涵:一是外贸高质量发展更加注重对外贸易整体竞争力的提升;二是外贸高质量发展更加注重对外贸易国际影响力的增强;三是外贸高质量发展更加注重对外贸易发展空间的协调;四是外贸高质量发展更加注重对外贸易体制机制的优化。

(二)推动外贸高质量发展的现实背景分析

改革开放 40 年以来,我国对外贸易发展取得了举世瞩目的伟大成就,对于推动经济社会发展、提高国家综合实力和影响力以及加强与世界经济深度融合发挥了不可取代的重要作用。近年来,我国以推动外贸高质量发展为目标,不断优化国际市场布局、国内区域布局、市场经营主体、外贸商品结构以及外贸国进出口方式,逐渐形成一般贸易、加工贸易、服务贸易等三套管理体系,与跨境电子商务、市场采购贸易和外贸综合服务企业等三大新业态相适应的管理体制和促进和服务政策也不断成型。特别是本届政府以来,我国外贸管理体制进行了重大改革,在与国际规则接轨方面走在前列,基本形成全面系统、有利于提升外贸质量效益和可持续发展的新机制新体制。

二、当前推动外贸高质量发展挑战和机遇并存

当前世界面临百年未有之大变局,国际经济环境正在发生重大而深刻变化,推动外贸高质量发展面临着诸多不确定因素,但也蕴含许多有利条件。

(一)当前推动外贸高质量发展面临的主要挑战

一是美国等发达经济体遏制我国外贸发展呈现长期化趋势。双边层面,

美国通过经贸磋商,在技术转让、知识产权保护、非关税措施、服务业开放、农业开放等领域对我提出结构性改革要求,而且坚持建立实施机制,甚至不惜采用大幅加征关税的极限施压方式逼我国让步。区域层面,美墨加达成新的贸易协定,CPTPP、欧日EPA相继实施,标志着新一轮经济全球化的"发达经济体方案"基本成型,这套方案以规则的"高标准广覆盖"为主要特征:一方面推进"高标准"贸易投资自由化,实现95%—99%的产品零关税,农业、汽车等敏感领域开放力度较大,大幅削减投资市场准入的各种壁垒,贸易投资自由化远远超出WTO水平,朝着"零关税、零壁垒、零补贴"的最高标准看齐;另一方面推进关键边境后规则"广覆盖",不仅包括WTO及区域贸易协定通常涉及的货物贸易、服务贸易等传统议题,而且包括劳工、国有企业、环境、竞争政策、电子商务、中小企业、监管合作、透明度等"21世纪新议题",广泛涉及各国"边境后"的国内规制统一。目前,在美欧日大力推动下,这套"发达经济体方案"正在产生越来越大影响力,一旦成为国际经贸规则主流,我国若不跟随则有被边缘化的风险,若跟随则面临国内体制机制调整的巨大压力,对我国扩大出口的负面影响同样不容忽视。

二是我国产业发展面临发达国家和发展中国家的"双重挤压"。发达经济体更加重视发展先进制造业,加大工业4.0、工业互联网等战略投入,力图抢占第四次工业革命制高点,对我国在5G、新一代人工智能等领域的赶超存在不同程度的疑虑乃至敌视。特别是美国鼓励制造业回流,通过技术遏制与封锁,意图压缩我国高技术产业发展空间。另一方面,东南亚、南亚发展中国家正在以更低成本优势积极吸纳国际制造业转移。美国对我国出口商品加征关税持续升级,对于多数劳动密集型出口企业而言,25%的关税税率将导致其无力弥补亏损。在此情形下,以美国为主要市场的纺织品、服装等传统劳动密集型产业,以及手机、平板电脑等电子信息产业的劳动密集型环节,都可能加快向东南亚、南亚转移,以降低人工成本和避开美国25%的高关税壁垒,我国将面临产业链外迁加速的严峻形势。这种"前堵后追"的产业竞争态势,使我国依靠国际资源和市场发展先进制造业的模式遇到障碍,也使依靠低要素成本、外需拉动和粗放发展的模式更加难以为继,给我国带来依靠强大国内市场加快产业迈向中高端的倒逼压力。

三是我国外贸竞争优势已出现"青黄不接"现象。过去很长时期,我国经济呈现"高投入、高消耗、高污染、低效益"的粗放式特征,资源环境承载力一度逼近极限。十八大以来,我国空前重视生态文明建设,大力推进经济发展方式转变,绿色发展成为我国经济发展新特征,碳排放强度等指标持续下降,生态环境恶化趋势得到缓解。但必须看到,转变经济发展方式仍然在路上,部分地区尚未完全摆脱对传统粗放式发展路径的依赖,大量中小企业尚未真正形成绿色化的新型经营发展模式,我国经济发展仍然面临较强生态环境约束。同时,我国经济仍然保持中高速增长,碳排放总量呈现上升趋势,仍未达到峰值。国际知名研究机构 Carbon Brief 最新统计显示,2018 年虽然我国碳排放强度下降4%,但排放总量达到 100 亿吨,仍居世界第一位,增速也高于 2%的全球平均水平。这与生态文明建设的理念和要求并不完全适应,也不能满足人民群众对生态产品、生态服务越来越高的需求和期待,对我国进一步加快外贸发展步伐形成倒逼压力。

(二)推动外贸高质量发展面临的机遇

一是与"一带一路"等国的新型互补内生关系正在形成。我国丰富的产能、比较充裕的资本和先进适用的技术,与"一带一路"、非洲、拉美等多数发展中国家工业化和城镇化的旺盛需求形成明显互补。特别是我国在高速铁路、轨道交通、工程机械、5G 等领域处于全球并跑领跑地位,与发展中国家的基础设施互联互通和产能合作前景广阔。比如,中车集团正在加速海外布局,海外销售额占比将从目前的 8%提高到 25%。全球 56 个国家布局 5G,其中 25 个国家与华为公司合作,包括东南亚、西亚和东欧的多个新兴经济体。这种互补关系,为我国加快装备、技术、标准和服务走出去,更好地利用国际市场提升我国企业的全球价值链位势,提供了有利条件。

二是自主创新能力明显提高,跻身全球最具创新力经济体 20 强。改革开放 40 年来,我国的科技创新能力已经有了较大提升,特别是应用创新、集成创新以及少数领域的原始创新能力已经达到全球先进水平,积累了全球规模最大、质量较高的创新专业人才队伍。世界知识产权组织公布的《全球创新指数 2018》显示,我国创新能力已经居全球第 17 位,理工科人才储备、专利数量、高技术产品出口等重要指标均已达到世界先进水平。在全球创新链条中,虽然我国尚未完全进入原始创意提出以及原始创意初步成果转化等创新含量最高的环节,但凭借技术人才规模优势和庞大市场潜力优势,我国已经在创新成果大规模产业化环节取得明显成就,在全球创新合作中的地位已经难以撼动。这为我国提高在全球价值链中的位势,扩大自有品牌、自主知识产权产品出口,提高外贸高质量和高效益提供了坚实保障。

三是全球经济治理体系处于重要变革期,为我国提升制度性话语权带来有利条件。在国际货币体系方面,我国经济发展水平日益提高客观上将提升人民币的国际影响力,也有助于进一步提升我国在国际货币基金组织中的话语权,推动国际货币体系更好地为防范金融危机、促进包容性增长服务。在新型经贸合作方面,我国在跨境电子商务等数字贸易领域已经居于世界前列,完全有能力就数字基础设施建设、数字化商品贸易通关规则以及数据跨境流动等问题提出符合多数国家利益的方案,在"一带一路"倡议框架下也完全可以就跨境基础设施建设融资等现行全球经济治理体系相对空白的领域提出富有建设性的方案。更为重要的是,随着我国持续深化改革、扩大开放,我国在"边境后"规则领域与美西方求同存异的空间在扩大。我国完全有能力在借鉴发达国家"边境后"规则成功经验基础上,立足国情、团结绝大多数经济体,共同构建较发达国家规则更为公平合理的国际经贸规则体系,大幅提升我国在全球经济治理中的影响力。

四是经济全球化符合多数国家的根本利益、符合人类开放融合的历史方向,是不可逆转的历史大势。贸易保护主义虽然呈抬头之势,但从中长期看,经济全球化是市场经济条件下资本全球逐利的必然产物,是科技进步的必然结果,也是世界经济增长的强大动力,既符合经济规律又符合各方利益,不会因暂时困难而根本逆转,我国外贸高质量发展具有广阔的市场发展空间。

(三)正确认识中美经贸摩擦对我国外贸高质量发展的影响

短期来看,中美经贸摩擦对我国外贸高质量发展的负面冲击不容忽视。当前中美贸易争端呈现出长期化态势,且在关税领域的争端只是"冰山一角",真实争端涵盖诸多"边境后"经济政策乃至科技、军事、外交等非经济领域。从近期美欧日三方的贸易部长声明以及最新签署的美加墨新版贸易协定(USMCA)相关条款来看,发达经济体之间内部虽然也存在诸多贸易争端,但在产业政策、国有企业、补贴政策等诸多涉及我方底线问题上立场基本一致,均对我国现行政策持反对态度,印度、墨西哥、巴西等新兴经济体对此立场也较为暧昧。虽然欧盟、日本、加拿大等发达经济体乃至部分新兴经济体受自身经济实力、内部立场分歧以及和我国共同利益较大等因素影响,基本上不会效仿美国对我国发起贸易争端,但在全球经贸规则制定话语权争夺中持相对偏向美方立场的可能性很大。若最终美方在全球经贸规则制定中取得相对优势地位,我国扩大市场份额将面临双重困境:若我国坚持自身特色优势坚决反对美方规则,则有可能面临更多边境后甚至边境壁垒,且由于美方部分规则也存在一定的合理性,也可能影响深化改革扩大开放的重大战略部署;若我国基本遵循美方规则,虽然在某些领域客观上也有利于我国深化改革扩大开放,但在相当程度上削弱了我国外贸竞争力,甚至在部分敏感问题上需要进行较大政策调整,带来较大经济乃至其他领域的风险。

但从中长期来看,中美贸易争端对我国出口市场份额的直接影响将呈现倒"U"形趋势,不会成为制约我国外贸高质量发展的关键因素。美国提升对我国出口商品的关税税率必然会直接影响我国出口商品在美的竞争力,从而影响我国在美市场份额和我国占全球市场份额。然而,对这种直接影响应正确看待。在开始阶段(2020年之前),由于我国对美出口的相当一部分产品,特别是自机电产品在短期内很难被其他经济体替代,如美国高盛报告称即便是在纺织服装和手机等行业,美国将所有在华价值链环节迁移回到美国或其他国家也需要 3 年左右的时间,因此短期之内美国所征收的关税相当一部分将由我国出口企业和美国进口商通过协商共同承受,对我国对美出口的影响并不特别明显。但要看到,从中期看,我国对美出口商品的比较优势主要在于集成创新和配套产业集群导致的供应能力,在核心技术上处于垄断不可替代地位的商品非常少,因此随着时间的推移,美国以及欧盟、东盟、墨西哥、加拿大、印度等经济体完全可以逐步替代我国出口商品,届时我国在美市场份额所受影响将达到最大值。测算表明,若美国对我国出口商品全面征收 25% 的关税,届时我国对美出口最高可能下降 40% 以上,导致我国占全球出口份额下降 1 个百分点左右。但从长期看,美国占全球市场份额的比重将呈现下降态势,只要我国出口商品竞争力呈现持续上升态势,我国完全可以通过扩大在非美国市场的占有率来对冲美国市场占有率下降的影响。

三、推动外贸高质量发展的必要性和紧迫性分析
——基于全球价值链分析方法对我国外贸竞争优势的国际比较

(一)从单位出口所创造的增加值来看,我国在全球价值链中相关生产制造环节的层次在持续上升之中,但相较美国等发达经济体仍有明显差距

研究表明,我国单位出口增加值呈现明显增长态势,但美国同期单位出口增加值也呈现上升态势,且增长幅度甚至超过我国。与欧盟、日本相比,我国单位出口增加值也同样存在明显差距。需要重点说明的是,在技术含量高的机械、电子、IT 等行业,我国单位出口增加值和美、欧、日的差距更大。如仪器仪表制造业和计算机通信设备制造业和电气机械制造业,美国对华单位出口所创造的国内增加值基本上在 0.85—0.9 之间,而在这两个行业我国对美国单位出口的国内增加值仅为 0.5 左右,虽然和金融危机之前的 0.35 左右相比有明显上升,但和美国的差距仍然明显。但也要说明指出,随着我国整体产业

竞争力和技术水平的提升,在通用专用设备制造业、交通运输设备制造业等一些高技术行业,我国单位出口增加值已经达到了 0.7 以上,和美国的差距已经明显缩小。

表 9-1　我国和美、欧、日双边贸易单位增加值对比

	中国对美出口	美国对华出口	中国对欧盟出口	欧盟对华出口	中国对日本出口	日本对华出口
2012	0.618	0.785	0.661	0.768	0.608	0.786
2013	0.625	0.785	0.673	0.767	0.615	0.784
2014	0.628	0.818	0.679	0.814	0.617	0.760
2015	0.645	0.818	0.684	0.814	0.621	0.762
2016	0.646	0.814	0.685	0.813	0.627	0.764

资料来源:商务部全球价值链数据库。

(二)从整体和典型性行业具体制造价值链环节的位置看,我国已经逐渐转向较高附加值的中间产品制造环节,但和发达经济体仍然有很大差距

一是从整体上看,中国在全球价值链上正在由消费品生产为主转向中间产品和资本品的生产为主。我国在大多数中间产品,特别是零部件类的中间产品的比较劣势明显下降,如在资本品零部件的 TC 指数由 2002 年的-0.258上升到 2015 年的-0.132,在交通运输设备零部件的 TC 指数更是上升到 2015年的 0.232,这说明我国企业更多地出口相关的中间产品而非进口。而在绝大多数消费品中,我国的比较优势虽然一直维持在较高水平,但整体呈现下降趋势,其中易耗消费品等技术含量较低的劳动密集型产品下降得较为明显。

二是在 IT 行业,我国在终端产品制造领域的优势仍在持续,并向更高附加值的中间产品环节延伸。IT 行业价值链制造环节的简单示意图如图 9-1所示。虽然近年来我国的劳动力、土地等生产要素成本有所上升,但 2015 年我国在笔记本电脑和智能手机这两个最终产品的劳动密集型加工制造环节仍

然处于绝对优势地位,其贸易竞争力指数超过0.95。同时,我国已经逐渐爬升至第1层级的中间产品生产制造环节。在液晶显示器、键盘、鼠标、CPU等核心部件领域,整体上我国的TC指数呈现上升态势,且大多数产品均在0—0.5之间。这说明我国已经在这一层级已处于产业内分工,但比较优势尚不明显。同时,我国正在努力向第2层级的元器件领域爬升过程中,但整体上看在这一层级的位置尚不巩固。

表9-2　基于BEC分类的我国对外贸易17类产品的TC指数

SNA代码	BEC商品分类名称	2002	2007	2015
中间品	初级食品和饮料,主要用于工业生产	-0.485	-0.713	-0.886
	加工后的食品和饮料,主要用于工业生产	-0.757	-0.784	-0.806
	初级工业原料	-0.548	-0.873	-0.919
	加工后工业原料	-0.212	0.076	0.095
	初级能源	-0.524	-0.861	-0.965
	加工后能源	-0.074	0.02	-0.621
	资本品的各种零部件(不包括交通运输设备)	-0.258	-0.198	-0.132
	交通运输设备的各种零部件	-0.001	0.224	0.232
资本品	资本品(不包括交通运输设备)	0.019	0.317	0.395
	工业化生产的交通运输设备(不包括载客汽车)	0.08	0.395	0.51
消费品	初级食品和饮料,主要用于消费	0.565	0.495	0.294
	加工后的食品和饮料,主要用于消费	0.542	0.477	0.282
	非工业化生产的交通运输设备(不包括载客汽车)	0.976	0.974	0.916
	耐用消费品	0.909	0.854	0.787
	半耐用消费品	0.916	0.891	0.889
	易耗消费品	0.715	0.749	0.587
	载客汽车	-0.975	-0.646	-0.828

资料来源:作者测算。

　　三是我国在汽车行业的价值链中所处地位相对IT行业较低。首先,我国

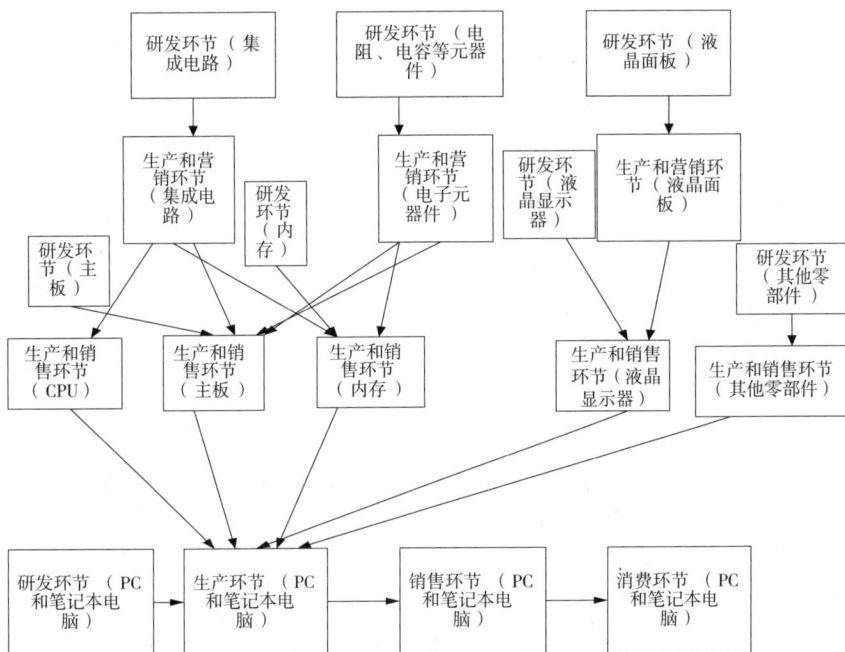

图9-1 PC和笔记本电脑价值链示意图

资料来源:作者整理。

尚未处于轿车价值链中较为核心的中间产品生产环节。发动机、变速箱等中间产品是轿车价值链中较为关键、直接影响轿车性能的产品。我国在这些产品的 TC 指数明显偏低,整体上大部分依赖进口。同时,在同样技术含量较高的整车组装和生产环节,我国同样处于明显的劣势地位。与 PC 不同,汽车的整体设计和生产线组装在价值链中同样处于极为重要的环节,其技术含量相当之高。而我国在这个环节并不占优势,虽然大量合资企业和本土企业在国内建立了相当多数量的汽车生产基地,但相当一部分轿车仍然依赖进口。

(三)在品牌、营销、研发的全球价值链的服务环节,我国在全球经贸合作中层次也在上升之中,但和美国等发达经济体差距相较生产制造环节更大

单位出口增加值能够在一定程度上反映我国在全球价值链的生产以及部

分研发环节所处的地位①,但较难反映各国依靠对最终产品的研发设计、品牌营造、专业服务等在最终消费环节所获取的增值部分。其原因在于,在实际经济运行中,大型跨国公司的利润并不仅仅在于生产高附加值的零部件环节,而在于凭借其在研发、设计、渠道掌控方面的优势,导致商品在从进口商到消费者的流通环节存在巨大的增值。

由于研究方法和数据可得性的限制,目前只有部分学者选择 1—2 种代表性产品对各国在相关服务环节所处位势进行了研究。如 Jason Dedrick(2012)的一项研究表明,虽然 iPod 的所有中间产品生产和组装环节均不由苹果公司,甚至不在美国完成(如存储器为东芝生产,内存为三星生产),但苹果公司基于自身的研发实力和品牌价值,所获得的利益占 iPod 最终零售价(299 美元)的 25%,而日本公司仅占 9%,韩国公司不到 1%。此外,营销环节所获得的价值占 iPod 最终零售价的比重也高达 25%。对我国联想笔记本电脑的研究也能得到类似的结论。虽然我国联想笔记本电脑的绝大部分中间产品同样由日本、韩国乃至我国台湾企业生产,联想公司基于其笔记本的设计理念和品牌价值,所获得的利益占联想笔记本最终零售价(1479 美元)的 15%,同时营销和零售环节所获取的利益则占到最终零售价的25%,而日本虽然承担了联想笔记本内存、硬盘等多个高附加值中间产品的生产环节,但所获取的利益仅占最终零售价的 5.5%。

本研究运用一种相对粗略的方法对我国在最终产品研发设计、专业服务、品牌营造等流通相关环节所处层次进行衡量。从企业发展经验看,一个知名品牌实际上是在研发、销售、设计等多种服务环节综合比较优势的结果。因此企业品牌的价值排名可以在一定程度上反映在价值链两端服务环节所处位置情况。因此,可以运用国际上较为权威的世界品牌实验室所公布的全球品牌500 强中各国企业数量对我国在全球价值链中国所处层次进行分析,结果如表 9-3 所示。可以看出,我国在全球品牌 500 强中上榜企业数量不断上升,2017 年已经和日本基本持平,但距离美国的差距还十分巨大。同时,我国上

---

① 很多零部件的研发投入会计入最终产品的单位出口增加值。

榜企业中大部分为金融、能源等领域的大型央企,在制造和技术服务领域具有较高品牌价值的企业只有腾讯、海尔、华为、联想、百度、长虹、青岛啤酒、中车、茅台、五粮液等10家,而美国入选榜单多为谷歌、苹果、脸书、通用、宝洁、联合利华、波音、强生等企业,绝大部分位于制造和技术服务领域,而日本也主要集中于丰田、佳能等消费品制造领域。

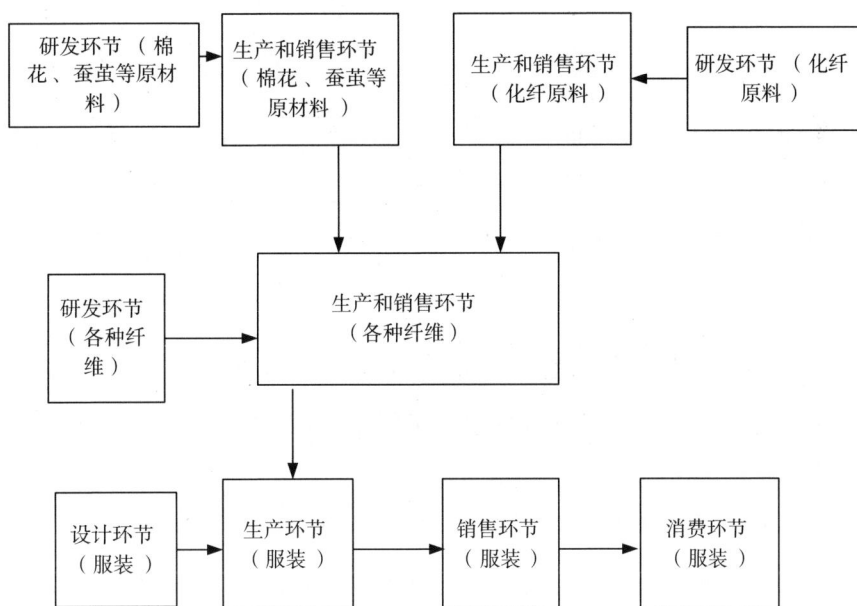

图9-2　服装价值链示意图①

对于具体行业的分析也能够证明这一点。如在纺织服装行业中,服装的设计和品牌构建环节的附加值远远高于服装的制造。为此,笔者对全球和我国知名服装品牌的情况进行了梳理,结果表明,在全球和亚洲最知名的50个服装品牌中,没有1个中国品牌;而在我国本土公众认可度中,欧美高档服装品牌的价值也远高于本土品牌。因此,我国在服装行业的设计以及营销网络、品牌构建等环节的地位还很弱。再如在IT行业中,我国目前已经在液晶面板等关键零部件领域取得了明显优势,同时也在智能手机等初步建立了自己的

① 为简便起见,此处只列出了几种主要的服装价值链配件。

品牌体系,其所处地位要明显高于纺织服装行业。但我国在智能手机领域的品牌价值和苹果、三星仍然有明显的差距。

表9-3　中美日三国世界品牌500强企业数量对比

	中国	美国	日本
2012	23	231	43
2013	25	232	41
2014	29	227	39
2015	31	228	37
2016	36	227	37
2017	37	233	38

资料来源:全球品牌500强数据库。

四、我国外贸高质量发展的指标体系构建和预期目标设定

分析发现,当前我国外贸综合竞争力与发达国家仍有显著差距。因此,加快培育外贸竞争新优势、推动外贸高质量发展具有现实紧迫性和特殊重要性。但是,外贸高质量发展不是自发的实现过程,需要构建并设计一套科学的评价考核指标体系作为"指挥棒"来引导全社会预期并指导相关部门开展相关具体工作。具体考虑如下:

(一)外贸高质量发展指标体系的主要考虑因素

因素一:全球贸易影响力

当前,我国经济进入高质量发展,对外贸易在规模上很难重现金融危机之前的大规模增长。然而,作为全球第二大经济体,我国必须对贸易保持较强的影响力,既便于充分利用"两个市场、两种资源",为我国经济发展创造一个有利的外部环境,也有利于我国推动构建人类命运共同体这一伟大实践。

因素二:对外贸易竞争力

在全球化深入发展的当今世界,各国均深度参与全球价值链分工,但各国的外贸竞争力存在差异,在全球价值链分工中所处的层次也不相同,有些经济体处于原始创新、技术研发等环节,有些经济体处于金融、贸易等高端服务环节,有些经济则处于高附加值的生产制造环节,也有经济体处于低附加值的生产加工组装环节。目前,我国经济已经进入高质量发展阶段,迫切要求在开放型全球经济体系内实现高层次的供求均衡,从而有效提升在全球经济合作中的位势。

因素三:外贸体制先进性

随着我国经济逐渐向高质量发展转变,我国和全球经济的合作深度和广度必将大幅度提升,无论是关税、市场准入等"边境上"体制机制的差异,还是知识产权、环境乃至产业政策"边境后"体制机制的差异均会对我国进一步深化对外贸易合作产生各种影响;随着我国经济在全球经济影响力的持续提升,发达经济体和新兴经济体在和我国开展经贸合作过程中对降低制度性成本的要求也会日益迫切。因此,积极和国际先进经贸规则"对标"并引领国际经贸规则向更加公平、合理、透明的方向发展,对于我国实现经济高质量发展和构建人类命运共同体的重要性未来将不断增强,成为提升我国对外开放水平的关键环节。

因素四:对外贸易协调性

改革开放初期,由于地理区位、要素禀赋等原因,我国重点推进东部地区,一些经济特区和国家级开发区成为我国发展外贸的主要平台,基本不需要考虑外贸的区域协调性问题。但随着我国经济进入高质量发展阶段,我国对外开放的不平衡性和不协调性日益突出。追求贸易顺差已经不是我国的主要目标,通过进出口协调发展推动经济高质量发展已成为对外贸易高质量发展的重要组成部分。西部地区的资源禀赋十分优越,但融入全球经济的程度远低于东部地区,在相当程度上制约了经济的发展;国家级开发区等传统开放平台亟待转型,自贸试验区、自由贸易港等新型开放平台在对外开放中的引领作用有待加强。加快提升西部地区对外开放水平,更加发挥好传统开放平台和新型开放平台在对外开放中的引领作用,最终实现更加协调、更加平衡的对外开放格局,是解决我国经济发展不平衡、不充分问题的重要抓手。

(二)外贸高质量发展的指标体系构建

1. 商品贸易额占全球贸易额的比重。商品贸易一直是各国参与全球分工和国际合作最为重要的方式。作为全球第二大经济体,实现高水平的对外开放必须保证在全球贸易中处于非常重要的位置。本研究将我国的商品贸易额占全球贸易额的比重作为衡量我国对全球贸易影响力的主要指标。测算方法为(出口额/全球出口额+进口额/全球进口额)/2。

2. 服务贸易占全球服务贸易额的比重。在技术进步和全球化深入发展的推动下,跨境服务贸易和直接投资面临的壁垒已经大幅度下降,全球服务贸易额占全球贸易额①的比重由本世纪前十年的20%左右上升到24%左右。最终这两个指标的测算方法分别为(服务贸易出口额/全球服务贸易出口额+服务贸易进口额/全球服务贸易进口额)/2。

3. 单位出口增加值。当前国际学术界的主流一般运用增加值贸易的方法衡量某一经济体在出口中所获取的实际收益。相较长期以来国内使用的高技术产品出口占总出口比重等指标,这一指标能够有效减少垂直专门化分工导致的"劳动密集型"高技术产品出口所带来的误差,更客观地反映各经济体在全球价值链中所处的位势。该指标的测算需要用到各年度的详细投入产出表以及对不同国家出口的详细数据②。

4. 全球品牌500强企业数量。运用一种相对粗略的方法对我国在最终产品研发设计、专业服务、品牌营造等流通相关环节所处层次进行衡量。从企

---

① 此处贸易额指商品贸易额和服务贸易额之和。
② 由于不同国际组织和经济体对于各国投入产出表的应用方式存在细微差异,因此不同国际组织对各国出口增加值的测算结果也有较小的差异。目前较为权威的数据来自OECD,涵盖了其成员国及中国等多个发展中经济体的数据,其他国家以"世界其他"进行粗略测算。

业发展经验看,一个知名品牌实际上是在研发、销售、设计等多种服务环节综合比较优势的结果。因此企业品牌的价值排名可以在一定程度上反映在价值链两端服务环节所处位置情况。

5. 中间品出口占比。该指标可以间接反映我国在全球价值链中所处地位,间接反映我国对外贸易的核心竞争力。

6. 跨境电商贸易额占总贸易额比重。该指标主要反映新型贸易方式的发展状况。

7. 服务贸易和商品贸易的比重。未来服务贸易在全球贸易中的比重会呈现持续上升趋势,本指标主要基于这一趋势反映对外贸易结构。

8. 服务贸易限制性指数。该指标同样针对欧美发达经济体的水平设定预期值。在我国成为社会主义现代化强国之后,我国的服务贸易开放程度(包括跨境服务、商业存在等)应该达到世界先进水平。

9. 平均最惠国关税水平。和服务贸易限制性指数相似,借鉴美日当前相关指标,将相关指标设定为 6.5%。

10. 贸易便利化指数。该指标由进口通关时间、出口通关时间、进口通关成本、出口通关成本等指标综合而成,反映贸易便利化的水平。

11. 商品贸易平衡程度。计算方法为商品贸易顺差(或逆差)和贸易额的比值。

12. 服务贸易平衡程度。计算方法为服务贸易顺差(或逆差)和贸易额的比值。

13. 西部地区对外贸易占全国比重。必须看到,西部地区和东部地区的发展模式在本质上存在差异,西部地区不可能完全成为依靠外需的经济发展高地,因此开放度难以达到金融危机前广东、江苏等的高水平。但必须看到,随着基础设施、营商环境的改善,西部地区提升外贸比重仍然有很大空间。

(三)外贸高质量发展指标体系的测算结果和 2025 年预期目标

一般对于对外贸易的目标值设计,学术界基本上采取运用两种方法:一种是基于计量经济学模型进行外推；另一种则是基于经济发展阶段的前景预判，参考现阶段和未来发展阶段相似的经济体水平进行推测。本文中所运用的指标创新程度较大，很多指标甚至没有足够的历史数据用来进行未来预测，因此本文主要采用第二种方法进行预测。外贸高质量发展的未来值设定原理如下：

1. 商品贸易额占全球贸易额的比重。目前我国商品贸易额占全球贸易额比重约在11%—12%之间波动。未来这一指标取决于两个变量：我国对外贸易增速和全球对外贸易增速。基于"两个百年"奋斗目标对我国经济总量和出口总量的要求，可以推算出2025年我国出口额至少应不低于3.3万亿美元。① 考虑到我国关税水平的下降将有效扩大进口，逐渐缩小贸易顺差，因此我国进口额增速要高于出口额增速，2025年我国进口额预计为3.15万亿美元。结合未来对外贸易额的估测，可以推算出未来我国出口份额仍有上升空间，2025年我国对外贸易占全球比重应不会低于13%，很有希望达到14%—15%甚至更高。而如果这一指标过低，将会严重影响"两个百年"奋斗目标的实现。因此，将12.5%作为预期值是较为合理的。

2. 服务贸易额占全球服务贸易额的比重。我国服务贸易额目前正处在高速增长时期，2018年我国服务贸易额同比增长15.2%（以美元计价），而全球服务贸易额一般增速在5%—10%之间，2017年为7.5%，我国服务贸易增速明显高于全球服务贸易额增速。考虑到未来5—10年间我国经济高质量发展会大力助推服务业发展，因此我国服务贸易额年均增长10%的趋势有望得以延续，据此2025年我国服务贸易额占全球比重有望超过8%，因此本文将这一指标的预期值设定为8%。

3. 单位出口增加值。本文主要按照当前美国情况进行推算。若我国基本上达到和美国相似的全球价值链中高端环节，我国单位出口增加值应和美国当前值差别不大。但由于该指标计算机理的原因，农产品单位出口增加值

---

① 此推算方法如下：基于"两个百年"奋斗目标，可推算2025年我国GDP规模，而大多数发达经济体出口占GDP比重在稳定范围之间（15%—25%）。取中间值20%，可得到出口额。具体测算过程此处不赘述。

会比较高(因为农产品出口基本不需要进口中间产品),而美国农产品相较我国的比较优势在未来 30 多年间预计会长期持续。据此,我国单位出口增加值很可能将稍低于美国水平,为此将 2025 年值设定为 0.75。

4. 全球品牌 500 强企业数量。该指标很难予以准确判断未来走势,故从我国经济发展需求,以及面临发达经济体竞争的角度来进行推测。预计随着我国经济质量的持续提升,该指标会有明显改善,预计能够在 2050 年左右接近美国水平。目前美国这一指标约为 200 多个,我国数量的上升会导致美国数量的下降,因此我国至少应在 2025 年为 50 个。

5. 中间品出口占比。我国中间品出口目前维持在 40%—50% 之间,随着我国往价值链高端环节的不断攀升,中间品出口占比有望进一步提高,设定 2025 年为 50%。

6. 跨境电商贸易额占总贸易额比重。近年来,跨境电商贸易作为贸易的一种新业态发展迅速,贸易规模和占总贸易额的比重都有快速提升,短期跨境电商贸易仍将保持较快的增长模式,考虑到其他贸易新业态的快速发展,设定 2025 年跨境电商贸易占比不低于 32% 的目标较为现实。

7. 服务贸易和商品贸易的比重。服务贸易在我国对外贸易总额中的比重与发达国家相比仍处于较低水平,2015 年以前我国服务贸易整体增速快于货物贸易,近几年受外部环境影响增速减慢,但始终保持正增长(货物贸易 2016 年和 2017 年为负增长),在我国外贸结构调整升级过程中,服务贸易在整体外贸中的重要性将不断提升,设定 2025 年服务贸易/货物贸易比值为不低于 0.20。

8. 服务贸易限制性指数。该指标同样针对欧美发达经济体的水平设定预期值,OECD 数据库中对 OECD 国家和部分非 OECD 国家的服务贸易各细项给出了限制性指数,使用算术平均值代表服务贸易限制性指数。在我国成为社会主义现代化强国之后,我国的服务贸易开放程度(包括跨境服务、商业存在等)应该达到世界先进水平。为此,参考当前美日的服务贸易限制性指数,将相关指标设定为不高于 0.4。

9. 平均最惠国关税水平。和服务贸易限制性指数相似,美国 2016、2017 年平均最惠国关税水平分别为 3.57% 和 3.96%,日本同期为 4.80% 和 4.99%,借鉴美日当前相关指标,我国平均最惠国关税水平预计将进一步下降,至 2025 年设定为不超过 6.5%,商品贸易自由化水平较现在将有明显提高。

10. 贸易便利化指数。《中国贸易便利化年度报告》自 2017 年起开始连续发布中国贸易便利化指数,随着我国贸易便利化硬件和软件设施的不断改善,设定 2025 年目标值为不低于 80 分。

11. 商品贸易平衡程度。近年来我国扩大进口各项政策力度较大,进口维持较快增速,货物贸易发展日趋平衡,按目前进出口增速估算,设定 2025 年货物贸易差额与货物贸易总值的比值不高于 5%。

12. 服务贸易平衡程度。我国服务贸易长期处于高额逆差状态,由于我国商业服务的国际竞争力仍较弱,服务逆差仍将是常态,但随着我国对服务贸易进出口结构的调整力度不断加大,设定 2025 年服务贸易差额与服务贸易总值的比值不低于 -25% 仍然是较容易实现的目标。

13. 西部地区对外贸易占全国比重。数据使用"按境内目的地和货源地进出口总额"美元计价口径。必须看到,西部地区和东部地区的发展模式在本质上存在差异,西部地区不可能完全成为依靠外需的经济发展高地,因此开放度难以达到金融危机前广东、江苏等的高水平。但必须看到,随着基础设施、营商环境的改善,西部地区努力承接东部产业转移,西部地区提升对外贸易占全国的比重仍有望进一步提高,2016—2018 年西部外贸占比年均增长 0.77 个百分点,按此增速推算,到 2025 年西部外贸占比将达到 13.5%,设定 2025 年不低于 12% 的目标是较容易实现的。

表 9-4　当前我国外贸高质量相关指标的初始值和未来设定值

	数据来源	2017	2025 年目标值
商品贸易额占全球贸易额的比重	Wind 数据库	11.49%	不低于 12.5%
服务贸易额占全球服务贸易额的比重	Wind 数据库	6.72%	不低于 8%

续表

	数据来源	2017	2025 年目标值
单位出口增加值	商务部全球价值链数据库	0.715	不低于 0.75
全球品牌 500 强企业数量	世界品牌实验室	37	不低于 50 家
中间品出口占比	联合国贸易数据库	43.39%	不低于 50%
跨境电商贸易额占总贸易额比重	海关总署	29.5%	不低于 32%
服务贸易和商品贸易的比重	Wind 数据库	0.17	不低于 0.20
服务贸易限制性指数	OECD①	0.432	不高于 0.4
平均最惠国关税水平②	WITS 数据库	11.01%	不高于 6.5%
贸易便利化指数	《中国贸易便利化年度报告》	73	高于 80 分
商品贸易平衡程度	Wind 数据库	10.22%	不高于 5%
服务贸易平衡程度	Wind 数据库	−34.43%	不低于−25%
西部地区对外贸易占全国比重	国家统计局	7.37%	不低于 12%

五、基于现有指标体系面向 2025 年的
我国外贸高质量发展情景分析

为了更好刻画面向 2025 年我国外贸高质量发展的差异化情景,研究设定悲观、中性、乐观等三种不同的情形,具体如表 9-5 所示。经过实证测算,相较于中性情景,悲观情景下最应密切关注商品贸易额占全球贸易额的比重、全球品牌 500 强企业数量、服务贸易和商品贸易的比重、平均最惠国关税水平以及商品贸易平衡程度等指标;另一方面,相较于中性情景,乐观情景下单位出口增加值、中间品出口占比、服务贸易平衡程度等指标表现最为显著。

---

① https://stats.oecd.org/Index.aspx? DataSetCode=STRI#.

② https://wits. worldbank. org/CountryProfile/en/Country/CHN/StartYear/1992/EndYear/2017/TradeFlow/Import/Indicator/MFN-SMPL-AVRG/Partner/WLD/Product/Total,WITS.

表 9-5　面向 2025 年我国外贸高质量发展的情景分析

	数据来源	2017	2025 年目标值		
			悲观情景	中性情景	乐观情景
商品贸易额占全球贸易额的比重	Wind 数据库	11.49%	11.0%	12.5%	13.5%
服务贸易额占全球服务贸易额的比重	Wind 数据库	6.72%	7%	8%	9.5%
单位出口增加值	商务部全球价值链数据库	0.715	0.73	0.75	0.82
全球品牌 500 强企业数量	世界品牌实验室	37	40	50	65
中间品出口占比	联合国贸易数据库	43.39%	50%	55%	60%
跨境电商贸易额占总贸易额比重	海关总署	29.5%	30%	32%	35%
服务贸易和商品贸易的比重	Wind 数据库	0.17	0.20	0.30	0.40
服务贸易限制性指数	OECD①	0.432	0.4	0.37	0.35
平均最惠国关税水平②	WITS 数据库	11.01%	10%	6.5%	5%
贸易便利化指数	《中国贸易便利化年度报告》	73	75	80	85
商品贸易平衡程度	Wind 数据库	10.22%	9%	5%	4.5%
服务贸易平衡程度	Wind 数据库	-34.43%	-30%	-25%	-20%
西部地区对外贸易占全国比重	国家统计局	7.37%	9%	12%	15%

---

① https://stats.oecd.org/Index.aspx? DataSetCode=STRI#.

② https://wits. worldbank. org/CountryProfile/en/Country/CHN/StartYear/1992/EndYear/2017/TradeFlow/Import/Indicator/MFN-SMPL-AVRG/Partner/WLD/Product/Total，WITS.

六、新时期推动外贸高质量发展的政策保障

(一)加快优化外贸高质量发展体制机制

提升贸易便利化水平。一是加快口岸管理体制改革。推进各口岸管理部门职能整合,稳步推动口岸通关现场非必要执法作业前推后移,彻底改变"九龙治水"口岸管理格局。二是提高关检联合查验效率。以港务部门作为"一次查验"主体,关检双方把需要查验的指令发给港务部门,码头或者查验中心根据关检查验对碰情况安排吊箱。加大现代信息技术应用,有效实现关检双方查验信息自动对碰、发布与查询。对于部分货物涉及关检双方都要抽样送检且检验鉴定项目一致的,如品名、属性、成分等,由关检双方约定共同采样送由具备资质的实验室检测,并实现结果互认。三是推进国际贸易"单一窗口"建设。在制定国家技术标准和数据规范基础上,有序推进"单一窗口"建设,避免各地重复建设和行政资源浪费。

优化服务贸易管理。建立涵盖服务贸易领域业务流程记录、统计监测分析、信用综合评价、政策支持保障、事中事后监管等功能为一体的服务贸易综合监管服务平台。完善以随机抽查、重点检查、举报核查为主的日常监管制度。建立健全跨部门国际服务贸易数据协调与共享机制。加强服务贸易统计调查工作的法制化和规范化管理,建立以国家统计局为主体的服务贸易统计管理体系,实现与国际标准完全接轨,改善国际收支间接申报工作的一系列问题。

改革外贸综合服务企业监管模式。一是事前完善"尽职调查"制度,推动外贸综服企业从盲目接单转向审慎自律。借鉴会计师事务所在财务报表审计中作为代理人实施的质量控制机制,完善外贸综服企业的"尽职调查"制度,使审慎调查成为外贸综服企业接单前的法定义务,从源头上控制出口退税环节发生问题的风险,也给予尽职调查的企业在问题发生后减轻乃至免予处罚

的权利。二是事中实施"无罪推定"式监管,保障外贸综服企业正常运营权利。税务机关或其他监管机构对外贸综服企业启动检查时,应明确公布调查原因、调查期限等。调查期间应允许外贸综服企业继续正常运营。这一监管模式可在重庆、东莞等开放型经济比较发达的地区试点。三是事后完善"分类惩戒"制度,合理确定外贸综服企业的责任。建议海关报关实施双台头格式,将发货单位和报关单位分离,出现问题时根据其各自责任分别给予行政处罚,增加中小企业发货单位的违规成本。税务机关在出口退税调查后,根据外贸综服企业事前是否进行了尽职调查给予不同等级处罚,合理划分生产企业和外贸综服企业各自应承担的责任。

（二）重点完善外贸高质量发展政策体系

分类降低进出口环节收费。将外贸企业及进出口环节收费分为三类:一是政府部门履行公共职责的收费;二是政府部门及其下属事业单位或指定企业提供服务的收费;三是港口经营人、管理人以及船公司等提供服务的收费。对第一类收费,包括企业在海关、质检、环保、食品监督等部门进行备案、登记、录入、数据传输处理等发生的费用,应尽快取消。这些是政府部门依法提供的公共服务,属于部门应有职责范畴,已有财政经费投入,不应再额外收费。同时,应适当提高财政经费保障,避免过大触动既得利益者,以减少改革阻力。对第二类收费,主要是海关、质检下属机构或指定企业提供查验、相关辅助作业以及消毒、卫生、熏蒸等服务进行的收费,应尽可能降低费用标准,并通过政府购买公共服务增加对相关事业单位和企业的资金保障。这些服务对于保障公众健康和安全等具有重要作用,具有较强公共品性质,应纳入财政保障。同时,应增强查验针对性和有效性,对没有问题的企业免除查验费用,对有问题的企业加大处罚力度。对第三类收费,主要是港口经营者、管理者及船公司等提供服务的收费,应加大市场调节力度。对具有一定垄断经营性质的收费项目,应通过听证会、社会公示征求意见等,使货主等当事人参与价格评估和确定,体现定价的公开、公正和透明性;对具有市场竞争性质的收费项目,应引入招投标机制,通过竞争降低成本、改善管理、提高服务质量。同时,应建立健全清理乱收费的长效机制。对依法合规设立的进出口环节行政事业性收费、政府性基金以及实施政府定价或指导价的经营服务性收费实行目录清单管理,未列入清单的一律按乱收费予以查处。加快健全清单公布、价格举报、不定期巡查机制,加大处罚力度,坚决防止乱收费反弹,切实降低企业进出口费用负担。

重点完善服务贸易政策体系。一是加大人才支持力度。探索建立政府部门、科研院所、高校、企业联合培养服务贸易人才的机制,鼓励各类市场主体加大人才培训力度。降低人才流动壁垒,减少和消除与主要贸易伙伴的自然人流动壁垒,推动学位、培训、执业资格认证等国家间互认,为专业人才和专业服务双向流动提供便利。二是创新金融服务支持。鼓励政策性金融机构对服务贸易重点项目给予定向支持,引导商业银行优化服务贸易企业贷款条件,对符合国家产业政策的服务贸易企业加大支持力度。引导保险公司在国家出口信用保险政策范围内,积极创造条件为服务出口提供信用保险,降低服务贸易企业出口信用保险费率。构建服务贸易企业信用记录数据库,为银行开展金融服务提供基础信息支持。三是完善财税支持政策。完善服务贸易出口退(免)税政策,研究解决服务贸易出口退(免)税政策实施过程中存在的分类难以界定、出口额难以确定、相关服务是否"完全境外消费"难以判定等问题。整合各种服务贸易发展专项资金,探索跨境应税服务免征增值税等税收优惠政策。四是健全信息统计体系。组织政府相关部门研究制订服务贸易信息统计体系,可基于国际收支数据、重点企业直报、自然人移动、商业存在等分类建立服务贸易统计体系,指导服务贸易相关行业的发展。

(三)着力强化关键战略性资源出口管制体系

严格实施战略矿产资源的出口许可程序。深入研究和充分运用 WTO 关于出口管制规则的例外条款,以保护环境、维护国家安全等为依据,在出口管制清单中纳入优势战略矿产资源及其产品,并根据资源储量变化及技术水平和产业结构调整及时更新纳入清单的资源及其产品种类。要求经营者在出口管制清单内的矿产资源时,必须向相关主管部门申请登记,明确最终用户及最终用途,防止囤积出口物项。继续推进落实海关编码化,为《许可证管理目录》内被管制资源及其产品指定唯一的海关商品编码。

(四)促进外贸产业做大做强的相关政策

以促进外贸转型升级和提升外资质量为重点,全面提升应对经贸摩擦的能力和水平。新阶段,要以构建出口竞争新优势为重点,着力加快转变外贸发展方式。短期内着眼于推动外贸体质增效,完善外贸税收政策,调整规范外贸进出口企业环节收费,大幅提高贸易便利化水平。中长期则应着眼于构建以技术、品牌、质量、服务为核心的出口竞争新优势,重点抓好外贸结构调整和跨境电商、市场采购和外贸综服等新业态发展。以现有自由贸易试验区为载体,以制度创新为核心,深度对接并精准磨合国际高标准商事规则,重点推进贸易便利化、投资自由化、金融国际化、管理现代化、监管法治化,大幅增强对外资的吸引力。

(执笔人:丁刚、金瑞庭等)

第十章　优化调整新型城镇化空间布局

今后一段时期，面对日趋错综复杂的国内外形势，新型城镇化恰恰是需要扎实做好并且大有可为的"我们自己的事情"，在促进高质量发展、创造高品质生活中具有不可替代的作用，是推动供给侧结构性改革、满足人民群众对美好生活向往的重要途径。今后一段时期，我国新型城镇化将处于快速发展中后期，具有"五期叠加"特点，空间布局呈现"四化"互动趋势，常住人口城镇化率有望年均提高0.8个百分点，2025年达到65.57%。应按照"有序集聚、有机疏解，形态多样、尺度多元，增量管控、存量更新，科技引领、开放包容"原则，实施"稳规模、调结构、强功能、多形态、高效益"的总体思路，推进城镇化空间布局优化调整，加大产业转移承接、转型升级，引导人口多元集疏、有序流动，构建与城镇化布局形态相匹配的交通系统，保障城镇化生态空间供给。为此，建议在土地制度、人口流动、投融资体制、都市圈统计考核、行政区划调整、城镇化空间治理等方面实施一批重大改革举措。

城镇化是现代化的必由之路，是推动区域协调发展的有力支撑，是扩大内需和促进产业升级的重要抓手，在促进高质量发展、创造高品质生活中具有不可替代的作用，对于全面建成小康社会、加快推进社会主义现代化建设具有重大现实意义和深远历史意义。党的十八大以来，以习近平同志为核心的党中央高度重视城镇化问题，召开了改革开放以来的第一次城镇化工作会议，出台了《国家新型城镇化规划（2014—2020）》等一系列规划和政策文件，坚持以人民为中心的发展思想，积极推进以人为核心的新型城镇化，取得了历史性成就。2019 年城镇化率已经突破 60%,我国的城镇化进程正在进入一个新阶段,今后一段时期将呈现出全新的轨迹和逻辑,城镇格局和城乡格局加快重塑,如何妥善应对这些变化,在空间布局上需要作何调整,至关重要。

一、"十三五"以来新型城镇化及空间布局的进展特征

（一）城镇化速度有所放缓

一是多个来源数据证实城镇化速度放缓。常住人口城镇化率放缓,年均增速从"十一五"时期的 1.39 个百分点下降到"十二五"时期的 1.23 个百分点,再下降到"十三五"前三年的 1.16 个百分点。卫生健康委调查的流动人口连续三年下降,从 2014 年的 2.53 亿人,下降到 2017 年的 2.44 亿人,平均每年减少 300 万人。国家统计局的农民工监测数据,2010 年以来农民工增速在波动中放缓,累计下降了 4.9 个百分点,2018 年全国农民工增速比上年下降了 1.1 个百分点,其中外出农民工中进城农民工 13506 万人,比上年减少 204 万人,下降 1.5%。预计 2019 年我国农民工绝对数量微增或不增。反映人口迁徙的春运发送旅客人次,从"十二五"时期的年均 31.61 亿人次,减少到"十三五"(前四年)的 28.9 亿人次,下降 8.57%。

二是各省城镇化水平速度梯度差异扩大。2018 年,我国有 9 个省份城镇化率超过 65%,分别是 4 个直辖市和苏浙粤闽辽 5 个沿海省份;处于 60%—65%区间的有黑蒙鲁鄂 4 个省份;其余省份都还处在快速城镇化阶段,其中河南、四川、安徽、河北、湖南、江西、广西、云南 8 个省份城镇化率比全国低 3 个点以上,总人口达 5.95 亿人,占全国的 42.63%,是下一步城镇化的主力军。

三是城市常住人口的自然增长对城镇化率的贡献提高。2018 年我国城镇常住人口自然增长约 330 万人,对常住人口城镇化率贡献了 0.24 个百分点,占 23%,且有逐年提高态势。根据课题组测算,机械增长、统计增长、自然

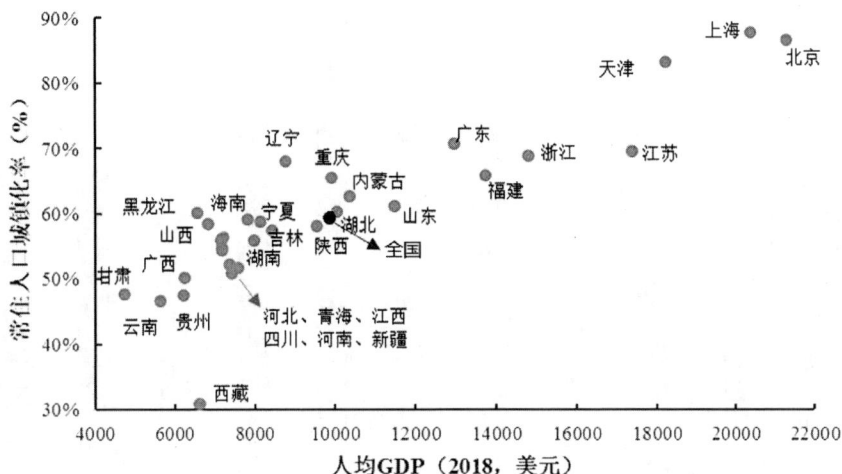

图 10-1　我国各省级单元的城镇化率和发展水平

增长三方面对城镇化率的贡献比有望由目前的 5∶3∶2,逐步调整为 4∶3∶3。

（二）城镇化新增建设用地规模稳中有升

"十二五"时期是我国城市建设用地规模扩张最快的时期,"十三五"前两年回落趋稳态势明显,每年新增国有建设用地 60 万公顷左右,如果仅以商服、住宅、工矿仓储三类用地增量来测算城市建成区扩张,则 2015 年以来已经连续三年保持稳定。全国耕地面积每年减少的量也趋于稳定,平均每年 100 万亩左右。

同时,城市建设用地边际增长效率提高不明显。以城镇人口每增加 1 万人对应的新增国有建设用地看,尽管比最高峰 2013 年有所下降,但"十三五"前两年仍有增加,从 2016 年的 243 公顷/万人,提高到 2017 年的 294 公顷/万人,远高于每平方公里 1 万人的常规表述,主要原因是基础设施及其他用地每年新增规模仍然比较大、占比很高,2017 年我国国有建设用地供应结构中,基础设施及其他用地占到了 60.5%。相当于工矿仓储用地、居住用地的 3.0 倍和 4.1 倍。尽管我国基础设施用地规模大,但综合物流成本并不低,值得进一步关注。

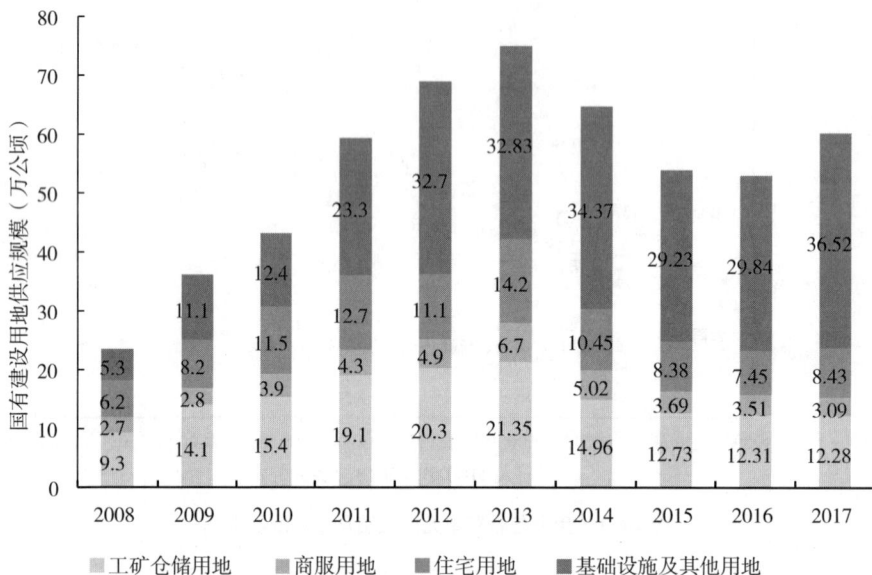

图 10-2 2008—2017 年我国国有建设用地供应情况

表 10-1 2008—2017 年我国新增城镇人口的建设用地弹性

	国有建设用地供应合计	城镇化率	总人口	城镇人口	新增城镇人口	每增加1万人新增建设用地
	万公顷	%	万人	万人	万人	公顷/万人
2008	23.5	46.99	132802	62403	1770	133
2009	36.2	48.34	133450	64512	2109	172
2010	43.2	49.95	134091	66978	2466	175
2011	59.4	51.27	134735	69079	2101	283
2012	69.0	52.57	135404	71182	2103	328
2013	75.08	53.73	136072	73111	1929	389
2014	64.8	54.77	136782	74916	1805	359
2015	54.03	56.1	137462	77116	2200	246
2016	53.11	57.35	138271	79298	2182	243
2017	60.31	58.52	139008	81347	2049	294

数据来源：2017 中国土地矿产海洋资源统计公报。

分城市来看,城市拓展速度最快有两类地区:一是沿海城市群地区,如长三角、京津冀、山东半岛,二是中西部和东北地区省会城市及周边,如郑州、合肥、南昌、重庆、成都、南宁、昆明、哈尔滨、长春等。除此之外,鄂尔多斯、赤峰、呼伦贝尔、赣州、遵义、普洱、榆林、酒泉等城市也增长较快。

作为一个更综合的指标,累计成交价款与当前城市群/都市圈格局高度吻合,值得关注的是,中西部省会普遍与周边城市的累计成交价款差距大,如昆明、贵阳、南宁、太原、西安、银川、兰州、乌鲁木齐等,周边城市能级低,发展都市圈缺少"帮手"。

(三)城镇化空间结构加快集聚重塑

人口向城市群地区集聚态势明显。根据课题组测算,2010—2018 年 19 个城市群地区人口增长了 5183.25 万人,占全国的比重从 79.25% 上升到 80.11%,GDP 占比从 87.53% 提高到 87.96%,分别提高 0.86 和 0.43 个百分点。19 个城市群的人口和经济聚集态势呈现一定差异,其中三大城市群人口增量占到总的 40% 以上,而哈长城市群城人口规模、占比双下降。2010—2018 年长三角、珠三角、京津冀三大世界级城市群人口占全国的比重从 23.69% 提高到 24.64%,占比提高了 0.95 个百分点,人口增加 2456.35 万人。山东半岛、北部湾、海峡西岸、成渝、长江中游五个城市群人口占全国的比重从 30.52% 提高到 30.71%,提高了 0.19 个百分点,人口增加 1798.94 万人。中原、关中两个城市群人口虽然占比下降了 0.09 个百分点,但规模增加了 472.51 万人,占同期全国人口增量的 9.38%。其他 9 个城市群人口合计仅增加了 455.45 万人,占全国比重从 13.94% 下降到 13.76%,下降了 0.18 个百分点。

从都市圈层面看,2010—2018 年,全国可能形成的 29 个都市圈共涵盖 164 个城市,年人口增长了 4525.84 万人,对 19 个城市群同期人口增长贡献为 87.32%,"群内圈外" 71 个城市人口增长 657.41 万人,只贡献了 12.68%。长三角、珠三角、首都圈、厦门、济南、长沙、合肥、南宁、乌鲁木齐、银川 10 个都市圈人口占比增长,吸纳人口规模上依次是长三角、珠三角、首都圈合肥、重庆、郑州、成都、济南、长沙、武汉、厦门都市圈,其中三大都市圈合占44.3%。有10个都市圈GDP占全国的比重下降,分别是首都、沈阳、大连、长春、哈尔滨、济南、青岛、石家庄、太原、呼和浩特都市圈,均在北方地区。有4个都市圈的GDP占全国比重不足1%,分别是兰州、西宁、乌鲁木齐、呼和浩特都市圈,也均在北方地区。

表 10-2 19 个城市群 GDP 和人口占比变化

城市群名称	城市数量	GDP 占比			常住人口占比			常住人口增长
		2010	2018	提高	2010	2017	提高	
	个	%	%	百分点	%	%	百分点	万人
长江三角洲	26	18.41	19.29	0.88	10.71	11.07	0.36	1043.24
珠江三角洲	9	8.43	8.75	0.32	4.19	4.49	0.30	629.31
京津冀	13	9.79	9.11	−0.69	7.79	8.07	0.28	783.80
山东半岛	17	9.04	8.39	−0.64	7.15	7.20	0.05	423.53
北部湾	15	2.02	2.18	0.16	2.97	3.01	0.05	212.05
成渝	17	5.29	6.30	1.00	7.33	7.38	0.04	430.03
海峡西岸	11	4.01	4.52	0.51	4.12	4.16	0.04	268.70
长江中游	31	7.74	9.01	1.27	8.95	8.96	0.01	464.63
关中平原	12	2.08	2.24	0.16	3.19	3.18	−0.01	140.16
中原	24	6.06	6.13	0.06	8.91	8.83	−0.08	332.35
哈长	11	3.82	2.89	−0.93	3.65	3.46	−0.19	−80.93
辽中南	12	4.44	2.64	−1.80	2.90	2.82	−0.09	25.04
黔中	6	0.80	1.29	0.49	1.94	1.94	0.00	103.21
滇中	5	1.11	1.22	0.12	1.63	1.63	0.01	93.95
呼包鄂榆	4	1.97	1.45	−0.52	0.81	0.82	0.02	65.54
山西中部	5	0.98	0.94	−0.04	1.14	1.14	0.00	63.60
兰西	9	0.60	0.64	0.04	1.09	1.09	0.01	65.26
天山北坡	4	0.62	0.60	−0.02	0.41	0.45	0.03	68.13
宁夏沿黄	4	0.32	0.37	0.05	0.38	0.40	0.02	51.65
合计	235	87.53	87.96	0.43	79.25	80.11	0.86	5183.25

数据来源:根据有关统计数据整理。

"两横三纵"占比总体提升①,GDP 和人口与全国之比分别提高了 2.36 和 1.00 个百分点,显示出其在我国城镇化格局中的支撑作用。其中,沿海、京广京哈、沿长江轴带聚集态势更加明显,常住人口增长了 5406.26 万人,占全国的比重提高了 0.99 个百分点;受到东北、津冀等地经济放缓影响,沿海、京广京哈 GDP 占全国的比重有所下降,分别下降了 0.06 和 0.56 个百分点。陇海兰新轴带人口占比微降 0.07 个百分点,但人口规模增长 455.98 万人,其中郑州、西安贡献达 52.7%。包昆轴带人口占比微涨 0.09 个百分点,人口规模增长 501.19 万人,其中成都贡献达 45.5%。表明这两个轴带依赖于个别"点"上的发展,"轴"的功能还不突出。

除"两横三纵"外,西部陆海新通道集聚明显加快,值得关注,其所涉区域 GDP 占全国的比重从 2010 年的 12.31% 上升到 2018 年的 14.10%,提高了 1.79 个百分点,显示出其引领我国西部地区的增长引擎地位,同期人口增长了 1015.78 万人,比陇海兰新、包昆两轴带之和还要多。陆海新通道不仅有效衔接了"一带"和"一路",还串联了成渝、关中、宁夏沿黄、兰西、天山北坡、滇中、黔中、北部湾等占全国一半的城市群,在今后一段时期城镇化格局中不容忽视。

表 10-3 "两横三纵"轴带 GDP 和人口占比变化

轴带名称	城市数量	GDP 占全国比重			常住人口占全国比重			常住人口增长
		2010	2018	提高	2010	2017	提高	
	个	%	%	百分点	%	%	百分点	万人
沿长江轴带	50	21.58	23.90	2.32	18.68	19.03	0.35	1423.26
陇海兰新轴带	38	7.46	7.86	0.40	9.20	9.13	-0.07	455.98
沿海轴带	88	45.25	45.19	-0.06	30.36	30.67	0.31	2267.26
京哈京广轴带	48	27.54	26.98	-0.56	20.88	21.21	0.33	1715.74

---

① 在统计中,"两横三纵"范围有交叉,故采用"与全国之比"。

续表

轴带名称	城市数量	GDP 占全国比重			常住人口占全国比重			常住人口增长
		2010	2018	提高	2010	2017	提高	
	个	%	%	百分点	%	%	百分点	万人
包昆轴带	27	5.56	5.80	0.25	6.26	6.35	0.09	501.19
合计		107.38	109.74	2.36	85.39	86.39	1.00	6363.43

数据来源:根据有关统计数据整理。

沿边地区集聚效应不显著。以地州为单元,2018 年人口和 GDP 分别占全国的 5.79%和 3.55%,比 2010 年下降了 0.09 和 0.91 个百分点。若以边境县、团场为单元,常住人口 2375.2 万人,占全国的 1.718%,比 1990 年的 1.779%略有下降。总体来看,边境地区从对全国经济增长的贡献、支撑作用还不强。但边境地区人均 GDP 仅为全国的 61.3%,从共享发展、稳边固边的角度,应给予更多关注。分片区看,呈现"东北减少,西北增加,西南稳定"的趋势。采用"六普"和"五普"数据进行准确比较,东北边境人口自 2010 年起开始减少,占全国比重从 2010 年的 0.74%下降至 2016 年的 0.64%。西北边境人口持续增加,占全国比重从 1990 年的 0.35%提升到 2016 年的 0.39%,除新疆北部外,西北边境县人口均有较快增长。西南边境人口规模稳健增长,占全国比重在 0.69%左右,其中云南南部人口增长较快。

(四)城镇化等级体系调整分化加剧

副省级以上城市为主体的"头部城市"进一步固化。2010—2018 年,GDP 前 20 位城市人口、GDP 占全国比重分别从 16.76%、32.72%上升到 18.01%、34.00%。过去近 10 年,仅有郑州、泉州、南通、西安少数几个城市成为 GDP 前 20 强的新面孔。中心城市的龙头作用更加突出,北京、上海、广州、天津、重庆、成都、武汉、郑州、西安 9 个国家中心城市以占全国 1.7%的国土面积,创造了 19.3%的生产总值。

表 10-4　头部城市的人口经济占比变化

	2010			2018		
	前 20 城市	全国	占比	前 20 城市	全国	占比
常住人口	22475.26	134091	16.76%	25125.51	139538	18.01%
GDP	144543	441700	32.72%	314884.34	926195.7	34.00%

省会城市集聚度显著提高,2010—2018 年,除了沈阳、昆明、西宁外,其余的 25 个省会城市 GDP 在全省的占比都有上升,银川、长春、兰州、成都、太原、合肥、郑州等城市的 GDP 提高了 3 个百分点以上。

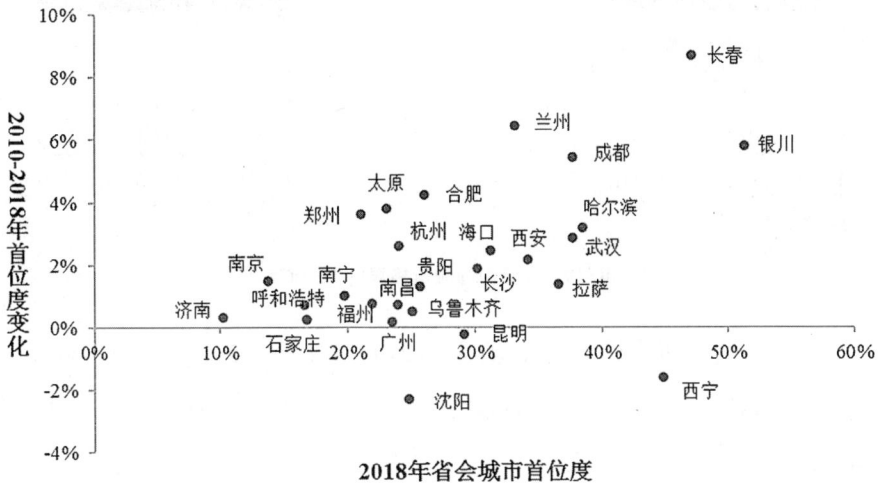

图 10-9　2018 年我国省会城市 GDP 在全省的占比

数据来源:wind 数据库。

地级城市发展持续分化。经济增长表现好的城市,既有走过了转型阵痛的沿海制造业城市,如东莞、南通等;也有刚迈入快速工业化城镇化阶段的新兴人口大市,如南阳、赣州等;还有得益于交通条件改善,或要素结构变动的传统的省域副中心城市,如襄阳、徐州等。这些城市的经济体量约 3000 亿—8000 亿元,处于全国 20—80 梯队,相互间竞争激烈、位次变动频繁,某种程度上,它们之间的竞争结果将决定着中国未来城市格局的调整。根据课题组对这些城市中心性的分析，从中长期看，沿海的制造中心更具优势，其次是新兴人口大市，再次是传统的省域副中心。

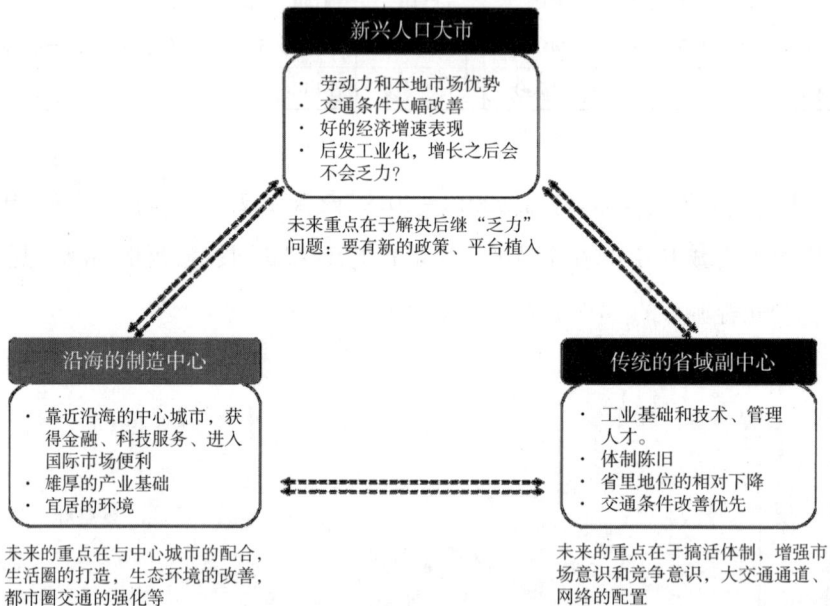

图 10-10 影响中国城市格局的"三组竞争"

同时，一些地级市则出现了衰退。2010—2017 年，339 个地级行政单元中，2010—2018 年，339 个地级行政单元中，扣除行政区划调整因素，市域常住人口减少的有 47 个，其中人口减少 4% 以上的有 12 个，包括齐齐哈尔、黑河、七台河、鹤岗、大兴安岭、呼伦贝尔、四平、通化、松原、白山、白城、天门；人口减少 2%—4% 之间的有 14 个，包括仙桃、驻马店、朝阳、阜新、葫芦岛、开封、绥化、铁岭、牡丹江、德阳、周口、南阳、丹东、锦州。人口减少的城市主要为东北地区的资源型枯竭型煤炭、森工城市，也有个别是劳动力输出大市。此外，大城市周边的一些中小城市也出现人口减少，如德阳、天门、仙桃等，海南省的14 个县级单元常住人口也减少。

县城发展有所放缓。县城数量从 2010 年的 1633 个减少到 2017 年底的1528 个，减少了 105 个，平均每年减少 15 个。2010—2017 年，县城的平均人口规模从 7.74 万人提高到 9.12 万人,平均建成区面积从 10.16 平方公里提高到 13.01 平方公里。"十三五"前两年县城人口、建成区面积年均增长速度为-0.34%、-0.47%,均显著低于"十二五"时期的 2.09%、3.86%的增长速度。一方面,受到"县改市"提速的影响;另一方面,许多外出务工人员在当地县城买房后,并没有在县城生活,也没有将户口迁入县城,仍在外务工,因此宏观上表现为县城的基础设施条件、城市建设等都不断提升,但县城人口却增长缓慢甚至有所减少。

表 10-5　我国县城人口和面积情况(2010—2017 年)

年份	县个数	县城人口 (万人)	县城 暂住人口 (万人)	其中建成 区面积 (平方公里)	城市建设 用地面积 (平方公里)
2010	1633	12637	1236	16585	16405
2011	1627	12946	1393	17376	16151
2012	1624	13406	1514	18740	17437
2013	1613	13701	1566	19503	17935
2014	1596	14038	1615	20111	18694
2015	1568	14017	1598	20043	18718
"十二五" 年均增长	-0.81%	2.09%	5.27%	3.86%	2.67%
2016	1537	13858	1583	19467	18242
2017	1526	13923	1701	19854	18864
"十三五" 年均增长	-1.35%	-0.34%	3.17%	-0.47%	0.39%

数据来源:2017 年城乡建设统计年鉴。

建制镇总体缓慢增长。建制镇数量从 2010 年的 1.68 万个增加到 2017 年的 1.81 万个,2010—2017 年建制镇平均户籍人口规模从 8274 人增加到 8564 人,暂住人口从 1607 人增加到 1768 人(2016 年),平均的建成区面积从 1.89 平方公里增加到 2.17 平方公里。"十三五"时期小城镇在数量、建成区面积、建成区户籍人口均比"十二五"时期增速放缓。分别从"十二五"时期的

1.16%、4.22%、2.85%下降到"十三五"时期的 0.84%、0.23%、-1.57%。根据住建部村镇司的调查,总体上看,58%的小城镇镇区建成区人口净流出的,也就是常住人口少于户籍人口,只有 42%是净流入的。但是大部分小城镇镇区建成区的常住人口是增长的。2010—2015 年,65%的镇镇区常住人口在增加,其中 46%有年均 10%以上的明显增加。

表 10-6　我国建制镇人口和面积情况（2010—2017 年）

年份	建制镇 统计个数（万个）	建成区面积 （万公顷）	建成区户籍 人口（万人）	建成区 暂住人口
2010	1.68	317.9	1.39	0.27
2011	1.71	338.6	1.44	0.26
2012	1.72	371.4	1.48	0.28
2013	1.74	369.0	1.52	0.30
2014	1.77	379.5	1.56	0.31
2015	1.78	390.8	1.60	0.31
"十二五" 年均增长	1.16%	4.22%	2.85%	2.80%
2016	1.81	397.0	1.62	0.32
2017	1.81	392.6	1.55	
"十三五" 年均增长	0.84%	0.23%	-1.57%	2.23%*

数据来源:2017 年城乡建设统计年鉴。

在 18099 个小城镇中,有近 12000 个小城镇人口不足 5 万人,有 1068 个镇人口规模超 3 万,其中 70 个小城镇人口规模超过 10 万,有 4 个镇人口规模超过了 100 万。其中,10 万人以上的镇,85%以上分布在中部。小城镇的两个分化的趋向比较明显:一是现状人口规模比较小(占我国 75%以上)的小城镇,未来将更多承担面向周围农村地区提供基本服务的职能。另外一批具备一定人口规模、产业规模的小城镇(其大多发展成了各个县的副中心),未来将更多地带动区域整体发展。

与此同时,城镇化及其空间布局也存在这一些新问题,主要表现是:一是城乡关系发生重大转变,农民落户城镇的意愿不高,推进户籍人口城镇化持续提高的难度加大,要素下乡的制度性通道还不顺畅。二是城市分化加剧,大城市病和中小城市人口减少并存,全国 1/6 城市行政区、1/7 城市城区常住人口减少,南北方城市分化加剧,北方大部分城市缺少经济增长亮点。三是城市群发展缺少实质性抓手,大多数城市群中心城市的轨道交通还没有跨市建设运行,城市群范围过大。四是新空间载体问题频发,面向产业转型的空间转型探索中,形态上出现新区热、小镇热、农庄热、民宿热,功能上出现康养热、文旅热、智慧热等,房地产化严重。五是空间矛盾从总量性转向结构性。人民群众出于对美好生活的向往,产生了多样化的空间需求,老年人、年轻人、儿童对城市的开敞空间、宜居性、活力和品质有不同要求,结构不优已经取代总量不足成为新的主要矛盾。

二、今后一段时期新型城镇化及 空间布局的趋势分析

我国从"十五"计划开始关注城镇化议题,提出"城镇密集区"的概念;"十一五"规划把城市群作为推进城镇化的主体形态,提出"两横两纵"格局;"十二五"规划对此进行深化完善,提出了"两横三纵"的城镇化战略格局;"十三五"规划因地制宜对城市群格局进行了细化,明晰了"19+2"格局。总体上看,"五年规划"中越来越突出对城镇化的研判,将之作为分析中国未来趋势的重要维度,作为把握消费需求、居民收入、产业转移、设施服务供给等的重要参数。

根据城镇化理论和规律,以城镇化率 30% 和 70% 为界划分为 3 个阶段:初期、快速发展期、后期。我国在 1996 年城镇化率突破 30%,进入城镇化快速发展期;2015 年前后城镇化开始减速,从国际经验看,这一时期通常被称为城镇化快速发展期的中后期,将一直持续到 2030 年前后(城镇化率 70% 左右),未来一段时期正处在这一阶段(2015—2030 年)的"中段",是由快变慢的"变

轨期"。

从全球来看,大多数先发国家城镇化率在 60%—65%区间开始明显持续放缓,也有少数在 55%开始放缓;放缓速度多在年均 0.05 或 0.1 个百分点左右,也有少数国家达到 0.5 个百分点。综合研判,今后一段时期我国城镇化将继续减速,年均放缓约 0.03—0.05 个百分点,处于合理合规区间,预计 2025年城镇化率为 65.57%。

图 10-9　今后一段时期及 2035 年我国城镇化水平及阶段

(一)今后一段时期新型城镇化及空间布局的影响因素

今后一段时期,国内外形势发生重大变化,内需在拉动经济增长中的贡献进一步提升,产业转移规模和速度"双下降",新经济、新动能加快培育,"一带一路"建设稳步推进,城乡融合提速推进,居民对宜居环境需求更加强烈,这都将深刻影响城镇化空间布局。

一是强大国内市场需求成为引领经济增长的主引擎,规模、密度、收入将成为城镇化空间重塑的决定力量。今后一段时期,一个农民转化为市民,每年将增加 1 万多元的消费需求,释放的强大国内市场潜力将推动城镇化空间重塑。经济发展水平高、人均收入高、消费能力强的京津冀、长三角、珠三角地区新动能培育步伐快，将继续扮演经济增长压舱石的角色，城市群空间格局将进一步优化，城市群内部网络化程度提升。人口密度高、市场规模大、消费潜力足的成渝、长江中游、中原城市群等地区进入城镇化快速增长阶段，城市集聚效应不断释放，城市分工促进生产效率提升，有望获得更多发展机会，在中国城镇化空间格局重塑中扮演重要角色。

二是产业转移规模和速度"双下降"，中西部地区省会城市集聚度将持续提升。今后一段时期，成本、市场、外贸、人才、技术进步等多种因素都将促使产业梯度转移规模和速度"双下降"，在广大中西部城市，承接产业转移和布局的机会减少，存量产业的结构演进、技术进步和"再组织"成为通向增长的主要路径，这使得省会城市的相对优势更加明显，中小城市维持边际增长的难度加大，更加依赖于和省会城市的合作，中西部省份的经济集聚度、城市首位度提高。

三是"一带一路"建设为重点的全面开放新格局加快形成，开放走廊与国内轴线衔接叠加效应释放节点城市潜能。近年来我国以"一带一路"建设为重点，建设中欧班列、陆海新通道等国际物流和贸易大通道，构建"六廊六路多国多港"合作格局，推动陆海内外联动、东西双向互济的开放格局，我国与周边国家互联互通水平、地缘优势持续改善。国内"两横三纵"城镇化战略格局与上述大走廊、大通道衔接更加紧密，将在重庆、成都、郑州、西安等核心节点城市形成叠加效应，有利于形成中西部地区新增长极和内陆开放高地。全面开放格局与京津冀协同发展、粤港澳大湾区、长三角一体化、长江经济带等通过战略互动，形成相互支撑，有望成为推动东部沿海地区高质量发展、城镇化格局深刻调整的新动能新变量。

四是城乡融合加速推进，城乡交界的要素价值将得到重新发现，为连接城乡的县城、小城镇发展注入新动力。健全城乡融合发展体制机制和实施乡村振兴战略，将让城乡交界地区、农村地区的土地、生态、文化等价值重新被识别，一些地区城乡比较优势发生变化，人口乡城流动规模速度下降，城镇人口到农村居住生活的意愿上升,县城、小城镇连接城乡的优势将被激发出来。今后一段时期如能采取有效措施,顺势而为、因地制宜提升县城和小城镇的承载能力,将有助于补齐短板、优化城镇化空间布局。

五是生态文明建设深入推进过程中,生态环境优美的南方城市将占据先机。十八大以来,生态文明理念深入人心,各地纷纷探索绿色城市发展之路,北京开展"疏整促"和"街区更新",成都提出建设"公园城市",福州建设了"福道"(城市森林步道)等。截至目前,我国已有 15 个城市被联合国授予"国际花园城市",22 个城市被授予"联合国人居环境奖"。今后一段时期,宜居的生态环境将成为城市"抢人"的重要筹码,生态环境优、公共服务好、就业机会多、治理效率高的城市将成为汇聚人口的高地。整体上看,自然条件得天独厚的南方城市要更具优势。

(二)今后一段时期新型城镇化呈现"五期"叠加特征

一是城镇化速度的持续放缓期。预计 2025 年我国常住人口城镇化率将达到 65.57%,年均提高 0.8 个百分点。大多数先发国家城镇化率在 60%—65%区间开始明显持续放缓,韩国、墨西哥、意大利年均城镇化率增幅都比前一区间下降了 0.1 个百分点以上,日本、巴西、俄罗斯等下降幅度较小,约 0.05 个百分点,意大利、土耳其则出现 0.5 个百分点以上的大幅下降。当前我国城镇化速度放缓迹象明显,今后一段时期将继续保持放缓的趋势。

二是城镇化问题的集中爆发期。城镇化快速发展时期,受限于认知水平、技术能力,设施短缺、风貌单一、交通拥堵、环境恶化、活力不足、管理滞后等城市问题很难得到有效解决。进入城镇化快速发展中后期,这些问题将彼此影响、互相蔓延容易伴随突发或极端事件集中爆发。同时,城镇化的人口结构出现变化,流动人口、中产阶层、老年人等不同群体的需求偏好大幅转变,城镇高品质居住、游憩、康养等空间资源严重短缺,这些都对塑造安全均衡高效的城镇化格局和绿色韧性包容的城市环境提出迫切要求。

三是人口流动的多向叠加期。传统单向乡城流动正在发生改变,不仅人口从乡向城流动的规模下降,还出现了从城向乡流动的潜在趋势。城市间流动总体上流向高等级城市,但在都市圈内部,中心城市的郊区化态势也比较明显,新市民向新城、新市镇聚集,中心城市周边中小城市吸纳人口的规模扩大。人口流动的多向叠加给空间供给带来前所未有的挑战,不仅需要辨明流向、规模,还要区分短期现象还是中长期规律。

四是城镇格局的加速分化期。随着人口流动特征和城镇化推动力的转变,城镇体系格局将长期分化。一方面,城市间人口流动的增加,意味着一些城市快速扩张和另一些城市收缩将长期共存。另一方面,现代服务业逐渐取代制造业成为推动城镇化的主动力,由于服务业更加依赖于集聚效应,人口和其他生产要素将加速向中心城市及都市圈集聚,加剧与中等城市的发展落差,部分三、四线城市人口增长缓慢或持续流出将成为常态。

五是城镇化发展的机制转换期。城镇化快速发展时期,通过改善基础设施、提升土地价值、发展住房消费等,实现城镇化与经济增长互相促进。城镇化进入快速发展中后期,人们的进城意愿下降、土地资源短缺、房产库存上升等问题加重,部分中小城市人口收缩,依赖房地产和空间扩张型传统城镇化模式难以为继,迫切需要构建可持续的新型城镇化健康发展机制,提升空间品质、塑造包容多元的人文环境,促进多种文化相互碰撞、交流与融合,不断推动知识创造、科技发明、产业升级、业态培育,为经济增长注入新动能。

(三)今后一段时期新型城镇化空间布局呈现"四化"互动趋势

一是空间布局形态多元化。不同城市和区域自然禀赋、发展阶段、产业结构异质性决定了空间需求的差异性,也决定了当前和未来空间供给的多元化趋势。不仅有宏观尺度上的"城市群—都市圈—中心城市—县城和小城镇"层次性,也有微观地域或业态上的创新走廊、科学城、特色小镇、未来社区、共享空间等新载体。今后一段时期随着产业、科技、人口等要素组合的新变化,空间布局形态更加多元。

二是空间布局结构协同化。随着交通运输、产业转移、要素流动不断增强，"两横三纵"新型城镇化重点轴带相互间的经济联系明显加强，相互支撑、相互促进的效应不断显现。"两横三纵"城镇化轴带内的重点城市群、都市圈、大中小城市等不同层次和形态之间的相互影响日益扩大，多方向、多领域、多层次的耦合互动效应明显加强。"两横三纵"城镇化轴带之外的其他大中小城市、县城、各类城镇等不同形态间的互促互动功能不断释放，同样呈现互相影响、互相支撑的空间互动效应。今后一段时期空间布局结构协同化的范围、水平、深度还将进一步拓展和提升。

三是空间布局动力升级化。随着传统依靠要素投入和规模效应作用的线性、准线性城市增长动力模式向要素组织的化学效应、几何效应引起的增长动力升级，5G、高铁等更快速的通信、交通设施提高生产服务业的效率，释放设施升级效应，新技术变革、产业的跳跃性转移、对外开放的扩大和深化，将释放产业升级效应，新增进城主体、劳动力结构转化升级，将释放人力资本升级效应。今后一段时期牵引空间布局的动力逐步从传统动力向新兴动力升级转化。

四是空间布局约束刚性化。我国新型城镇化面临资源约束趋紧、环境污染严重、生态系统退化的严峻形势，各类生态环境风险不容忽视，空间发展的约束更趋刚性化。以生态保护红线、永久基本农田、城镇开发边界等国土空间管控边界约束日益强化，对于不同形态的新型城镇化空间布局划定了严格的空间类型边界。今后一段时期随着"三区三线""三线一单"等落地实施，新型城镇化空间布局的刚性约束作用日益增强。

三、总体思路

（一）目标原则

今后一段时期，要以人的城镇化为核心、以提高城镇化质量为导向，优化空间布局结构，提高空间配置效率，改善空间功能品质，增强空间治理能力，支撑重大区域战略实施,适应经济转型的空间需求,不断解决人民日益增长的美好生活需要与不平衡不充分发展之间的矛盾,塑造多元、开放、高效、优质的新型城镇化空间布局。为此,要把握好几个原则:

有序集聚、有机疏解。科学认识当前人口流动模式复杂多元特征,把握人口向都市圈地区集聚、都市圈功能向中心城市郊区及外围疏解的内在规律,准确判断农村地区人口减少、部分城市收缩的趋势,顺势而为、合理施策,促进城市人口和功能有效集聚、有序收缩、有机疏解。

形态多样、尺度多元。不同地区城镇化基础条件和阶段差异明显,城镇化空间发展需求和重点不同,要树立"全尺度"思维,政策重点既要指向城市群、都市圈等宏观尺度,也要覆盖科创走廊、发展轴带等中观尺度,以及新城新区、园区社区、特色小镇等微观尺度,加快完善适应多类型城镇化空间形态的治理体系。

增量管控、存量更新。适应城镇化发展从规模扩张向存量更新转变的趋势,坚持完善增量管控政策与构建存量更新政策并重,既要严格执行面向增量的管控举措,强化"三区三线"空间管控监督评估,又要加强面向存量的土地制度创新,形成支持城市更新、提质增效的制度性通道。

科技引领、智慧韧性。伴随无人驾驶、远程医疗、量子通信、虚拟现实(VR)、增强现实(AR)、人工智能(AI)、物联网等新技术加速应用和快速迭代,将深刻改变城镇运行方式和居民生活方式,数字城市、未来社区、智能建筑不断涌现,人们的职住形态复杂多样,由于技术创新导致城镇空间发生实质性变革的可能性显著提高,急需建立以科技为引领,多元开放、韧性包容的城镇化建设和治理体系。

(二)基本思路

1. 稳规模:保持城镇化平稳放缓、防止过快"熄火",是空间布局调整优化的先决条件

因城施策进一步推进非户籍人口落户工作,在农村土地、子女就学、父母

医保等关键改革上要取得突破。特大城市、超大城市疏解功能时要注意节奏，对就业岗位多、社会影响大的功能疏解要慎重。大城市特别是大Ⅱ型城市要进一步强化"主力军"作用，为进城人员提供有尊严的工作岗位，为其子女父母提供有质量的公共服务。中小城市和小城镇要发挥好"稳定器"功能，创造条件维护其灵活、弹性就业创业的"生态圈"，进一步提升县城就业和生活环境。密切关注南北方人口流动态势，支持部分北方城市改善人居环境、加快结构转型。重点城市群和都市圈要加强人口就业和返乡监测，建立预警和预案应对。稳规模关键是稳重点群体，对大学毕业生、留学归国人员、退伍军人、长期进城、举家迁徙、技术工人、新生代务工青年等要建档立卡、提供专属"菜单"，让其在城市干得开心、过得舒心。

2. 调结构：引导城镇格局与资源禀赋、开发强度、发展潜力相适应，是空间布局调整优化的核心任务

进一步增强陆海新通道的支撑作用，成为支撑我国西部地区的开发轴线和综合廊道，强化节点城市和门户城市作用。推动城市群政策结构性调整，提升三大世界级城市群能级，强化成渝城市群国家意义，刷新长江中游城市群存在感，挖掘山东半岛、海峡西岸、北部湾等沿海城市群潜力，推动内陆城市群"瘦身健体"，让各自"衣帽"都更合身。调整优化城镇体系结构，逐步实现因城分类施策，加大对全球城市和世界城市的支持力度。顺应人口向大都市集聚态势，整合重大资源、平台投放，优化国家中心城市战略布局，强化都市圈中心城市引领作用，提升我国城市经济综合竞争力。探索以都市圈为单元进行生产分工、政策配置，实现大中小城市和小城镇协调发展。在内陆腹地选择若干城市，培育成为维持国家安全、发展实体经济的"备份城市"。引导广大中小城市个性化发展，培育若干"单打冠军"。

3. 强功能：完善各类城镇综合配套功能、精准配置政策工具，是空间布局调整优化的主要路径

明确各类城镇功能定位，通过横向统筹、上下联动，加快制定"城市发展

定位一张清单"，在全国层面梳理明确各城市功能①，把国家战略意图落实到城市发展定位中，让城市成为落实国家战略意图的"特种兵"，让"一张清单"成为城市谋划发展的"作战图"和绩效评价的"考试卷"。统筹生产生活生态空间，着力提升城市生态功能，扩大生活空间特别是公共开敞空间，按照新业态新模式需求推动生产空间加速转型。以提升创新功能重塑城镇空间格局，坚持城市创新、产业升级与吸纳就业联动推进，推动综合性国家科学中心、创新中心、"双一流"大学、科研院所合理布局，构建与城市发展协同的开放型区域创新网络。推动各类城市魅力凸显，尊重自然形态格局，注重历史文脉传承，发展现代文化、职业体育，形成符合实际、各具特色的城镇化发展模式。

4. 多形态：坚持因地因时制宜、多种形态并举，是空间布局调整优化的重要载体

推动城市群"瘦身强体"，工作着力点逐步转向以中心城市为引领的都市圈，引导资源配置、产业组织从以行政区为单元转变为以都市圈为单元。严格规范新城新区，对就业少、负债重、人气弱的要制定消化活化方案。中小城市要提高承载能力和特色魅力，找准发力领域，实现小而强、小而优、小而潮。充分重视特色小镇在空间提升和功能嵌入上的开创性，深入分析暴露出的问题，加快找到解决路径和支持办法，不能"一规了之"。匹配经济转型的空间需求，鼓励各类空间形态创新转型探索，支持科创走廊、科学城、生态城、文化城、未来社区、共享农庄等多样化发展，实施有利于要素集聚、产业拓展、空间融合的政策措施，形成一批与空间形态根植耦合的创新共同体、城乡融合体、产城转型体和职住平衡体。

5. 高效益：推动城镇化经济社会生态效益并重、近期效益与长远效益兼顾，是空间布局调整优化的最终归宿

统筹生产、生活、生态空间布局和功能定位，注重发挥规模经济和范围经济效应，实现生产空间集约高效、生活空间宜居适度、生态空间山清水秀。坚

① 2011年的《全国主体功能区规划》中曾经对每个区域、城市群、主要城市的功能定位有过表述。

持要向制度创新要效益,深化集体经营性建设用地入市改革,完善闲置宅基地退出或转化为集体经营性建设用地入市的制度通道。向混合利用要效益,加快完善城市用地混合、兼容性利用的举措,提高功能多样性,促进产业转型和效率提升。向空间品质要效益,要加快更新城市建设管理理念和办法,建设品质城市、品质社区和品质空间。通过化解新的空间问题提高效益,破解集聚不经济、内城衰退、职住分离、空间分异等新问题。

四、重点任务

按照上述思路,今后一段时期要在空间形态、产业组织、人口流动、交通设施、生态安全等领域协同发力,推动我国新型城镇化空间布局调整优化。

(一)推动形成多元、开放、高效、优质的城镇化空间

发挥中心城市在落实国家战略、整合区域要素、参与国际竞争中的引擎作用,发挥都市圈成为组织生产和生活、承载发展要素重要空间形式的关键作用,推动人口、要素按照规律有序流动、高效集聚,优化城镇化格局的主要发展轴带,完善分层次、差异化发展的城市群、都市圈政策,形成以城市引领区域发展、以提高城镇化质量推动区域高质量发展的格局。

1. 坚持推动胡焕庸线东西两侧分类施策

尊重胡焕庸线两侧人地关系的长期稳定性,不宜人为强行打破,两侧采取不同空间策略。守住人口、经济与资源、环境协调的空间开发基础,并逐步形成分区施策的城镇化政策导向。

胡焕庸线以西地区按照边境和非边境地区分类施策。边境地区要突出均衡发展思路,推动有城镇相对均衡布局,强化稳边戍边功能。发挥好既有县城、团场、口岸、建制镇和乡驻地的作用,适当增加建制镇数量,支持抵边村屯建设,进一步完善基础设施和公共服务条件,保护新疆、西藏、内蒙古等少数民族边民传统农牧生产生活方式,使其做好神圣国土的守护者。采取多种措施,

有效防止边境地区人口过快减少。非边境地区要在生态优先、保护好生态屏障的前提下,根据资源环境承载力条件,推动人口向都市圈、城市群等优势地区适度集聚,推动呼包鄂榆、宁夏沿黄、兰州—西宁、天山北坡城市群(都市圈)发展,加快区域性中心城市建设,在调整行政建制新设市方面予以适当倾斜,支持一批战略地位重要、经济发展较好、发展潜力大的县、兵团中心垦区,设为县级市。

胡焕庸线以东地区按照都市圈内外分类施策,都市圈地区要推动重点发展、优化发展,打造成为集聚经济活动的主要承载地,形成区域竞争新优势;实施网络化开发模式,推动统一市场建设、基础设施一体高效、公共服务共建共享、产业专业化分工协作、生态环境共保共治、城乡融合发展。非都市圈地区实施点状开发,壮大区域性中心城市,提升产业支撑能力和公共服务功能,发挥县城和小城镇功能,提高服务镇区居民和周边农村的能力,带动乡村地区振兴发展。

2. 优化形成"新两横三纵"战略格局

对"十二五"规划提出"两横三纵"城镇化格局实施 10 年来进行评估,结合当前重大区域战略实施,城镇化和区域经济布局深刻调整,有必要对既有"两横三纵"轴带进行调整优化,加快培育西部陆海新通道,替代包昆通道,形成衔接"一带"和"一路"的新纵向通道,形成"新两横三纵"战略格局。

西部陆海新通道发展轴要突出"培育"。顺应"一带一路"建设要求和西南西北地区发展态势,在原有包昆通道基础上进行整合升级,形成衔接"一带"和"一路"、沟通西北和西南南北通道,进一步增强支撑作用,替代包昆通道,成为引领我国西部地区的综合发展廊道。

沿海发展轴要突出"优化"。依托三大世界级城市群形成我国经济转型升级、参与高水平全球竞争的标杆,挖掘山东半岛、海峡西岸、北部湾等地区发展潜力,提升沿海地区经济纵深。支持辽宁沿海加快发展,在引领东北地区振兴发展中发挥突击队作用。

陇海兰新发展轴要突出"联动"。以中原、关中平原、兰州—西宁、天山北坡城市群为主体,重点要促进东中西段联动发展,完善郑新欧、兰新欧等通道,推动内陆开放,加强内陆开放平台建设,形成"一带一路"建设重要支撑和向西开放的重要依托。

沿江发展轴要突出"绿色"。沿长江轴带以长江三角洲、长江中游和成渝三大城市群为主体,以沿江干流城市为支撑,依托沿江综合立体交通走廊,重点要统筹好生态环境保护和经济发展的关系,在培育新动能上下功夫,率先走出一条生态优先、绿色发展的新路子,成为长江经济带高质量发展的先行区和支撑区。

京哈京广轴带要突出"协调"。依托京哈—京广通道,加强哈长、京津冀、中原、长江中游、珠江三角洲城市群纵向联系,进一步增强南北向要素流动能力,增强武汉、郑州等中心城市、都市圈集聚能力,成为缩小南北差距、应对南北分化、促进南北方协调发展的重要廊道。

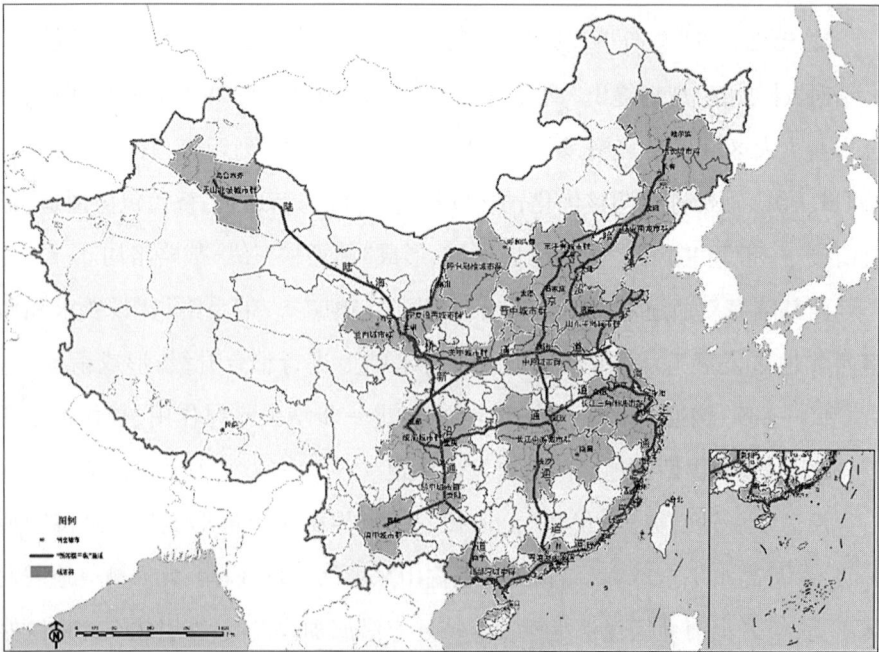

图 10-10　今后一段时期"新两横三纵"城镇化发展空间示意图

3. 分层次支持重点城市群发展

发挥城市群成为组织生产和生活、承载发展要素重要空间形式的关键作用,推动人口、要素按照规律有序流动、高效集聚,有力带动和支撑区域经济发展。

建设三大世界级城市群。将珠三角、长三角、京津冀等三大世界级城市群,打造成为重要动力源地区。珠三角以粤港澳大湾区建设为重点,推动规划相互衔接,建设富有活力和国际竞争力的一流湾区。长三角通过更深层次一体化,建设活跃增长极,带动整个长江经济带发展。京津冀以疏解北京非首都功能为"牛鼻子",高标准、高质量建设河北雄安新区和北京城市副中心。

支持成渝城市群上升为国家战略。成都突出航空港、科技创新等优势,重庆突出航运、开放等优势,加强成都、重庆分工合作。加快推进南北向通道建设,强化与西北腹地的联系,提升联通西北、西南的通道效率,构筑从大西北直抵印度洋的大通道。发挥科技创新、互联网、电子信息等产业优势,布局以新一代互联网为基础的新型基础设施和现代产业体系。支持成都、重庆布局一批高端要素集聚和发展平台,形成支持跨国产业分工体系的物流、金融结算等服务系统。密切与西北地区的联系,促进解决西部地区的南北分化问题。形成支撑西部大开发新格局的重要引擎,打造中国经济第四极。

提升山东半岛、海峡西岸、北部湾等沿海城市群功能。发挥这三个城市群地处沿海的区位优势,从优化全国产业分工体系出发,加快构筑面向未来的产业体系,增加土地等生产要素供应的灵活性,赢得更大发展空间,加快创新驱动、产业升级和海陆统筹发展,加强与三大世界级城市群联动发展,增强支撑能力,建设成为我国参与国际竞争的重要支撑区域,促进东部更高质量率先发展。

优化长江中游等城市群组织模式。长江中游地区在我国版图中的战略地位十分重要,具有承东启西、联南接北的区位优势,但功能发挥并不理想。特别是武汉的区位优势、科教优势都没有转化为交通优势、创新优势。下一步应优化长江中游城市群组织模式,不搞拉郎配,把武汉的地位突出出来,让武汉的教育、科技、航运等要素优势发挥出来,加快推进北沿江高铁等东西向高铁通道,提升航空港枢纽地位和国际化水平,增强光电通信、装备制造、生物医药、地理测绘技术等领域竞争力,促进东西南北联动,增强战略支撑能力。

引导哈长城市群、呼包鄂榆等收缩型城市群"瘦身强体"。密切关注哈长、呼包鄂榆、兰州—西宁等城市群发展动向和人口流向,以"瘦身强体"的思路推动集约化发展,进一步改善内部基础设施条件,明确产业分工和错位发展,实现特色化、专业化发展,改善营商环境,提升城市品质,建设小而精、小而美城市群。

4. 积极培育现代化都市圈

以特大超大城市为中心形成的都市圈在东亚、西欧等人口相对稠密、区位禀赋不均衡地区城镇化较高阶段后的主要空间形式。今后一段时期我国主要都市圈更加成熟,中西部部分都市圈也将加速形成。下一步应充分重视都市圈在生产组织、生活品质、生态休憩及要素配置、设施布局上的主体地位,加快建设"三生一体"都市圈。

根据成长阶段分类推进都市圈发展。三大核心都市圈(地区)相对成熟,应着力增强要素配置枢纽功能,提升国际竞争力;成都、重庆、武汉等14个重点都市圈正加快发育,要优势互补,着力构建一体化体制机制和市场环境;石家庄等12个潜在都市圈尚未形成,要控制节奏,提高中心城市(区)功能强度,在集聚和扩散中做好平衡。

科学确定都市圈范围。统筹生活通勤、产业组织及生态休憩等功能布局及其内在规律,按照中心城市规模能级、距离半径两个标准科学划定,原则上仅支持副省级以上城市和省会城市建设都市圈,其他省域副中心城市、区域性中心城市培育都市圈需要具备一定条件,不宜随机建设、随意扩大,促进都市圈健康成长。

优化都市圈空间布局。把握中心城市"去工业化"和"郊区化"态势,合理制定都市圈核心地区、外围地区定位,实施差别化政策,提高空间配置效率。推进中心城市与周边中小城市的交通设施互联互通、公共服务共建共享、创新资源高效配置,密切中心城市与中小城市的功能联系,打造通勤高效、一体发展的都市圈。

表 10-7　29 个现代化都市圈

类型	都市圈中心城市
核心都市圈 (3 个)	北京—天津、上海—南京—杭州—宁波、广州—深圳
重点都市圈 (14 个)	成都、重庆、青岛、武汉、合肥、西安、郑州、厦门、福州、济南、长沙、南宁、沈阳、大连
潜在都市圈 (12 个)	哈尔滨、长春、南昌、昆明、贵阳、石家庄、太原、银川、兰州、西宁、呼和浩特、乌鲁木齐

5. 打造配合默契的城市团队

大中城市数量多、禀赋各异是我国的优势,要用好用足。然而,随着我国工业化城镇化进入中后期,区域经济布局深刻演化,下一步产业发生大规模梯度转移的可能性在变小,格局性变化已经很难发生。因此下一步中央政策的重点是要引导它们打好"配合",形成团队优势,要形成"合作"关系而不是"接续"关系。要着眼于国家竞争力提升,从产业链、价值链等新视角精准确定城市定位,以提高劳动生产率和价值贡献率为导向,鼓励各城市做好各自担当,深耕擅长行业,久久为功提升产业基础能力,不宜片面追求产业结构高度化。一是着力支持长三角、珠三角、京津冀创新发展,实现价值链跃升和更高水平对外开放,打造引领高质量发展的策源地。二是国家中心城市要重点增强集聚辐射力,稳步提升优势领域的竞争力,成为推动区域协调发展的稳定器。三是支持具有一定城市规模、腹地范围、产业特色的老工业城市和人口基数大、城镇化进程加快、后发优势明显的新兴城市发展,因地制宜促进产业集聚和吸纳就业,重点夯实制造业基础能力,打造实体经济的压舱石。四是实施县城提升计划。把握县域和县城在我国历史和现代治理体系中的独特作用,全力提升县城规划、建设、管理的质量水平,重点完善县城的对外交通、公共服务、商贸流通等功能,将县城作为引领县域发展的辐射中心,推动城乡要素在县城充分对接、优化配置。规范发展特色小镇和特色小城镇,夯实城镇化格局底部支撑。

6. 以乡村振兴推动城乡高质量融合

今后一段时期是推进城乡融合发展的窗口期,推进城乡融合的关键在农村端,核心在体制机制创新,要深刻把握现代化建设规律和城乡关系变化特征,顺应城乡居民对美好生活的向往,以高水平乡村振兴推动高质量城乡融合。

高水平推进乡村振兴。按照产业兴旺、生态宜居、乡风文明、治理有效、生活富裕的总要求,坚持乡村振兴和新型城镇化双轮驱动,加强改革探索力度,推动乡村产业、人才、文化、生态、组织全面振兴。在江南水乡、华北平原、东南沿海等地划定一批永久农村地区,挖掘乡村多种功能和价值,修复和改善乡村生态环境和人居环境,保护好富有地域特色的"农村生命体"。

建立双向联动的城乡经济体系。建立引导城乡产业、消费、要素双向流动的政策体系。通过制度、技术和商业模式创新,改造传统农业生产经营模式,培育农村电子商务、农业供应链,推进农村一、二、三产业深度融合。挖掘拓展农业农村的生态涵养、休闲观光、文化体验、健康养老等价值,合理发展一批农村产业融合示范园、田园综合体、特色种养殖基地、乡村民宿、特色小(城)镇等功能平台。

重塑新型城乡关系。努力走出一条城市和农村携手并进、互利共赢的城乡融合新路,以完善产权制度和要素市场化配置为重点,坚决破除体制机制弊端,促进城乡要素自由流动、平等交换和公共资源合理配置。以国家城乡融合发展试验区为抓手,加快打通城乡融合发展的制度性通道,促进各类要素更多向乡村流动,在乡村形成人才、土地、资金、产业、信息汇聚的良性循环,为乡村振兴注入新动能。

(二)优化重塑产业发展空间布局

积极顺应产业变革发展和转移演化的新趋势,持续提高产业用地节约化集约化水平,充分保障新增优势产业用地需求,既要优化城乡区域之间的产业空间关系,也要促进城市内部产业空间优化升级,为城镇化空间优化提供新支撑。

1. 创新形态适应"四新"经济空间需求

增强空间创新和创新空间供给,面向 5G、物联网、VR、AI 等,引导构建更加扁平化、网络化的城镇格局和城市内部结构。鼓励各类产业空间创新,因地制宜发展特色小镇、楼宇经济、城乡综合体、文化旅游及健康养生综合体等,加强跟踪监测。鼓励优先在国家级新区、自由贸易试验区、国家级经开区等重大平台内开展空间形态创新探索,逐步形成面向新经济的空间供给体系。

2. 促进产业有序转移承接

有序推进东部沿海依托能源原材料和劳动力投入为主的基础性、传统性、模块化产业向中西部转移,减少能源资源、劳动力、商品长距离运输需求。以都市圈、城市群为主体,有序引导部分优势产业从核心城市向周边中小城市疏解转移,形成核心城市总部及高端经济引领、周边中小城市加工协作配套和专业化分工格局。推动建设一批产业配套能力好、承载空间大的城市成为战略性产业接续成长城市。

3. 提高产业空间的开放度

随着改革开放进一步深化和"一带一路"建设的全面推进,我国对外经济联系日益紧密,各地区均将获得新的开放条件和发展空间,应进一步提高产业空间的开放性,积极搭建各具特色的外向型经济发展空间。

一是建设一批具有国际影响力的国别产业合作园区。京津冀、雄安新区、长江经济带、粤港澳大湾区、海南等重大国家战略区域,是我国改革开放的先锋和窗口,应以这些战略区域为重点,进一步面向全球扩大开放,鼓励和支持国际产业深化合作,推动建设一批有国际影响力的国别合作产业园区。

二是建设一批国际门户枢纽城市。随着中欧班列大规模运营、自由贸易试验区的深化建设,沿海、沿边、内地将依托国际商贸、国际物流配送等业态的发展,兴起一批外向型、国际枢纽型城市,应着眼全国对外大通道枢纽体系建

设,优化布局建设一批国际门户枢纽城市,避免在外向型经济发展上的无序
竞争。

4. 提高存量产业空间发展质量

积极推进存量产业空间腾笼换鸟,促进存量园区从高速扩张型转向高质
量发展型。有序推进关闭、异地搬迁和改造升级水源地、重点生态功能区周边
污染性工业园区和企业。改变工业园区遍地开花的形态,果断取缔立地条件
不好、产出效率不高的散乱差污园区。建立健全园区企业退出和准入机制,实
施严格的园区用地产出量化管理举措。

表 10-8　优化布局存量和增量产业空间

	主要任务	示例
存量空间	优化调整不合理的园区布局	①临近大江大河; ②饮用水源地上游、上风向、生态功能区; ③立地条件不好、开发效率低的较小园区
	逐步清退土地开发利用效率不高的产业企业	①工业厂房闲置; ②开发效率低
	提高园区土地开发利用效率	建立单位土地面积产出管理机制
增量空间	培育发展新空间形态	①楼宇经济(城市综合体); ②小镇经济; ③乡村产业融合综合体(田园综合体); ④文化旅游、康养综合体
	新增产业用地	重大改革开放平台
	土地整理更新	存量空间如城中村、老旧厂区、海岸线等整理更新

5. 加快实施城市更新

当前,我国城市人口和空间快速拓展的同时,也在从快速工业化阶段向后
工业化阶段的转型过程中,城市旧城区也面临着空间、设施、功能等短板。这
在一些特大城市尤为突出,城市更新成为城市改造、再生和复兴的重要手段。
通过城市更新促进传统产业园区整体转型,引领城市产业升级。通过在既有
建成区域内嵌入创新空间,集聚创新资源,吸引创新人才。以科技创新为核心

带动城市的全面创新,充分发掘传统行业、创新经济的增长潜力,实现经济多样化发展,提供多元化的就业机会,建设适合各类人才成长创业的宜业城市。通过老工业区的城市更新,积极推动城市功能配套相对完善、城市建设用地保障较为充分的功能区、园区向产城融合的城区转型升级。通过优化居住、就业的土地利用,完善公共服务配套设施,梳理公共开放空间,营造可达性强、服务匹配精准、功能复合、开放安全的宜居社区。

(三)引导人口多元集疏、有序流动

应积极应对城市群、收缩城市和边境地区等重点区域人口空间分布的模式和特点,着重人口流动引导,城市分类指导,以及养老空间、居住空间和高素质人才空间需求等方面做出调整。

1. 引导人口向各级各类城镇化地区有序集聚

城市群依然是国家城镇化的主战场。是新增城镇人口的主要集聚地,应着力优化资源配置和空间布局,提升空间资源利用效率,拓展人口吸纳能力。大中城市应根据城市发展基础、国家和区域战略、发展分化趋势,着力培育省域副中心城市,作为区域性人口集聚中心和经济增长极。

中小城市、县城和部分小城镇应走特色化差异化发展道路。顺势培育地方性人口集聚中心,作为就地就近城镇化的重要节点。合理控制收缩城市产生的负面影响,致力于城市功能和公共服务的品质提升,建设成为基本公共服务供给和实施乡村振兴战略的有效支点。

主动适应、双向引导农民工的回流返乡趋势。主要人口流入地的大城市,应按要求全面取消或放宽落户条件,切实推进基本公共服务均等化和高质量供给,加强农民工职业培训,全面提高就业能力和劳动生产率。主要人口流出地的内陆省份和县域,应抓住高素质劳动力回流机遇,通过足量优质的城市就业、住房和公共服务供给,促进回流人口在各级城市和小城镇集聚,成为就地就近城镇化的关键动力。全面为返乡农民工提供良好的就业创业环境,使其成为推进乡村振兴的中坚力量。

2. 积极引导、冷静应对城市分化与收缩

城市收缩、分化是城镇化中后期伴随经济结构持续转型、区域比较优势不断转化过程中出现的客观现象，根据我们的测算，目前我国城市收缩的程度和范围处在一定区间，不宜过分夸大，应积极引导可控制的精明收缩。

分类施策应对城市收缩。总体上看，目前我国收缩城市有三种类型：部分资源枯竭的城市、部分边境和贫困地区城市、特大城市周边的部分中小城市，其收缩动因不同，要分类施策。资源枯竭型城市重点在加快新旧动能转换，通过结构升级培育新动能；边境和贫困地区城市应结合精准扶贫和乡村振兴战略，探寻特色发展路径；特大城市周边的收缩型中小城市应主动融入积极参与都市圈分工，在错位协作中实现自身发展。

积极应对县域人口流失。针对部分县域人口持续流失的新形势，以县城为重点提升产业集聚和就业吸纳能力，提升教育等关键公共服务变量，改善县域生态环境，加大产业植入、土地利用、投融资等制度创新力度，探索建立闲置低效用地再开发、发展权跨区域转移等新机制，维持县域各类城镇和乡村发展活力。

顺势而为支持潜力城市。近年来在总体经济环境较为困难的情况下，一些城市有较好的经济增长表现，是今后一段时期的潜力城市，主要包括刚走过转型阵痛的沿海制造业城市，如东莞、南通等，刚迈入快速工业化城镇化阶段的新兴人口大市，如南阳、赣州等，还有得益于交通条件改善、或要素结构变动的传统的省域副中心城市，如襄阳、徐州等。应顺势而为，在重大产业平台、开放平台、制度平台及有关政策上，予以支持，形成支撑高质量发展的新梯队。

表 10-9　收缩城市存在问题及其应对策略

收缩类型	存在问题	应对策略
结构性危机收缩	产业危机	加快传统产业用地腾退与再利用，顺应人口减少的趋势提升就业人口质量，加强科技创新能力建设，发展和培育新兴产业

续表

收缩类型	存在问题	应对策略
大都市周边收缩	吸引力不足	探索和建立新的区域合作机制,加强都市圈内部协作,利用新兴产业和城市境的改善来充分吸引人口
欠发达以及边境城市收缩	经济落后	加强对外开放以引进资金和技术,依靠本地优势发展特色产业

3. 增加养老空间数量和质量

人口老龄化问题需要科学、辩证地认识,老龄化在增加了社会养老需求的同时也带来了机遇,在人口老龄化初期,人口增长放慢,总人口抚养比和少儿抚养比下降,是有利于社会经济发展"第二次人口红利期"。应对我国的人口老龄化趋势发展趋势和老龄化水平的空间差异,可以采取以下策略:

建立完善的养老服务体系,不断满足老年人不断增长的供养、医疗、娱乐等需求。广泛动员政府、市场、非营利组织、志愿者、居民等社会力量,共同建立完善的分级老年服务网络,在区县一级配备区县养老院、老年专科医院等设施,在街道一级配备街道级院、老年诊所、老年大学、老年活动中心等场所,在社区一级配备老年食堂、老年活动站等,在家庭一级进行住房适老化改造。

通过提高劳动参与率和生产率,缓解老龄化带来的劳动力短缺压力。广开就业渠道,提高劳动年龄人口的就业率;加强职业技能培训,不断提高劳动者的生产效率;适当延迟退休年龄,鼓励低龄老年人继续参加工作,充分利用老年人的技能和经验,开发老年人力资源,抓住第二次红利机遇。这对于人口外流,老龄化严重的地区尤其重要。

4. 适应高素质人才的空间需求

我国人口素质结构的变化主要表现为人口素质水平不断提升,素质红利不断增加,但区域间差距较大,应对这一情形,可采取的策略有:

利用城镇优质教育资源,在人口快速城镇化进程中不断提升农业转移人口素质。建立农业转移人口专业和能力的终身教育培训体系;结合农业转移人口在企业、社区等的分布特点和就业时间特点，不断优化职业培训机构的布点设置，积极推行弹性学制与非全日制培训，降低培训的机会成本；在农业转移人口较为集中的行业积极引导其参与职业技能鉴定和资格认定，不断提高劳动生产率。

教育资源适当向人口文化素质水平较低的中部、西部地区倾斜，以缩小地区差异。在高中教育方面要适当增加优质高中数量，扩大高中教育投入，并根据生源分布不断优化布局，以应对目前教育资源总量不足、布局结构不合理的问题；在职业技术教育方面要根据中西部地区各地的产业结构发展应对市场需求的职业教育体系，建设一批具有一定规模、功能齐全、师资力量雄厚的职业技术培训基地；在高等教育方面要适当扩大西部地区的招生规模，并积极鼓励西部生源的毕业生返乡就业创业。

（四）构建与城镇化布局形态相匹配的交通系统

提高各种运输方式的人口覆盖范围，发挥综合交通运输网络对城镇化格局的支撑和引导作用，使交通系统的布局和功能同城镇化空间格局形态相匹配。

1. 加强服务国家战略和开放格局的"双支撑"交通网络建设

一是要支撑国家战略，在城镇化密集区之间，依托"十纵十横"综合运输大通道，有效支撑国家"两横三纵"城镇化战略格局，加密京津冀、珠三角、长三角、成渝、长江中游等国家战略区域的骨干通道。二是要支撑国家对外开放格局，加强与"一带一路"六大走廊对接。加快贯通陆海新通道，强化西北、西南与东南沿海的连接，高效连通城镇化密集区以及省会城市、大中城市和重要口岸。加快国际大通道建设，协调推进与境外铁路和公路规划对接和项目建设，进一步提升口岸城市门户功能。

2. 推动城市群、都市圈交通网络有机衔接畅通

以三大世界级城市群为重点，加强干线高速铁路、干线普通铁路、城际铁路、市域（郊）铁路、城市轨道交通在城市群内部的融合发展，打造轨道上的都

市圈。加强中心城市对外通道与城市道路的合理衔接,提高进出城效率,促进形成内外衔接高效、快慢匹配合理、干支布局均衡的城市路网体系。推进以资本为纽带的跨区域港口资源整合,打造分工明确、规模效应突出的机场群,加快城市群、港口群、机场群的协同发展。依托综合交通枢纽构建内外衔接顺畅的城市群综合交通体系,加强核心城市与节点城市、节点城市间以及城市中心区与周边卫星城间的同城化、通勤化联系。

3. 强化城市交通低碳化、集约化、智能化发展

大力倡导步行、自行车交通和公共交通等低碳出行方式,完善公共交通主导的交通网络体系,在城市用地布局和交通资源分配上坚持低碳优先,利用TOD策略提升城市空间容量和交通系统运行效率。鼓励采取开放式、立体化方式建设集铁路、公路、机场、城市交通于一体的综合交通枢纽。强化枢纽与城市交通的衔接,为客流和物流提供一站式的全过程运输服务,实现枢纽之间的互联互通、资源共享。协调交通功能与城市功能,推进车站、机场、港口等交通枢纽地区的城市更新和功能修复。

4. 实施一批促进空间优化调整的重大交通项目

根据各城市群、都市圈不同特征和各自交通方式突出短板,加快实施一批对城镇化空间布局影响重大的交通设施项目。加快推进沿海高铁北段、津沈高铁、沿江高铁建设,研究论证渤海大桥、琼州海峡大桥等重大连通性工程。支持建设与城市能级相匹配的航空港,优化"一市多场、一圈多场"布局,促进分工联动发展。重视大数据、"互联网+"、无人驾驶等新技术在交通领域的应用,提升城市交通承载能力和运行效率,更好满足现代城市群同城化、都市圈通勤化需要。

(五)加强城镇化的生态空间供给保障

今后一段时期我国应从协同共建城市群、都市圈绿色生态网络,高标准建设城市内部生态系统,加强城乡生态系统功能链接,发挥大江大河生态经济带引领示范作用,加快推动绿色城镇化进程等方面调整优化城镇化空间布局,优

化提升生态空间规模和质量,确保国家和人民的生态安全。

1. 协同构建城市群和都市圈内部绿色生态网络

编制实施城市群、都市圈生态环境共建共享方案,严格保护跨行政区重要生态空间,充分发挥中心城市的辐射带动作用,在城市群、都市圈内部联合实施重大生态保护和修复工程,协同推进林地、湿地建设、河湖水系疏浚、生态环境修复和环境综合治理。设立一批国家公园,整合和归并优化各类自然保护地,促进自然保护地体系与生态保护红线体系相融合,完善区域生态廊道、绿道与国家公园、自然保护区有机衔接,优先在京津冀、长三角、珠三角、成渝等城市群、都市圈内部优化生态功能布局,完善区域环境治理合作机制,形成大气和水污染区域联防联控示范,打造现代化绿色城市群和都市圈。

2. 高标准建设不同规模和类型城市生态系统

以人为核心、因市而异,优化城市生产、生活、生态空间布局,以城市森林、重要湿地、大型公园等作为城市生态系统核心节点,优化布局城市绿心、绿肺、绿环、绿廊,增强城市生态系统的整体性、连通性和综合效益,提升城市生态产品供给能力。实施"退工还绿",大力提高建成区绿化覆盖率,开展老旧公园改造、黑臭水体治理、工业污染场地修复、矿山生态治理等城市生态环境修复工程。推动大气和水体多污染物协同控制,将 VOC、臭氧、总氮、总磷等污染物纳入总量控制指标。推动城市绿色低碳发展,完善海绵城市等生态基础设施建设,在雄安新区等有条件地区率先探索零碳社区、无废城市,形成示范带动效应,有效提升城市污水和垃圾消纳能力,建设新陈代谢功能强大、运转顺畅的"生命"城市。

3. 发挥大江大河生态经济带建设引领示范功能

以长江经济带、沿黄经济带等为引领,以淮河、汉江、珠江—西江等生态经济带为支撑,沿大江大河推进流域生态经济带建设,形成绿色城镇化集聚区和绿色发展示范带。优化流域生态安全屏障体系,以资源环境承载能力为基础,发挥各地生态优势,优化产业布局。推动长江经济带率先建立生态产品价值实现试点,探索生态优先、绿色发展新路径。打通流域上中下游生态环境保护治理体系,完善流域跨部门、跨区域监管与治理制度,健全流域生态保护绩效考核和生态补偿机制,全面改善大江大河生态环境质量。

（执笔人:高国力、刘保奎、黄征学）

第十一章 提高资源循环利用效率

提高资源循环利用效率,是实现高质量发展、保障资源安全、加快生态文明建设的重大战略举措,也是全球推动可持续发展的时代潮流。本章在分析现状、总结经验、发现问题的基础上,以资源产出率为主要研究对象,采用经济系统物质流模型、资源产出率影响因素分解和"自下而上"的终端产品需求驱动分析等方法对中长期发展趋势进行了研究,提出了提高资源循环利用效率的主要目标、总体思路以及包括"三大任务、三大载体、五大行动"的实现路径,最后提出了相关政策建议。

一、提高资源循环利用效率①的重大意义

(一)提高资源循环利用效率是实现高质量发展的客观要求

党的十九大报告作出了中国特色社会主义进入新时代、经济发展由高速增长阶段转向高质量发展阶段的重大判断。高质量发展是体现创新、协调、绿色、开放、共享新发展理念的发展,是生产要素投入少、资源配置效率高、资源

---

① 本研究中的"资源循环利用效率"指包括终端废弃物资源循环再利用等在内的资源利用效率,是广义的循环经济概念,核心统领性指标为资源产出率。资源产出率用于衡量单位资源投入带来的经济产出,具体计算方式为国内生产总值(亿元,不变价)同主要资源实物消费量(亿吨)的比值,其内涵是经济活动使用自然资源的效率。世界各国资源投入统计口径并不一致,目前,我国在核算主要资源产出率时包括五大类 14 个资源品种,分别为:(1)煤、石油、天然气三种化石能源;(2)钢铁资源;(3)铜、铝、铅、锌、镍五种有色金属资源;(4)石灰石、磷、硫三种非金属资源;(5)木材、谷物两种生物质资源。

环境成本低、经济社会效益好的发展，是更好满足人民日益增长的美好生活需要的发展。提高资源循环利用效率，就是要不断提高资源利用的质量，以更少的资源消耗实现更多数量、更大价值的产出，既是提高全要素生产率，实现经济高质量发展的重要途径，更是在新时代贯彻新发展理念的客观要求。

（二）提高资源循环利用效率是保障资源安全的战略选择

我国人均资源拥有量低于世界平均水平，例如2017年石油、天然气、铁矿石、铜等资源的人均储量仅相当于世界平均的8%、16%、65%、23%。近几十年工业化、城镇化的快速推进带动资源需求持续增长，资源保障压力不断加大。目前，我国主要资源如铁矿石、石油、天然气、铜矿石、铝土矿、镍矿和硫黄的对外依存度分别已达到85%、70%、45%、80%、50%、80%和60%，战略金属资源如钴、镍、铂等长期匮乏，资源安全形势不容乐观。面对空前复杂的全球地缘政治格局，重塑资源战略观，提高资源循环利用效率，用好二次资源，是保障国家资源安全的战略选择。

（三）提高资源循环利用效率是从源头解决生态环境问题的基本途径

长期的资源过度开发，以及粗放的发展方式和资源利用方式，造成了水土流失、地表塌陷、空气土壤和水污染、气候变化等一系列问题，导致我国生态环境不断恶化。仅燃煤，每年就排放了全国90%的SO_2、67%的NO_x以及70%以上的CO_2。提高资源循环利用效率，着力减少一次资源需求，从源头上降低资源全生命周期的环境负荷，是我国解决环境问题和应对气候变化的基本途径。

（四）提高资源循环利用效率是社会推动可持续发展的国际潮流

日本作为一个资源匮乏的国家，把提高资源循环利用效率、建设循环型社会作为由"资源小国"变为"资源大国"的国家战略，从2000年至今已经发布了4期循环型社会推进计划，坚持不懈推动资源循环利用，并取得了良好效果。欧盟早期主要从废弃物治理的角度出发推动循环经济，而2008年金融危机以后则着眼于经济发展方式由传统的线性增长模式转变为循环经济发展模式,力争用尽量小的资源环境代价推动经济社会可持续发展。作为联合国可持续发展目标的一项重要内容,提高资源循环利用效率正在成为世界各国推动可持续发展的潮流。

综上,无论是从国内资源供给、资源安全及生态环境承载能力看,还是从大力推动生态文明建设、转变发展方式实现可持续发展、提升国家治理水平的内在要求看,提高资源循环利用效率是必由之路。未来需要积极创造有利条件,着力解决资源循环利用中的突出矛盾和问题,将资源循环利用作为推动我国经济高质量发展的重要抓手,加快社会主义现代化和美丽中国建设。

二、资源循环利用的现状、进展与问题

(一)资源供应与消费现状

1. 资源消费总量大

资源消费总量大幅增长。改革开放以来,我国经济的快速发展带动资源需求持续走高,主要资源表观消费量由 1978 年的 13.4 亿吨增长到 2017 年的 105.4 亿吨,39 年增长了 6.9 倍,其中化石能源、钢铁、有色金属、非金属、生物质资源的表观消费量分别增长了 5.2、15.4、14.3、24.6、1.6 倍。受经济发展换挡的影响,2015 年和 2016 年出现负增长。但随着经济的稳中向好,2017 年资源消费增速有所回升,同比增长 3.3%,绝对量达 3.4 亿吨。

消费结构以化石能源和金属矿产为主。从消费结构看,我国资源消费以化石能源资源、金属资源为主,2017 年分别占消费总量的 43.1%、25.5%,非金属资源占 23.2%,生物质资源相对较少,占 8.2%。这与欧盟以非金属矿和生物质为主,以及日本以非金属矿和化石能源为主的消费结构存在差异[1]。

---

[1]　由于各国在计算资源产出率和资源消费量时所考虑的具体资源种类不同、资源消费量的计算口径略有差别、各资源加总时的权重不同,所以上述比较仅具有一定的参考价值。

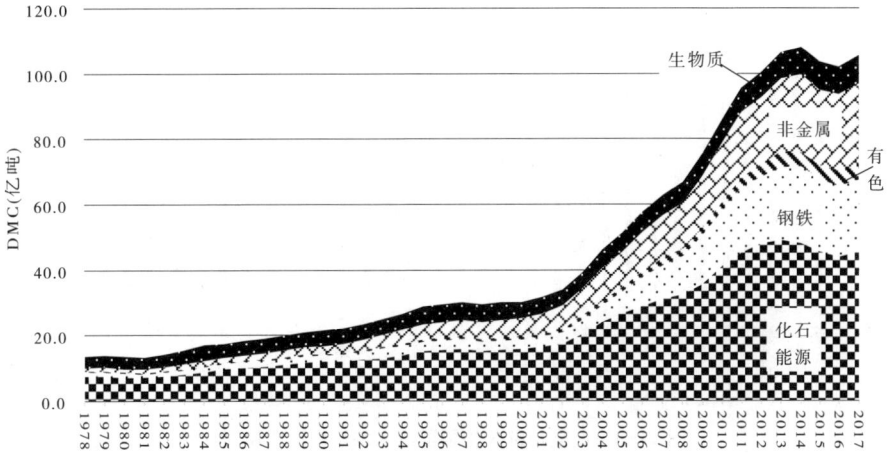

图 11-1　中国 1978—2017 年主要资源消费量变化情况

资料来源：由清华大学课题组整理。

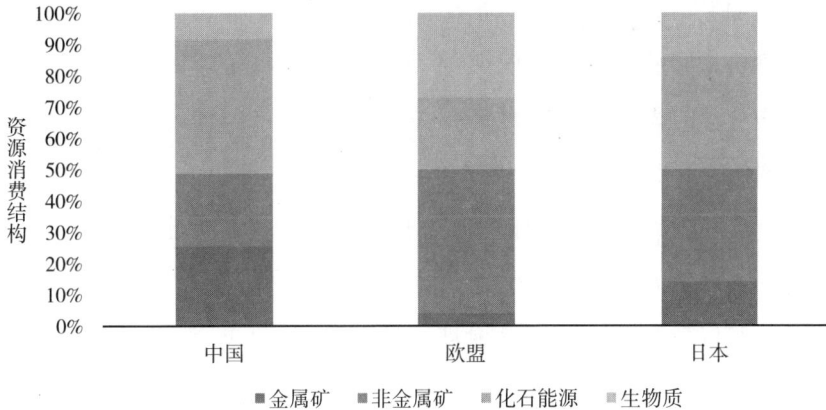

图 11-2　中国、欧盟和日本资源消费结构比较

2. 人均消费水平低

2017 年我国人均资源消费量（人均 DMC）为 7.6 吨/人，约为欧盟和日本的一半，略低于英国（8.7 吨/人）、西班牙（8.7 吨/人）和意大利（8.2 吨/人）的水平，而其余欧盟国家的人均资源消费量均显著高于我国，表明我国资源消费量还有增长空间。

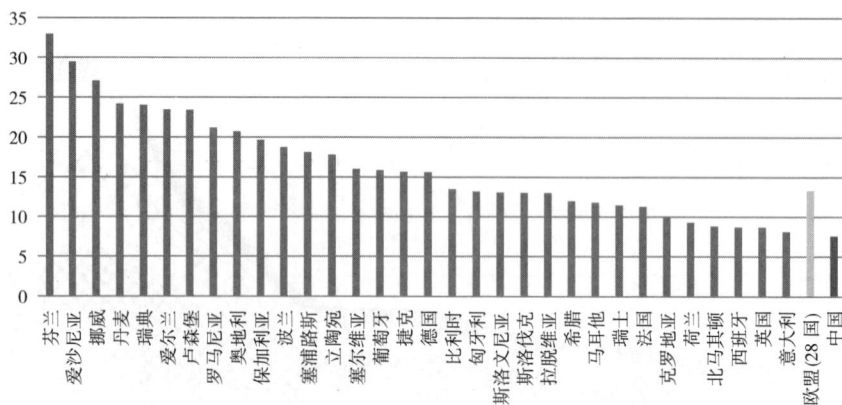

图11-3　我国与欧盟主要国家人均资源消费量对比

3. 国内资源保障能力有限,部分资源对外依存度较高

矿产资源"家底"不容乐观。我国多数矿产资源并不富裕,部分资源人均储量更是明显偏低。2017年全球石油资源探明可采储量中我国仅占1.5%,人均石油可采储量仅为2.5吨/人,不到全球平均水平的8%;天然气探明可采储量仅占全球的2.8%,人均为3942立方米/人,不到全球平均水平的16%。即使相对较丰富的煤炭资源,也仅占全球探明可采储量的13.4%,人均水平只有176.5吨/人,略高于全球平均水平(137吨/人)。全球铁矿石原矿储量中我国约占全球12%,人均储量约为全球平均水平的65%,同时,国内铁矿石资源平均品位约为30%,远低于全球45%平均水平。我国铜储量仅占全球的4.3%,人均约为全球平均水平的23%;铅矿储量占16%,人均约为全球平均水平的86%。

多数资源依赖进口。由于储量有限、人口众多,国内资源难以满足快速增长的资源消费需求,资源安全保障压力不断上升。就化石能源来说,2018年净进口煤炭2.76亿吨,创造新高;石油、天然气的进口量分别达4.62亿吨和1254亿立方米,对外依存度分别高达69.8%和45.3%。就钢铁资源来说,2018年进口铁矿石到港量共10.38亿吨,对外依存度高达85%以上。就有色金属资源来说,铜精矿的对外依存度超过70%,铝土矿对外依存度已超过

50%,镍矿 80%依赖进口。就非金属矿物资源来说,我国是世界最大的硫黄进口国,对外依存度在 60%以上。就生物质资源来说,木材缺口依然较大,2018年共进口木材 1.12 亿立方米;大豆对外依存度超过 80%。

(二)资源循环利用成效

1. 资源总体利用效率显著提升

按照 2010 年不变价计算,1978—2017 年,我国资源产出率由 1526 元/吨提升到 6714 元/吨,39 年来增长了 3.4 倍,年均增速 3.9%。特别是 2012—2016 年间,资源产出率年均增长率达 6.7%。

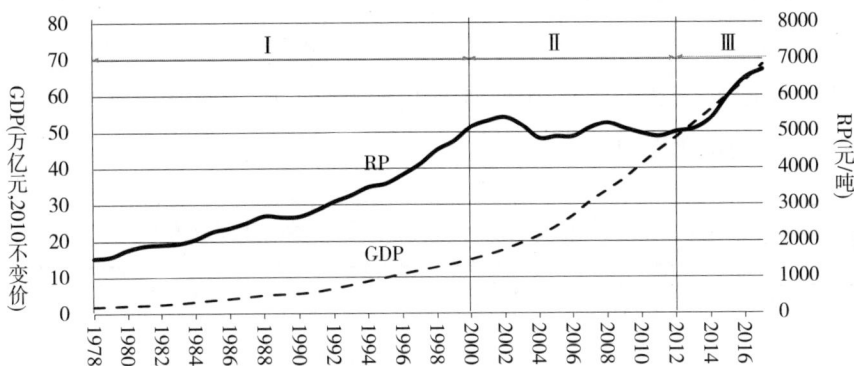

图 11-4 1978—2017 年我国资源产出率与 GDP 变化情况

2. 资源循环利用能力不断提高

大宗工业固废综合利用率达 65%左右。根据行业协会统计数据,2017 年我国尾矿产生量 16.13 亿吨,综合利用量为 3.87 亿吨,综合利用率为 24%;粉煤灰产生量达 5.15 亿吨,综合利用量约 3.95 亿吨,综合利用率达 77%;煤矸石产生量约 6.23 吨,综合利用量约 4.52 亿吨,综合利用率为 73%;钢铁冶金废渣产生量约 4.49 亿吨,综合利用量 3.51 亿吨,综合利用率为 78%;赤泥产生量为 8900 万吨,综合利用量为 400 万吨,综合利用率为 4.5%。2010—2017年,累计利用一般工业固体废弃物达 150 亿吨。

表 11-1　部分工业固废综合利用率变化趋势

年份	尾矿	赤泥	钢铁渣	有色冶炼渣	粉煤灰	煤矸石
2011 年	17%	5%	97%	94%	68%	62%
2012 年	19%	5%	63%	93%	69%	63%
2013 年	19%	4%	55%	95%	69%	64%
2014 年	18%	4%	75%	94%	72%	69%
2015 年	20%	4%	79%	95%	76%	68%
2016 年	22%	4%	80%	95%	77%	78%
2017 年	24%	4%	78%	94%	77%	73%

主要再生资源回收利用率达 70% 左右。再生资源回收利用量逐年增长，2017 年，我国废钢铁、废有色金属、废塑料、废旧轮胎、废纸、废弃电器电子产品、报废机动车、废旧纺织品、废玻璃、废电池十大类别的再生资源回收总量为 2.82 亿吨，同比增长 11%。

表 11-2　主要再生资源"十三五"目标及 2017 年完成情况

重点领域	"十三五"主要目标	2017 年情况
废钢铁	废钢消耗量达 1.5 亿吨	14791 万吨
废有色金属	利用规模达 1800 万吨，其中再生铜 440 万吨，再生铝 900 万吨，再生铅 250 万吨，再生锌 210 万吨	约 1375 万吨，其中再生铜 320 万吨，再生铝 690 万吨，再生铅 205 万吨，再生锌 160 万吨
废塑料	利用规模达 2300 万吨	1693 万吨
废纸	利用规模达 5500 万吨，回收利用率达 50%	5285 万吨，42.5%
废旧轮胎	利用规模达 850 万吨，轮胎翻新率达 8%—10%	507 万吨，轮胎翻新率为 5.3%
废弃电器电子产品	利用量达 6.9 亿台	1.64 亿台
废旧纺织品	综合利用总量达 900 万吨	350 万吨

城市生活垃圾无害化处理率达 98%，垃圾发电装机已居全球首位。2017 年我国城市生活垃圾清运量为 2.15 亿吨，全国城市共有生活垃圾无害化处理

场(厂)940座,处理量2.1亿吨,城市生活垃圾无害化处理率从2004年的52.2%上升到2017年的97.8%。无害化处理以卫生填埋为主,2017年约1.2亿吨;垃圾焚烧比例快速提高,从2010年的15%左右提升至2017年的接近40%,焚烧量从2317万吨提升至8463万吨。截至2017年底,垃圾焚烧发电装机容量已达725.1万千瓦,位居全球首位。

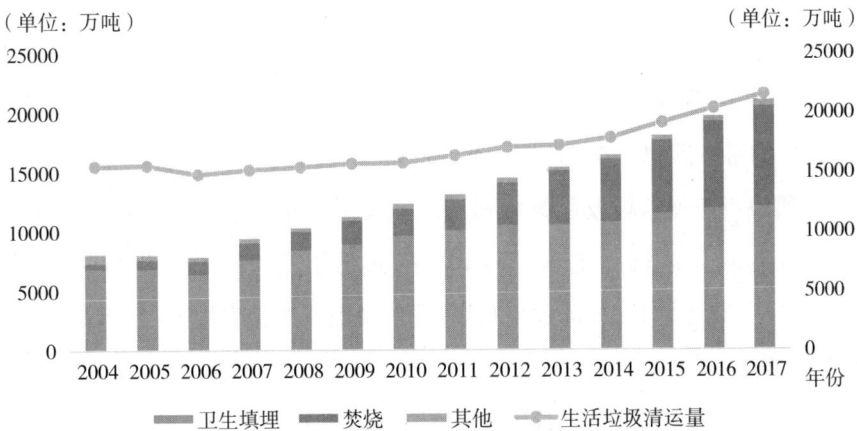

图11-5 我国2004—2017年生活垃圾清运量、卫生填埋量和焚烧量

3. 产业支撑保障作用日益增强

"十二五"以来,我国资源循环利用产业产值保持年均12%以上的增长速度,2017年超过2.6万亿元,解决就业约3700万人,其中,仅十大再生资源回收总值就达7550.7亿元。再制造企业由2005年的1家上升到目前的500余家。此外,产业发展推进技术装备水平不断提高,逐渐建立起较为完整的资源循环利用技术体系,并在重点领域取得了突破。

(三)资源利用水平国际比较

资源产出率不到欧盟平均水平的45%、日本的40%。我国资源产出率与国际先进水平相比仍有较大差距,2017年欧盟资源产出率为2.08欧元/千克(约合1.74万元/吨),日本2015年资源产出率为38.2万日元/吨(约合1.97万元/吨),欧盟成员国中资源产出率最高的瑞士达到5.11欧元/千克(约合

4.27 万元/吨)。按现价计算,2017 年我国资源产出率为 7782 元/吨,欧盟、日本、瑞士分别是我国的 2.2 倍、2.5 倍和 5.5 倍。

固废综合利用和再生资源回收利用仍存短板。部分固废综合利用和再生资源回收利用水平明显偏低。例如,目前尾矿、赤泥的综合利用率仅为 24% 和 4%。2017 年我国炼钢废钢比不到 18%,低于全球平均 35% 的水平 17 个百分点;废纸回收率约 42.5%,低于全球平均 58.9% 的水平 16.4 个百分点,低于欧盟平均 71% 的水平 28.5 个百分点;废玻璃回收利用率仅为 35%—40%,相比于全球平均 50% 的水平低 10—15 个百分点,相比于瑞士、德国、日本等 80% 以上的水平低 40—45 个百分点。

建筑垃圾和餐饮垃圾资源化利用远不及国际先进水平。公开资料显示,我国建筑垃圾总体资源化率不到 10%[1],远低于欧美国家的 90% 和日韩的 95%,部分国家已达 100% 资源化利用;餐饮垃圾资源化率约 10%,远低于日本的 57%。

生活垃圾分类水平较低且填埋比例较高。我国生活垃圾清运量还处在不断上升中,网购外卖等新业态发展加剧了这种态势,但目前生活垃圾回收利用率在 15% 左右[2],低于欧盟平均水平 47.4%,更远低于德国(67.6%)和奥地利(57.7%)等生活垃圾回收利用较好的国家。在城市人口密度与中国较为接近的韩国、日本、新加坡、德国、英国等国家,垃圾焚烧+资源回收方式几乎占据处置规模的 80%,填埋率均低于 20%,日本、新加坡低于 10%。而我国卫生填埋仍是城市生活垃圾无害化处理的主要方式,2017 年卫生填埋处理的比例约占垃圾总量的 56%。

(四)主要工作进展

我国一向高度重视资源节约和资源循环利用。自 1998 年首次引入循环

---

[1] 我国建筑垃圾统计口径和国外有所差别,据调查,建筑垃圾当中有 70% 左右为弃土等。
[2] 周传斌,吕彬,施乐荣,陈朱琦,刘懿颉:《我国城市生活垃圾回收利用率测算及其统计数据收集对策》,《中国环境管理》2018 年第 3 期。

经济 3R 理念以来,以发展循环经济为重点推动资源节约集约循环利用的工作力度不断加强,综合采用法律的、行政的、经济的等手段加快推进循环生产和生活方式,促进资源循环利用效率不断提高,并逐步建立起一套完整的工作体系,初步形成了符合国情且具有中国特色的"中国方案"。

一是不断强化战略地位。"十一五"规划纲要明确指出发展循环经济,要求按照减量化、再利用、资源化的原则,在资源开采、生产消耗、废物产生、消费等环节,逐步建立全社会的资源循环利用体系。"十二五"规划纲要在"大力发展循环经济"一章,首次提出以提高资源产出效率为目标,推进生产、流通、消费各环节循环经济发展,加快构建覆盖全社会的资源循环利用体系。"十三五"规划纲要提出要树立节约集约循环利用的资源观,推动资源利用方式根本转变,其中"大力发展循环经济"章节的内容更为具体化和系统化。可以说,发展循环经济、提高资源利用效率的重视程度逐步加强。

二是建立以《循环经济促进法》为基础的法律法规保障体系。2009 年,我国正式实施《循环经济促进法》,法律确定了减量化、再利用和资源化的 3R 原则,为各项工作的开展提供了法律依据。配合法律执行,构建了一系列法规制度,包括《废弃电器电子产品回收处理管理条例》《再生资源回收利用管理办法》《报废机动车回收管理办法》《汽车零部件再制造试点管理办法》《新能源汽车动力蓄电池回收利用管理暂行办法》等,旨在为促进循环经济发展,提高资源利用效率提供基础和保障。目前,初步形成了由国家法律、行政法规、部门规章和地方法规构成的循环经济法律法规保障体系。

三是以目标为引领抓好顶层设计。2005 年,国务院印发了循环经济首个纲领性文件《关于加快循环经济的若干意见》,并提出了资源产出率提高目标以及重点任务和政策措施。2013 年和 2017 年分别印发了《循环经济发展战略及近期行动计划》和《循环发展引领行动》,提出了"十二五"和"十三五"时期的目标和重点任务,并继续沿用资源产出率作为重要引领性指标。以目标为引领,是我国推动资源循环利用工作广泛和深入开展的重要抓手。

四是将开展试点示范作为形成模式和经验的金钥匙。为探索循环经济发展模式,推动建立资源循环利用机制,国家发展和改革委员会、国家环保总局等6个部门早在2005年就联合开展了第一批循环经济试点,共包括6个省(直辖市)、4个市、13个园区和7个重点行业的43家企业,再生资源回收利用等4个重点领域的17家单位。之后,国家相关部门又开展了循环经济示范城市(县)、国家"城市矿产"示范基地、园区循环化改造试点、再制造试点示范基地、工业固体废物综合利用基地试点、资源循环利用基地以及"无废城市"等多类型试点示范,涵盖工业过程、企业、基地建设、园区、城市(县)及省份等,总结形成大量资源循环利用模式案例和先进典型,为全面推广奠定了基础。

五是制定出台配套政策体系。国家出台了多项价格、财政、税收和金融政策,支持发展循环经济。在价格和收费政策方面,实行了差别电价、惩罚性电价、阶梯水价、生物质发电上网优惠电价等。在财政政策方面,设立了循环经济发展专项资金,累计安排了136亿元,用于支持园区循环化改造、城市矿产示范基地、餐厨废弃物资源化利用等重点项目;近十多年,中央预算内固定资产投资共安排400多亿元,用于支持循环经济和资源节约项目;国家对列入"863""973"和"科技支撑"计划的循环经济重大科技开发项目给予补助;建立了废弃电器电子产品处理基金,对列入目录的产品回收处理给予补贴。在税收优惠政策方面,制定了鼓励生产和购买使用节能节水专用设备、小排量汽车、资源综合利用产品和劳务等的税收优惠政策。此外,还制定了一系列金融政策和产业政策。

(五)存在的主要问题

总的来说,我国在资源循环利用及循环经济工作推进方面取得了长足的进步,是资源循环利用效率水平不断提高的根本保障。但与先进国家比,资源产出率低、资源利用效率低、再生资源回收和循环利用率低、生活垃圾资源化利用率低等问题依然不同程度地存在。因此,应重视目前存在的问题和不足。

一是资源循环利用观念尚未全面树立。在战略层面,亟待树立"循环+进口+本国开采"的新资源观。在企业层面,亟待形成全生命周期"节约集约、循环利用"的资源理念,纠正废弃产品回收利用观念薄弱、过度包装和一次性包装材料浪费严重等问题。在公众层面,亟待普及绿色生活方式和消费模式,纠正奢侈消费、铺张浪费、大量消耗一次性产品、垃圾分类回收意识低等突出问题。

二是多措并举、协调一致、全面推进的工作机制尚待深化。提高资源循环利用效率属于系统工程,与产业结构、产业部门资源消耗强度和废弃物再利用与资源化水平等因素密切相关。目前,仍存在政府、企业、社会公众"责权利"不清晰、职能交叉和多头管理、产业发展不规范、市场化手段欠缺、企业协同积极性不够等问题。

三是能力建设尚需加强。统计核算体系不完备,制约工作部署和深入开展。面对国际上涌现的新技术、新模式和新解决方案,引进消化吸收不到位,创新能力有待进一步提高。社会舆论宣传引导不充分,企业、民众的节约环保意识不足且较难转化为具体行动。资源循环利用理论和实践研究有待进一步深入,循环发展的宏观战略、制度创新、政策机制、评价方法等诸多问题需要回答和解决。

三、国际典型经验与启示

(一)日本:从资源小国到资源大国

1. 全面建设循环型社会

日本提高资源循环利用效率主要经历了三个阶段:20世纪90年代前,主要是为了应对资源大量消耗以及废弃物填埋带来的生态环境问题和土地短缺问题;20年代90年代到2000年,面对经济发展放缓,旨在充分挖掘废弃物资源经济价值,解决国内经济乏力问题;2000年之后,全面跨入循环型社会建设新阶段。日本在"新千年计划"中将发展循环经济和构建循环型社会作为最大限度提高资源能源利用效率、减少环境负荷、向可持续发展社会转变的重要对策。日本于 2000 年颁布《循环型社会形成推进基本法》，标志着国内循环型社会建设全面开启。

2. 保持延续性和目标导向是日本得以成功的"最显著特点"

作为《循环型社会形成推进基本法》的配套规划，日本从 2003 年开始每 5 年制定一期"循环型社会形成推进基本计划"，最新一期即第 4 期已于 2018 年 6 月发布。各期计划中最重要的内容是量化目标制定和目标支撑指标体系的构建。目标对应的指标体系由核心指标和辅助指标组成。核心指标包括资源产出率、循环利用率[①]和最终填埋量，每期都提出具体目标（见表 3）。辅助指标则结合实际不断修正和完善，指标数量从第 1 期的 5 个已扩充至第 4 期的 150 个。

表 3 日本各期计划中核心目标设定

计划期数	发布时间	具体目标
第 1 期	2003 年	2010 年达到：资源产出率 39 万日元/吨，循环利用率 14%，最终填埋量 2800 万吨。
第 2 期	2008 年	2015 年达到：资源产出率 45 万日元/吨，循环利用率 14%—15%，最终填埋量 2300 万吨。
第 3 期	2013 年	2020 年达到：资源产出率 46 万日元/吨，循环利用率 17%，最终填埋量 1700 万吨。
第 4 期	2018 年	2025 年达到：资源产出率 49 万日元/吨，循环利用率（入口处）18%，循环利用率（出口处）47%，最终填埋量 1300 万吨。

数据来源：日本环境省网站。

3. 层次分明、内容完善的法律体系是不可或缺的保障

日本目前已形成了由基本法、综合法和专门法构成的法律体系，层次分明、内容完善、要求明确，为提高资源循环利用效率提供了坚实的后盾。《循

---

① 循环利用率在第 4 期计划中扩充为入口处循环利用率和出口处循环利用率。入口处循环利用率指循环资源量占总资源投入的比重。出口处循环利用率指循环利用废弃物量占废弃物产生量的比重。

环型社会形成基本推进法》为基本法,规定基本原则。《固体废弃物处理和公共清洁法》和《资源有效利用促进法》为综合法,以废弃物管理和资源再生利用为对象划分了基本结构。专门法是具体实施层面的法律,日本针对容器与包装、家用电器、食品、汽车、建筑材料、小型电子等六个领域制定了专门法律,具体规定了制造商、消费者、回收利用商及国家在循环利用方面的权利与义务。

4. 从区域和产业两个维度抓实循环型社会建设

构建地域循环共生圈和培育循环产业贯穿日本 4 期"循环型社会形成推进基本计划"。地域循环共生圈①旨在各地区形成资源自给自足的独立型区域。日本政府重视可再生能源和生物质资源对地域循环共生圈建立的作用,提出生物质产业城市概念实现区域生物质资源利用闭环,并通过经济、行政、信息等手段支持循环共生圈建设,如对地方废弃物处理设施、静脉物流体系给予财政支持;出台"再生利用认证制度"和"广域认证制度"共同促进再生资源在更广地域范围内循环等。在培育循环型产业方面,主要措施有:完善法律法规、设置企业准入门槛、建立评价机制同财政补贴挂钩、建立环境标识扩大再生产品认可度和需求、对再生资源回收利用企业实行税收优惠、实施政府绿色采购等。

(二)欧盟:从线性发展到循环发展

1. 重新定义循环经济

欧洲早期的循环经济主要从废弃物治理的角度出发,目标是降低固体废弃物对环境的影响。2000 年以来,欧盟的经济发展有所放缓,特别是 2008 年金融危机的爆发,使得欧盟经济发展停滞不前。在这种背景下,欧盟借鉴日本建设循环社会、中国发展循环经济的思路,结合自身实际,提出了新的循环经

---

① 地域循环共生圈中的"循环"要求各地区充分利用地区资源和优势、使产生的再生资源尽可能在本地消纳。"共生"指各地区与邻近地区资源互补,在更大空间范围形成资源齐备的"共生圈"。

济理念:欧盟认为传统的经济模式是线性增长模式,在经济增长的同时对资源环境造成了巨大的负面影响。循环经济模式是对传统经济模式的变更,是重塑经济的机会,要通过经济发展中对资源的分享、修复、再利用、循环等方式,一方面降低资源的使用水平,另一方面创造新经济和新就业。

2. 系统推进是欧盟再次引领循环经济的重要特征

2015 年欧盟发布新的循环经济战略,即《循环经济行动计划》,纵观新战略,特别注重系统性、全面性和引导性。一是从全生命周期的角度,将循环经济理念融入到产品生产、消费、废物处理、资源再生的全过程;二是特别重视生态设计和源头减量,将资源循环利用效率作为产品生态设计的主要考量之一;三是重视中小企业创新,强调消费视角下的商业机会;四是强调废物管理的优先顺序,按照预防、回收资源、转化能源、废物管理的顺序实现资源高效利用和循环利用。从工作重点看,包括四大行动和五大优先领域。其中四大行动对应产品全生命周期的四个环节,即生产、消费、废弃物管理和资源再生;五大优先领域是指废塑料、食物废弃物、重要原材料、建筑废弃物、生物质产品五大领域。

3. 建立"金字塔结构"目标指标体系

以资源产出率为统领指标,欧盟构建了多维度指标体系,共包括三层级32 个细分指标。第一层为引领性指标。第二层为宏观性指标,聚焦在资源利用和环境影响,分为原材料、土地、水和碳四个方面,共 9 个具体指标,包括:国内人均物质消耗量(DMC)、建成区面积、土地产出率、水资源开发指数、水产出率、人均温室气体排放、能源产出率、能源独立性和可再生能源占能源消费比重。第三层为主题性指标,监测经济转型、自然资产以及重点领域等指标,分为经济转型、自然和生态系统、重点领域三个方面,共 22 个具体指标。

4. 扎实的基础数据和保障体系

统计和数据基础是工作有效部署的前提。欧盟通过绘制出资源循环利用图,全面掌握资源循环利用情况。从图 11-8 可以看出,2016 年欧盟资源输入量为 73.6 亿吨,循环总量为 11 亿吨(含回填 2.3 亿吨),资源循环利用率为

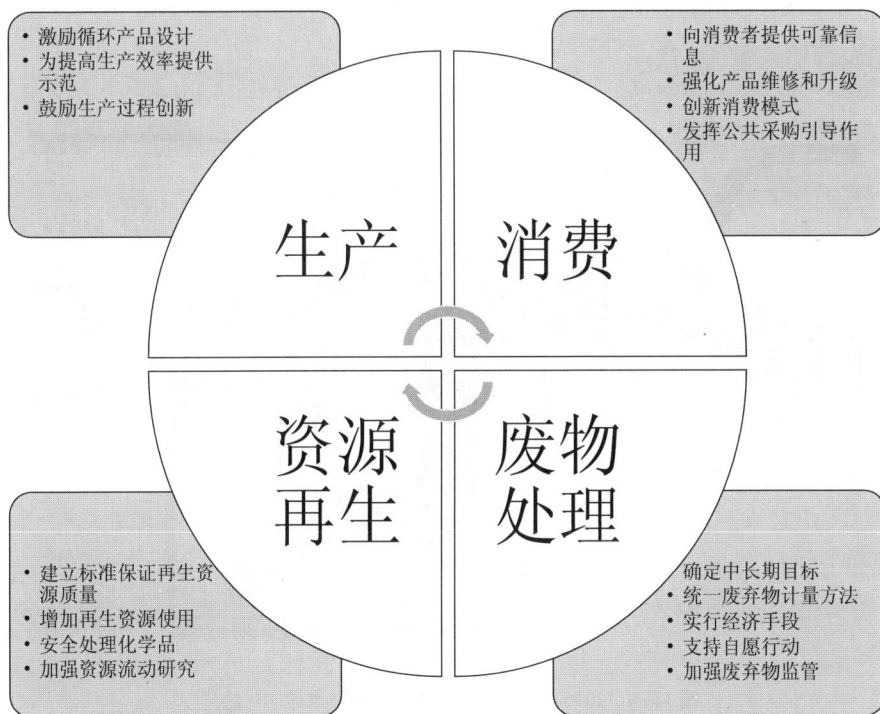

图 11-6 欧盟循环经济四大环节的主要做法

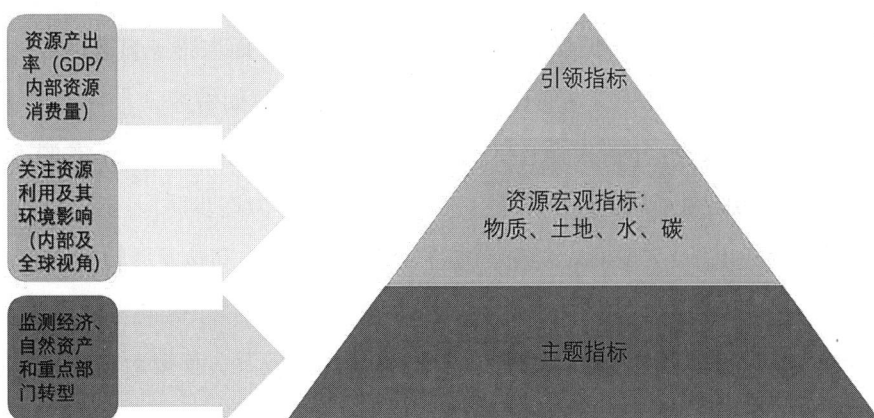

图 11-7 欧盟三层级指标体系结构

13%;排放到空气(以 CO_2 等形式)、水、土壤(以填埋等形式)的资源量为 33.4 亿吨,占总资源输入量(一次资源+循环资源)的 40%;资源蓄积量 31 亿吨,占总资源输入量的 37%。

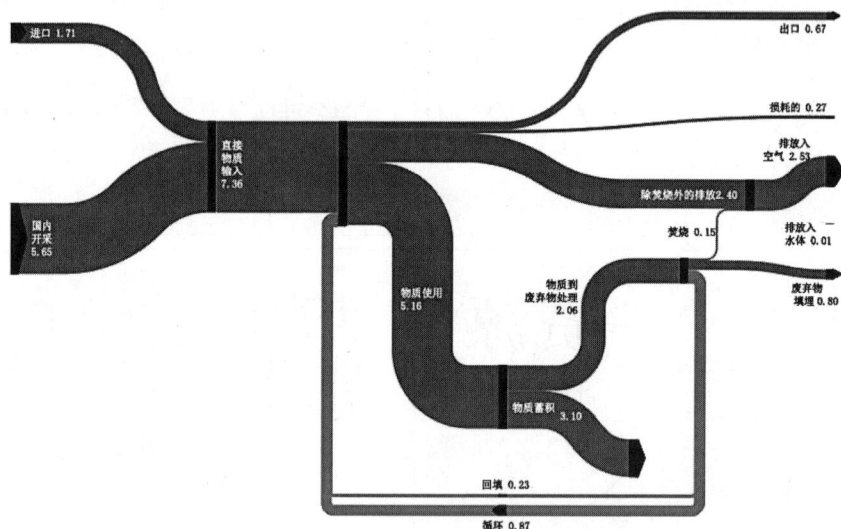

图 11-8　2016 年欧盟资源流向桑基图(单位:10 亿吨)

(三)对我国的启示

我国在提高资源循环利用效率和发展循环经济方面取得了显著的成效,对比日本、欧盟,仍有一些好的理念、做法和模式值得我们借鉴。

一是由循环经济向"大循环"、循环社会转变。无论是日本还是欧盟,循环经济发展都已由污染防治、末端治理、挖掘经济潜力逐步转向循环社会建设、循环模式引领、实现可持续发展的新阶段。我国已由高速发展转向高质量发展,应当认真吸收、借鉴国外循环发展的先进理念,树立"提高资源循环利用效率、建设循环社会"的新战略定位,努力从提高效率方面要效益,从提高循环方面要质量,加快建成资源效率型的社会。

二是以资源产出率为引领系统推进。日本、欧盟都将资源产出率作为重要统领性指标,系统推动资源循环利用效率水平不断提高。在具体工作重点方面,日本抓区域和产业,欧盟则全面抓四大行动和五大优先领域。可以说,"系统推进"是目标引领下提高资源循环利用效率的国际普遍选择。我国已在生产、消费、废弃物处理等领域探索形成了一系列模式和经验,加强目标同措施之间的关联、系统推进将是加快提高资源循环利用效率的新思路。

三是坚持因地制宜、创新驱动。由于国情不同,在具体手段方面,日本和欧盟都积极探索符合实际、可操作性强的创新做法。例如日本的 Manifest 管理票制度和垃圾分类收费制度、德国的双元系统以及欧盟的生态设计规定等。由于资源禀赋、发展阶段、产业结构等同日本和欧盟存在较大的差异,我国不可能照搬其成功经验,坚持通过重大行动、主动探索对建设中国特色循环社会必不可少。

四是完善保障和支撑体系。日本和欧盟的经验告诉我们:首先要保持政策的延续性和一致性;其次要不断完善法律法规体系建设,提高层次性、针对性、具体性和精准性;再次,用好标准、标识、政府采购、补贴等有利于激发市场行为的抓手;最后,统计和数据基础尤为关键,是可核查、可追溯、可评价的基本条件。

四、我国中长期资源循环利用效率情景分析

（一）主要研究方法

1. 经济系统物质流分析方法

资源产出率是反映资源节约和环境保护的综合性指标。测算资源产出率一般采用经济系统物质流分析方法(Economic-wide material flow analysis,EW-MFA)。EW-MFA 是一个描述社会经济系统的物质和能量输入、输出及循环信息的工具。如图 11-9 所示,EW-MFA 中的直接物质流可主要分为三类,即输入流、输出流和循环流。

2. 资源产出率影响因素分解方法

资源产出率的定义为国内生产总值(GDP)与主要资源投入/消费量之

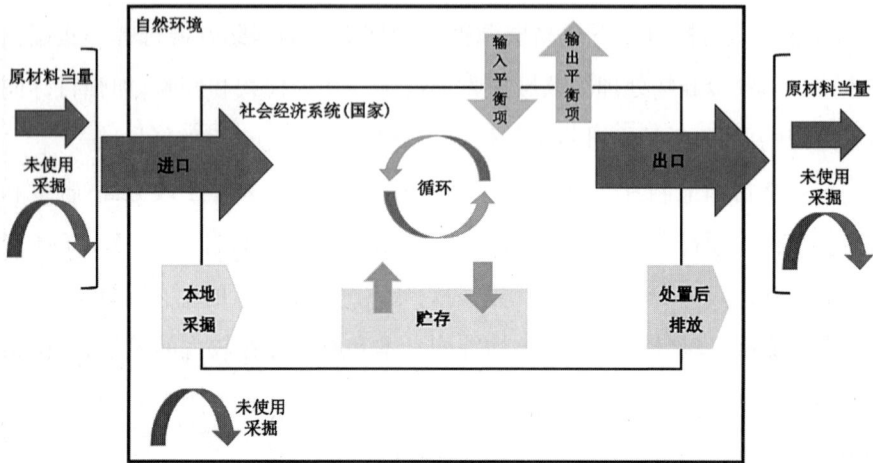

图 11-9　经济系统物质流分析模型框架

比。取决于研究目的和统计口径的不同,主要资源投入/消费量可选择本地物质消费量,或直接物质投入量,也可以选择一次资源消费当量等指标,上述指标均以重量为单位。本研究选择本地物质消费量(DMC)作为计算资源产出率的基础指标。

为研究资源产出率的影响因素,一般对资源产出率的倒数即资源消耗强度(产生单位经济产出的本地物质消耗)进行分解,如下式所示:

$$\frac{DMC}{GDP} = \sum_k \sum_i \frac{DMC_k}{(DMC_k + CR_k)} \times \frac{(DMC_{k,i} + CR_{k,i})}{G_i} \times \frac{G_i}{GDP}$$

$$= \sum_k \sum_i (1 - R_k) \times I_{k,i} \times S_i$$

式中,k 代表资源种类,i 代表产业部门,DMC 是本地物质消费量,CR 是物质循环量,G 是各产业部门的增加值,GDP 是国内生产总值。相应地,R_k 是 k 类资源的循环利用率,$I_{k,i}$ 是 i 部门对 k 类资源的直接消耗强度,S_i 是 i 部门增加值占国内生产总值的比重。

根据上述资源产出率理论模型,课题组采用对数平均 Divisia 指数分解法(LMDI)对"十二五"以来三大影响因素对资源产出率提高的贡献度进行了实证研究。结果表明,"十二五"时期,我国资源产出率累计提高了 20.9%,其中产业结构因素、产业部门资源消耗强度因素和废弃物再利用与资源化水平因素的贡献度分别为51%、37%和12%。

3."自下而上"的终端产品需求驱动方法

对未来资源产出率提高潜力进行情景分析的关键是测算不同情景下主要资源品种的需求量,具体表现为化石能源、铁矿石、有色金属矿、非金属矿等一次资源。在经济系统中,这些一次资源往往不是直接被利用的,而是通过多种加工转化方式提取有效元素后制造出各种终端产品,应用于相关行业或领域,这就是资源的物质流动过程。以石灰石资源为例(如图10所示),其物质流包括三大要素:一是物质代谢的源,即代谢的起始物质,就是石灰石矿;二是物质代谢的中间产品,如水泥等;三是物质代谢的汇,如建筑使用等。

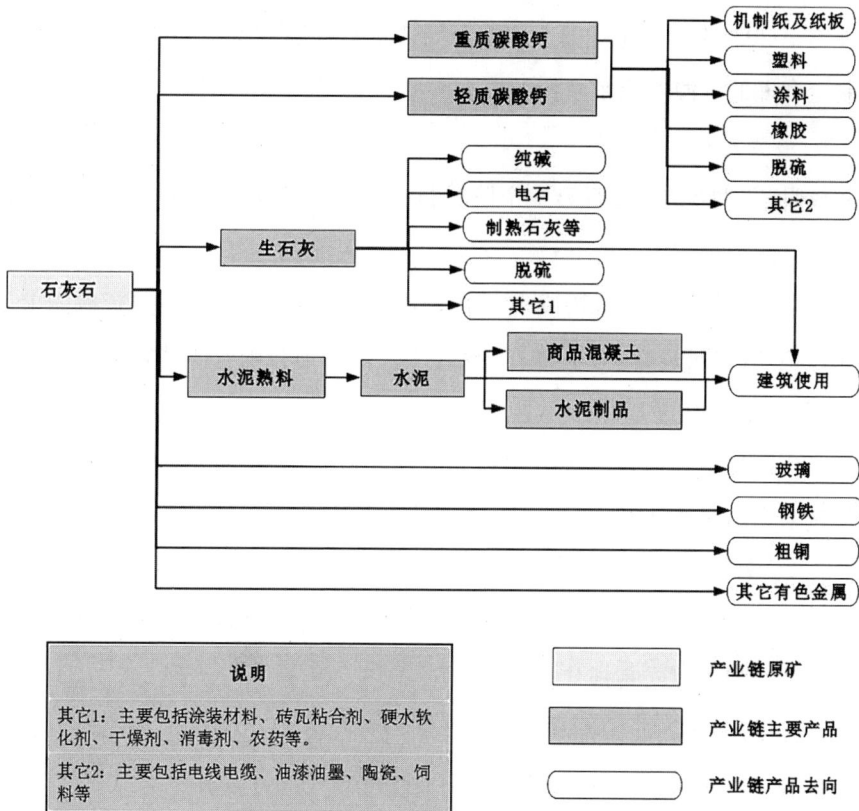

图 11-10 石灰石资源的物质流结构图

本研究从 14 种资源对应的主要终端产品在不同应用领域的需求入手,确定在不同情景下主要终端产品的总需求。其后,以物质流分析框架为基础,通过终端产品需求逆向测算原始资源需求。在需求测算过程中,将综合考虑产业结构/行业发展、产业部门资源消耗强度和废弃物再利用与资源化水平三大因素对终端产品和一次资源需求的影响,其中产业结构/行业发展和产业部门资源消耗强度这两大因素主要影响终端产品需求,废弃物再利用与资源化水平这一因素的影响主要体现在固定的终端产品需求条件下由于循环利用率不同而导致一次资源需求也将发生变化。

(二)中长期发展情景

课题组采用情景分析法对本地物质消费量(DMC)的变化情况进行分析,并展望至 2035 年;在此基础上测算不同情景下资源产出率的变动区间,可作为制定合理的资源产出率目标的依据。

1. 形势判断

放眼新"两步走"战略第一个阶段目标,即 2035 年基本实现社会主义现代化和美丽中国建设,我国资源需求以及由此带来的生态环境压力不容乐观。如沿袭当前发展模式,按 2017 年资源产出率水平测算,届时主要资源需求量将超过 260 亿吨,是 2017 年的 2.5 倍左右。而当前我国资源消费规模已位居世界第一,是美国的 1.2 倍、欧盟的 1.5 倍、日本的 6.4 倍,无论从资源保障能力还是生态环境和应对气候变化等约束看,260 亿吨这一情景不具备可能性。即使按照当前日本和欧盟人均资源消费约 13 吨/人的水平测算,也将超过 180 亿吨,意味着在当前规模基础上进一步增长 50% 以上,同样也是难以承受的。因此,提高资源循环利用效率,降低直接物质投入规模,以相对较低的人均资源消费量支撑实现现代化势在必行。

从现实国情看,我国提高资源循环利用效率将进入新阶段,具备良好的基础条件和外部环境,资源循环利用效率有望实现大幅度跃升。

一是发展阶段深刻变化为资源消费总量步入平台期奠定客观基础。当前我国产业发展总体处于工业化后期阶段,基本趋势是服务业成为主导产业,工业部门由以原材料工业和低附加值工业为主的资源消耗型工业结构逐步转向以高附加值工业为主的知识密集型工业结构。未来五年是推进经济高质量发展、跨过中等收入陷阱的重要五年,产业结构、产品结构有望实现历史性变化,资源需求量和高耗能产品产量将进入峰值平台期,经济增长与资源投入有望呈现"弱脱钩"态势。从每年房屋竣工面积看,自 2014 年达到高点以来持续回落,2017 年降至 30 亿平方米以下,为 28.6 亿平方米。发展阶段的变化将导致化石能源消费接近峰值,钢铁、水泥、有色金属等长周期资源型产品需求由高速增长期逐步进入回调期和平台期,与之对应的资源消费总量增速也将放缓。同时也注意到,由于我国经济发展不平衡、不充分,尚有很多中西部地区仍处于工业化中后期阶段,基础设施建设、产能更新换代带来的对资源投入和高资源消耗工业产品的需求也将长期存在,这就决定了短期内资源投入量和高资源消耗工业产品产量不可能出现大幅度快速下降,保持平稳或小幅下降将是长期趋势。

二是"一增一减"资源循环利用将愈发重要。从未来趋势看,"一增一减",即二次资源量增加,资源总需求量减少,将促进二次资源对总资源需求的贡献度持续加大。2017 年我国粗钢、机制纸及纸板、初级形态的塑料、精炼铜、电解铝和铅的产量为 8.31 亿吨、1.25 亿吨、8458 万吨、897 万吨、3329 万吨和 472 万吨。而 2011—2017 年间,累计利用废钢 9.47 亿吨、废纸 3.27 亿吨以及废塑料 1.17 亿吨,累计生产再生铜 2030 万吨、再生铝 3900 万吨以及再生铅 1105 万吨,再生二次资源正在成为国内"矿藏"的重要组成部分。此外,就战略性金属资源而言,普遍具有回收率高的特点,随着铂、镍、钴、锂等国内稀缺资源消费蓄积量的大幅度增长,循环用好二次资源不仅有利于保障国家战略资源安全,更有利于提高一次资源的国际议价权。

三是新发展理念贯彻实施和生态文明建设深入推进为资源循环利用各项工作提供时代机遇。走向生态文明新时代,建设美丽中国,是实现中华民族伟大复兴中国梦的重要内容。生态环境问题,归根到底是资源过度开发、粗放利用和奢侈消费造成的。要解决这个问题,就必须在转变资源利用方式、提高资源利用效率上下功夫。在"五位一体"总体布局下,下一个五年是全面增强生态文明建设的深化和升华阶段,是开启"美丽中国"建设新篇章的关键阶段,这将为资源循环利用各项工作指明前进方向。

2. 情景设定

本研究共设置三个情景,分别为基准情景、政策情景和强化情景。(1)基准情景为冻结情景,即资源产出率与基准年(2020年)相比保持不变。(2)政策情景考虑高质量发展对资源节约、集约利用的要求,是经过努力能够实现的情景。(3)强化情景在政策情景基础上进一步强化资源约束效应,是较为理想的情景。

三个情景的预测经济增速为:2019—2020年均增速6.3%,2021—2025年均增速5.8%,2026—2030年均增速5.3%,2031—2035年均增速4.8%。

政策情景和强化情景中对资源产出率的三大影响因素的变化趋势分别考虑如下:

(1)产业结构

当前我国产业发展总体处于工业化后期阶段,基本趋势是服务业将成为主导产业,尤其是生产性服务业增长动力强劲;工业部门内部大量消耗资源的行业(如采掘业、黑色金属冶炼及压延加业)占比逐步下降,而某些高附加值的机械工业(如通信设备、电气机械及器材)占比逐步上升。到2025年,政策情景下第三产业增加值占GDP的比重将从2017年的51.6%上升至55%,工业部门比重下降至32%;工业部门内部六大高耗能、高资源消耗行业增加值占比将从2017年的29.7%下降至22%,钢铁、水泥、平板玻璃等主要工业产品产量达到峰值。强化约束情景下第三产业增加值占GDP的比重将上升至58%,工业部门比重下降至30%;工业部门内部六大高耗能、高资源消耗行业增加值占比下降至20%,钢铁、水泥、平板玻璃等主要工业产品产量在2022年左右达到峰值。产业结构是最终需求在生产结构上的具体体现,从调整需求结构角度优化产业结构从而提高资源产出率的具体措施包括:减少大拆大建抑制资源浪费,提高材料强度实现需求减量,推行绿色消费实现源头减量等方面。

（2）产业部门资源消耗强度

随着高质量发展加速推进,各产业部门增长模式将发生显著变化,主要体现在增长格局将逐步实现由要素驱动转向创新驱动发展,增长方式逐步实现从总量规模扩张向结构效益提升转变,互联网、大数据、人工智能等新技术、新业态与新兴制造业深度融合,产业链条和产品系列不断延展,从生产效率和经济效益两个维度推动产业部门资源消耗强度持续大幅下降。预测到2025年,政策情景中主要工业行业资源消耗强度将比2020年下降18%,强化约束情景中主要工业行业资源消耗强度将比2020年下降22%。具体措施包括:推广运用3D打印、智能制造、轻量化等新技术,全面实施工业园区循环化改造,加快推行产品生态设计等。

（3）废弃物再利用与资源化水平

废弃物再利用与资源化主要包括四个方面:一是尾矿、粉煤灰、工业废渣、秸秆等工农业固体废物综合利用。二是废钢、废有色金属、废塑料等再生资源回收利用。三是城市餐厨垃圾、建筑垃圾等废弃物资源化利用。四是生产系统和生活系统在能源、水、废弃物等方面的循环链接。预测到2025年,政策情景中工农业固体废物平均综合利用率将达到88%;主要再生资源回收利用率将达到85%;城市餐厨废弃物资源化处理率将达到30%,城市建筑垃圾资源化处理率将达到18%;生产系统和生活系统循环链接普及率将达到30%。强化约束情景中工农业固体废物平均综合利用率将达到95%;主要再生资源回收利用率将达到90%;城市餐厨废弃物资源化处理率将达到35%,城市建筑垃圾资源化处理率将达到23%;生产系统和生活系统循环链接普及率将达到40%。

（三）情景分析结果与贡献度分解

基于上述对本地物质消费需求和资源产出率的三大影响因素的分析及相

应的情景参数设定,结合情景设定的经济增长速度,计算得出:

到 2025 年,政策情景下资源产出率将在 2020 年基础上提高 32%,强化情景下将在 2020 年基础上提高 40%;到 2035 年,政策情景下资源产出率将在 2020 年基础上提高 136%,强化情景下资源产出率将在 2020 年基础上提高 166%。

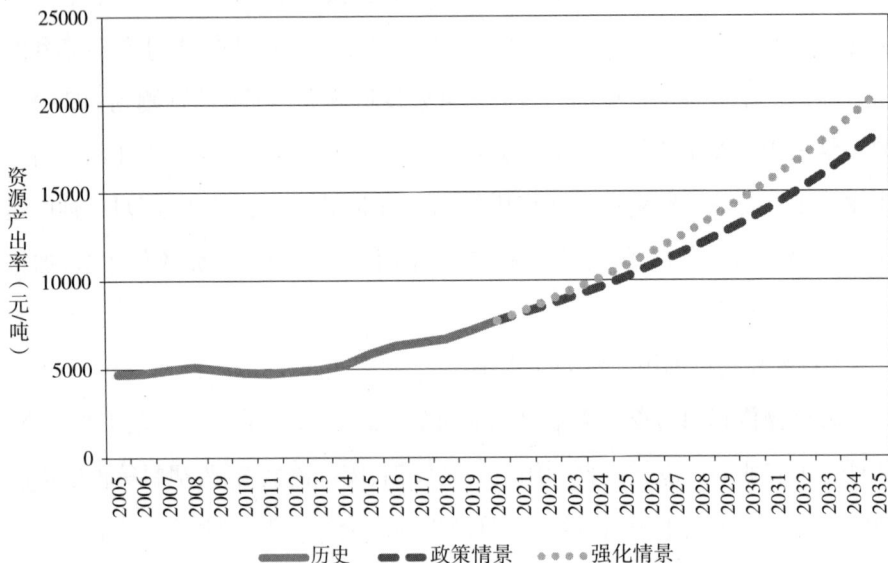

图 11-11　中国资源产出率变化趋势

以情景设定中对产业结构、产业部门资源消耗强度和废弃物再利用与资源化水平三大因素的量化分析为基础,课题组应用资源产出率影响因素分解方法,测算了 2020—2015 年期间三大因素及相关措施对提高资源产出率的贡献度(如图 11-13 所示)。结果表明,在政策情景下,产业结构因素对资源产出率提高的贡献度为 51.2%,产业部门资源消耗强度因素对资源产出率提高的贡献度为 27.2%,废弃物再利用与资源化水平因素对资源产出率提高的贡献度为 21.6%。

与"十二五"实证分析结果对比可以发现,产业结构因素的贡献度基本没有变化,仍保持在 50% 左右的水平;产业部门资源消耗强度因素的贡献度下

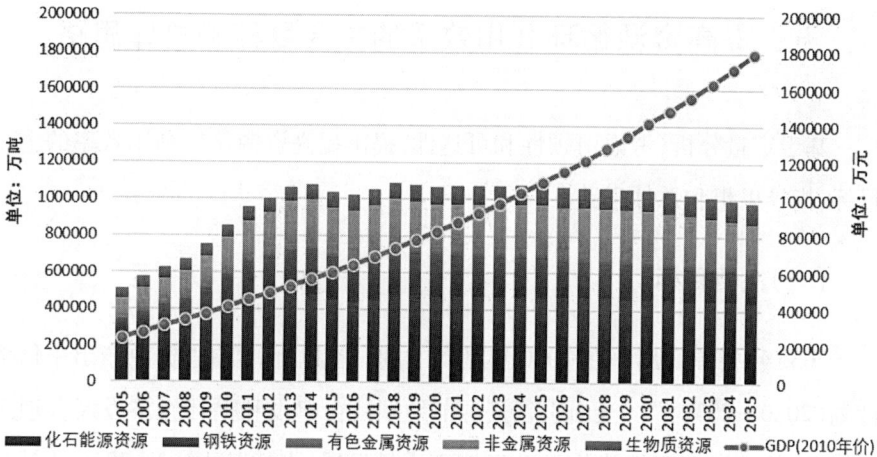

图 11-12 政策情景下各类资源需求量变化趋势

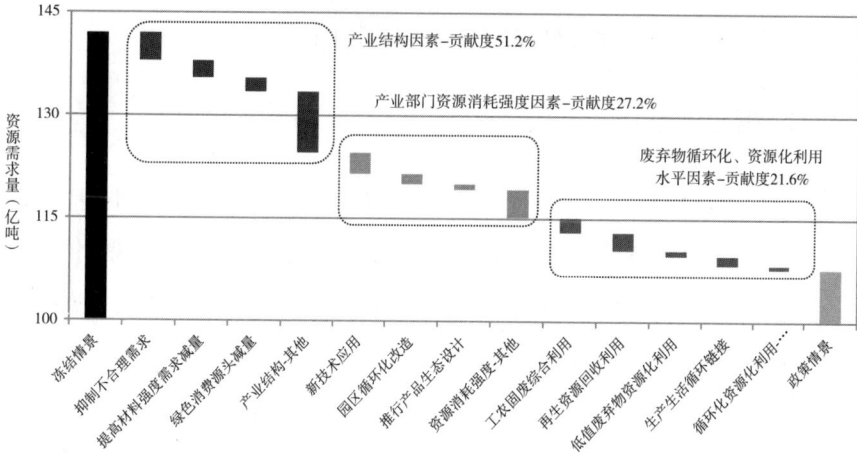

图 11-13 三大因素及重点措施的贡献度分析

降约 10 个百分点,主要原因是与"十二五"时期相比新技术应用对资源消耗
强度下降的促进作用有所减弱;废弃物再利用与资源化水平因素的贡献度上
升约 10 个百分点,主要原因是循环经济政策的推进力度更大、实施效果更好,
且废弃物产生量和回收利用水平均有较大幅度提升。

五、提高资源循环利用效率的主要目标和总体思路

基于定量分析，考虑引领性和可达性，提出提高资源循环利用效率的主要目标、指导思想和总体思路。

（一）主要目标

2035 年资源产出率在 2020 年基础上翻一番以上，实施"资源产出率倍增计划（2020—2035）"。全面引领资源节约型社会建设和循环经济发展各项工作，以更低的资源环境代价推动经济高质量发展，支撑基本实现 2035 年社会主义现代化和"美丽中国"目标。在此愿景目标下，综合考虑目标的引领性和可达性，建议到 2025 年资源产出率比 2020 年提高 30%左右，主要废弃物循环利用率达到 61%左右，垃圾最终填埋量控制在 1 亿吨以内。

（二）指导思想

提高资源循环利用效率应坚持新发展理念，落实节约资源和保护环境基本国策，牢固树立节约集约循环利用的资源观，以资源产出率倍增计划为引领，坚持不懈推进循环经济，着力提升资源安全可持续保障能力，通过厘清政府、企业和民众三大主体责任，精准发力城市、园区和企业，完善制度和政策保障，用好市场化手段，全面推进产业结构优化、资源消耗强度下降和废弃物再利用与资源化，加快建设资源效率型、环境质量型社会。

（三）总体思路

面对资源循环利用的新目标、新形势、新要求，建议启动"资源产出率倍增计划（2020—2035）"，全面引领资源效率型社会建设和循环经济发展各项工作，具体要做到六个"坚持"。

坚持充分利用"国内国际"两个市场和"一次资源二次资源"两种资源。

构建资源安全战略保障体系必须充分利用两个市场、两种资源,要落实"一带一路"倡议,支持国内资源循环利用企业到海外投资,增强境外资源就地转化加工能力,把海外再生资源作为有效资源来源之一;国内资源保障要形成"循环为先"的理念,强化资源循环利用,使二次资源成为国家资源安全的重要保障力量。

坚持结构调整、效率提升和循环利用三大途径同步推进。结构调整侧重源头减量,主要通过发展低物质消耗、高经济产出的高新技术产业和服务业、抑制不合理需求、促进绿色消费等措施降低物质资源终端消费需求;效率提升侧重过程控制,主要通过新技术应用、提升材料强度、减低材料损耗等措施提高物质资源利用效率;循环利用侧重末端循环,主要通过再生资源回收利用、产业废弃物综合利用、再制造等措施推动物质资源循环再生利用。

坚持构建区域、城市、园区多层次资源循环利用协同体系。区域层面,以城市群为重点,统筹规划建设区域内资源循环利用设施和信息平台,促进废弃物资源跨区域流动,推动协同利用和处置。城市层面,着力建立生产和生活系统循环链接的共生体系,推动生活垃圾、餐厨废弃物、建筑垃圾、污泥等资源化利用。园区层面,实施循环化改造,构建循环产业链,提高产业关联度和链接水平。

坚持以法规、标准、制度、政策等体系建设为核心推动建立激励与约束相结合的长效机制。修订循环经济促进法,增强法律约束力;健全循环经济标准制度,以标准引领产业转型升级;制定和实施生产者责任延伸制度、评价考核制度、绿色信用管理制度等一系列关键制度,明确政府、企业、公众的责任义务;完善价格、税费、财政、金融等经济政策,激发市场主体发展循环经济的内生动力。

坚持科技创新、模式创新、业态创新三大创新驱动。科技创新是提高资源循环利用效率的第一动力,要推动重大共性或瓶颈技术装备研发,围绕赤泥、碱渣等大宗固体废弃物、生物质废弃物、城市矿产高值利用等领域开展重点研究。模式创新是发挥市场机制决定性作用的具体体现,要推广合同管理和特许经营等机制模式,建设资源循环利用第三方服务体系。业态创新是激发循环发展新动能的必然要求,要大力发展分享经济,把分享经济作为引导绿色消费、延长产品生命周期、提高资源利用效率的新领域,推广"互联网+回收"新模式,支持回收行业建设线上线下融合的回收网络。

坚持全面提升与试点示范相结合的工作方法。对已经实施的循环经济示范试点、"城市矿产"基地、产业示范基地、循环经济示范城市、园区循环化改造试点等尽快组织验收评价,总结凝练典型经验、典型模式和典型案例,全面推广实施。对新形势下需要继续探索的新制度、新模式,以循环型城市等形式开展集成试点和综合示范。

六、资源循环利用效率目标的实现路径

推动2025年资源循环利用效率目标的率先实现,应抓好三大任务、用好三大载体、实施五大行动。其中,三大任务是目标实现的系统路径选择;三大载体是推动工作落地的重要主体;五大行动是针对新形势和薄弱环节的创新举措。

（一）抓好三大任务

根据分解模型测算,产业结构、产业部门资源消耗强度和废弃物再利用与资源化水平三大因素对2025年资源产出率较2020年提高30%的贡献度分别为51.2%、27.2%和21.6%。

1. 优化结构

一是转变资源依赖型发展模式。有效控制"高消耗、高污染"行业发展,加快推动产业结构向"低消耗、低污染、高技术、高附加值"转型升级。发展壮大战略性新兴产业,进一步提高重点传统行业集中度,优化产品结构,提高附加值。培育消费驱动型经济增长方式,推动商业模式创新,发展生产性服务业。调整出口结构,控制战略性资源产品出口,努力提高知识、文化、创意、技术密集型产品出口占比。

二是促进源头减量。加强宣传教育,在满足人们物质需求的基础上,引导绿色消费。推广生态设计,在产品设计开发阶段系统考虑原材料选用、生产、销售、使用、回收、处理等各个环节的资源消耗和环境影响。高标准推进城镇化和乡村振兴基础设施建设,避免大拆大建。严格控制城市盲目扩张,减少重复建设,树立"集约型""高品位""百年建筑"城市发展理念。

2. 降低产业部门资源消耗强度

一是提高能源利用效率。继续抓好工业节能,到 2025 年,重点高耗能产品单耗达到国际先进水平。强化建筑节能,推动建筑领域绿色革命,推广装配式、被动式、钢结构等节能且易于循环再用的建筑形式。提高交通领域能效,完善智能化交通基础设施建设,加快推广新能源汽车等。

二是减少生产过程资源浪费。支持企业利用 3D 打印、工业机器人、物联网等先进技术,提高生产效率和精度,降低废品率和材料损耗率。积极推广先进、高效的开采工艺和技术,提高原矿产出率。推行园区循环化改造,坚持产业集中式发展、循环式组合,推动企业间原料互供、资源共享。

三是推动提质减量和资源替代。提高材料性能,降低单位产品资源强度,推广应用高强建筑材料,减少单位面积钢材和混凝土需求量,推动汽车、飞机等轻量化设计等。科学有序发展非化石能源,大力推动可再生能源发展。

3. 加强废弃物再利用与资源化

一是加强主要再生资源回收利用与再制造。完善再生资源回收体系和信息管理网络建设,提高再生资源回收率。推动"城市矿产"基地规范化、标准化建设。推广再生资源的应用,建立再生资源应用推广目录,规定企业在新产品中再生纤维、再生纸浆、废旧玻璃等再生资源的加入比例,提高废旧轮胎翻新率,加强废弃电器电子产品、报废机动车中零部件的再利用。支持发展再制造,在全国范围内布局再制造集聚区。推动建立标识体系,鼓励消费者购买再制造产品。发挥政府部门示范带头作用,加大再制造产品政府采购力度。到 2025 年,主要再生资源回收率达到 85%。

　　二是加强工业固体废物综合利用。以尾矿有价金属的高效分离提取和高值高效利用为重点，加大力度推进共伴生矿和尾矿综合利用。进一步推动冶金渣、化工渣、赤泥、电解锰渣等产业废物综合利用。加强钢渣、矿渣、煤矸石、粉煤灰和脱硫石膏综合利用和高附加值利用，到2025年，煤矸石、粉煤灰和脱硫石膏综合利用率分别达到80%、90%和65%。推进工业固废中战略性稀贵金属回收利用。建设工业固体废物综合利用产业基地，大力推进多种工业固体废物协同利用。到2025年，一般工业固体废物综合利用率达到80%。

　　三是加强城市垃圾资源化利用。大力加强建筑垃圾资源化利用，建立建筑垃圾拆除、调运的信息化管理网络，推广建筑垃圾资源化应用创新技术模式和商业模式，到2025年，城市建筑垃圾资源化处理率达到18%。普遍推行垃圾强制分类制度，试行垃圾收费制度，到2025年，生活回收率提到高20%以上。最终垃圾无害化处理率达到100%，其中焚烧发电率力争达到60%。加快餐饮垃圾①集中处理基础设施建设，利用不同技术路线推动餐饮垃圾的分类回收和资源化利用，到2025年餐饮垃圾资源化处理率达到30%。鼓励厨余垃圾合成有机肥，替代工业化肥，到2025年厨余垃圾合成有机肥的比例达到5%。推行消费者责任，加强减量化，城镇生活垃圾填埋处理量控制在1亿吨以内。

　　四是加强农林废弃物资源化利用。大力发展循环农业，注重产业循环链接，推进一、二、三产融合发展。探索市场化手段和长效机制，提高秸秆等农林废弃物的饲料化、肥料化、原料化利用水平，减少秸秆的小规模燃用和大田烧荒量，到2025年农作物秸秆综合利用率达到92%，其中饲料化和肥料化应达到65%以上。

---

①　根据《餐厨垃圾处理技术规范》（CJJ184-2012），餐厨垃圾包括餐饮垃圾和厨余垃圾，前者指餐馆、饭店、单位食堂等的饮食剩余物以及后厨的果蔬、肉食、油脂、面点等的加工过程废弃物，以油脂及固液混合物为主，后者为家庭日常生活中丢弃的果蔬以及食物下脚料、剩菜剩饭、瓜果皮等易腐有机质。

五是加强生产与生活系统循环链接。促进产城融合化发展,构建布局合理、循环共享的生产生活共生体系。推动能源共享,推广余热用于城市集中供暖。推行生产系统协同处理城市废弃物。

(二)用好三大载体

在明确主要任务的基础上,未来五年推动资源循环利用效率提高,关键要用好城市、园区、企业三大载体。其中,城市是生活和消费的主要载体;园区是工业企业集聚的主要载体;企业是产品和服务提供的主要载体。

1. 从减量和回收入手,抓城市

提高资源循环利用效率,城市应着力做好"减量"和"回收"两大文章。一是控制增量,探索推行消费者责任制度,通过环境影响责任化,试点垃圾按量收费等税费改革。二是坚持生活垃圾分类回收路线,细分回收网络和体系,分类施策,鼓励采用大数据、"互联网+"等新业态开展分类回收。三是探索体制机制改革,试点采用市场化手段开展分类回收,探索城市垃圾回收特许专营和下游综合利用和资源化利用企业延伸回收服务。四是加强宣传引导,提高民众资源节约和循环利用意识。

2. 从循环和耦合入手,抓园区

园区层面的工作重点:一是全面推广循环发展模式,特别是以资源型产业为主的园区,推动补链或延伸产业链,腾笼换鸟、优化产业配置,高效集约循环利用各类资源,国家级园区100%实施循环化改造,探索开展园区循环化升级试点。二是推动产城耦合链接,对于城市周边园区,加强服务功能拓展,推进能源和资源共享。三是推行废弃物园区化利用和处理,开展资源循环利用产业入园行动,提高集中度、规模效应和再利用水平。四是建立完善的资源产出率统计核算方法和体系,推动以提高资源产出率为总目标,协同推进园区转型升级、绿色发展、循环发展和低碳发展等工作。

3. 从产品和过程入手,抓企业

提高资源循环利用效率,应狠抓市场手段,逐步培育企业践行社会责任、节约资源、循环发展、保护环境的内生动力。在生产什么方面，通过生产者责任延伸、生态设计等手段鼓励企业提供绿色产品、高质量产品并减少过度包装。在怎么生产方面，加强对标管理，不断降低资源消耗强度。在市场机制方面，探索推行绿色供应链或循环供应链管理，通过抓核心企业推动全链条提高资源循环利用水平。在废弃物再利用与资源化方面，加强市场监管和规范，支持企业做大做强。

（三）实施五大行动

针对不同实施主体着力开展系列重点行动，"创新驱动""以点带面"，推动资源循环利用水平再上台阶。

1. 循环型城市建设行动

建议选择30—50个城市，开展循环型城市建设行动，通过支持不同类型城市创新驱动、多策并用，鼓励采取数字化、智慧化手段，找出符合我国国情的、可持续的城市循环化发展道路，进而全面推广普及。重点任务包括：优化城市功能规划布局；推动废弃物减量；打造完善的垃圾分类和回收系统，以资源循环利用基地为载体，探索高效的协同处理体系；应用新技术与新模式；创新体制机制；倡导绿色消费等。

2. 园区循环化升级行动

在园区循环化改造的基础上，可选择基础较好的100家园区开展园区循环化升级行动，通过摸清现状、找准问题、精准补链等工作，着力构建"三循环"，即基于产城融合的区域大循环、园区内循环以及企业小循环，实现园区资源高效循环利用，最大化减少废弃物排放。

3. 绿色循环供应链行动

绿色供应链管理以核心企业（如万科、金风等）为纽带，基于上下游采购这一市场机制，推动链上企业绿色转型，在实现环境保护、资源节约的前提下，提升整个链条的市场竞争力，实现可持续发展。可通过开展"绿色循环供应链行动"，推动重点行业绿色转型和循环发展，建议首先在房地产、制造业开展示范,打造一批绿色循环供应链核心企业,引领生产和消费方式转变。

4. 资源循环利用产业壮大行动

推动资源循环利用产业发展壮大的任务有:一是培育和规范市场。在土地、产业政策等方面给予支持,鼓励发展高技术含量的资源循环利用产业;坚决取缔非法企业,净化市场环境。二是优化产业布局。建设资源循环利用基地,支持资源循环利用产业集中式发展、入园发展。三是提升行业竞争力。完善财税政策,对成本高、生存难的回收类企业及再生资源利用企业等通过税收优惠、财政补贴等方式给予扶持。四是加强分类指导。研究制定再生资源企业、回收企业、垃圾发电企业、再制造企业、农作物秸秆利用企业等更为具体的壮大方案。

5. 垃圾资源化行动

建议在目前 46 个垃圾分类试点城市的基础上适当扩大范围,开展垃圾资源化行动,鼓励先行先试、大胆创新,利用新技术和新模式,积极探索垃圾分类、回收、资源化利用、填埋等一揽子解决方案,总结形成可复制可推广的经验。

七、政策建议

(一)实施积极的资源高效循环利用国家战略

一是全面树立"循环+进口+开采"以及全产业链、全生命周期的新资源战略观,加快形成"循环为先"的资源理念,逐步把资源循环利用作为资源开采、进口之外的第一资源选择,把我国逐步由资源"大"国变为资源"强"国。

二是建议将"实施积极的资源高效循环利用国家战略"纳入规划纲要,将"资源产出率、主要废弃物循环利用率、垃圾最终填埋量"等指标纳入高质量发展、绿色发展和生态文明评价指标体系。

三是建议启动实施资源产出率倍增计划（2020—2035）。建议开展"资源产出率提升行动"，选择 10 个省区、100 个市县或园区（50 个市和县、50 个园区），从全社会视角全面提升资源产出率。

（二）健全法律法规体系

一是修订《循环经济促进法》，重点厘清生产者、消费者、回收利用者的在资源循环利用中的"责权利"和体制机制等问题。

二是加快完善法律法规体系和规章制度。尽快出台限制商品过度包装、汽车零部件再制造、建筑垃圾回收与资源化利用、电动汽车动力蓄电池回收利用等方面的法规规章。支持条件成熟的地区先行出台生活垃圾强制分类的法规条例，明确奖励和处罚措施。

三是加快出台有助于提高资源循环利用水平的标识制度。研究制定产品碳足迹、生态设计、再制造产品、绿色供应链企业等标识管理办法。

（三）建立完善约束机制

一是建立健全生产者责任延伸制、消费者责任制。扩大生产者责任延伸制的覆盖范围，将产品包装、塑料制品、快递包装等纳入生产者责任延伸制。探索建立消费者责任制，将垃圾分类、垃圾收费逐步纳入消费者责任制的范围。探索实施垃圾分类收费特别是生活垃圾分类收费制度。

二是运用负面清单制度，限制资源浪费行为。原材料领域可设置禁止使用和限制使用的原材料名录。生产领域可设置禁止使用和限制使用的技术、工艺和生产设备名录。商品方面设置强制回收的产品名录，以及限制和淘汰的产品名录。商品包装方面设置强制回收包装物的名录，以及禁止或限制使用的包装材料名录。

（四）建立完善激励机制

一是加强规划引导。编制《资源循环利用产业指导目录》和资源循环利用产业发展规划,明确产业转型升级的方向和目标。

二是完善财政政策。将循环经济专项资金的支持范围扩充到低值废弃物、再生产品等领域,同时对纳入《资源循环利用产业指导目录》的产业在项目批复、入园、土地等方面给予长期支持。建立低值废弃物专项基金,促进餐厨垃圾、建筑垃圾等低值废弃物的资源化利用。

三是完善税收优惠政策。修订《资源综合利用产品和劳务增值税优惠目录》,提高废塑料、废包装的退税比例。对垃圾回收企业实施最低档的固定增值税率。

四是加大绿色金融对资源循环利用的支持力度。将报废汽车中的零部件和非金属材料再利用、梯级利用中的电池包拆解组装、建筑垃圾资源化全产业链高效利用、餐厨垃圾好氧发酵等产业纳入绿色信贷指引目录和绿色产业发展指导目录。

五是建立政府优先采购再生产品制度。在政府采购目录中明确设立再生产品名录,要求一定比例的采购使用再生产品。

六是探索实施城市垃圾回收特许专营制度,完善市场化机制,支持专业化机构开展城市垃圾回收。

(五)提升基础能力

一是建立健全资源循环利用的统计核算体系。在省级、城市、园区等层面启动资源产出率的初始核算工作。研究出台资源统计报表制度,建议以工业企业为统计上报对象,以主要资源品种的一次资源和二次资源产量、循环量为统计范围。鼓励和支持有条件的地方建立统计监测制度,利用"互联网+"和智能技术,建立再生资源和废弃物的统计监测体系。

二是强化科技支撑。制定和更新国家鼓励的资源循环利用技术、工艺和设备名录,健全资源循环利用技术、装备的遴选及推广机制。通过国家科技计划(专项、基金等)统筹支持资源循环利用的共性关键技术研发。支持资源循环利用企业建立技术研发中心。

三是加强宣传引导。利用各种渠道提升公众资源循环利用的意识。加强对各类循环经济试点示范先进经验和典型案例的宣传推广。积极向国际社会推介循环发展"中国方案"。

（执笔人：康艳兵、熊华文、吕斌、廖虹云）

第十二章 优化创新交通基础设施发展

交通运输是经济社会重要的基础性、先导性、战略性产业,交通基础设施是各种运输工具赖以运行进而实现运输组织活动的物质基础,是现代化经济体系不可或缺的重要组成部分。新时期推动经济高质量发展,迫切需要交通基础设施领域顺势而为、主动作为,围绕现代化经济体系和交通强国建设,以优化创新为主题,把握好时代机遇与风险挑战、建设规模与发展节奏等重大问题,处理好存量盘活与增量创新、交通供给与产业城市融合发展的关系,以供给侧结构性改革为主线,以整体性提质增效为主攻方向,以深化改革和创新发展为手段,着力推进交通基础设施网络化、精细化、人本化、绿色化、智慧化发展,全面提升交通基础设施的系统效率、整体效益和质量水平,加快推动实现交通基础设施高质量发展。

一、准确把握交通基础设施发展的
阶段性和时代要求

(一)当前我国交通基础设施发展在规模上已取得巨大成就

改革开放以来,我国交通运输实现了巨大发展,交通基础设施成绩斐然,城乡面貌因之焕然一新。全国运输线路总里程规模、高速铁路和高速公路里程、沿海港口总吞吐能力等位居世界第一,高速铁路、重载货运铁路、高速公路、集装箱港口等现代化交通高科技从无到有,特别是高速铁路总里程占世界高速铁路总里程的 60% 以上,拥有年货物吞吐量超过亿吨的港口 40 余个,年集装箱吞吐量超过 100 万 TEU 的港口 30 余个,在全球前十大港口和前十大集装箱港中,我国分别占据 8 席和 7 席。内河航道能力不断提升,民航机场和航线里程快速发展,管道运输里程高速增长,城市公交和轨道交通、农村公路进入全面协调发展阶段。

截至 2018 年底,全国铁路营业里程 13.1 万公里,电气化率达 68.2%,其中高铁营业里程 2.9 万公里以上;公路里程 484.65 万公里,其中高速公路里程 14.26 万公里,普通国道二级及以上公路比重达 73.7%;内河航道通航里程 12.71 万公里,其中等级航道 6.64 万公里,港口生产用码头泊位 23919 个,其中万吨级以上泊位 2444 个,颁证民用航空机场 235 个。高速铁路、高速公路和民航机场分别覆盖了 75.2% 的百万以上人口城市、97% 的 20 万以上人口城市和 88.5% 的地市。

表 12-1　2010 年以来交通基础设施完成情况

指标	单位	2010 年	2015 年	2018 年	2020 年规划目标
铁路营业里程	万公里	9.1	12.1	13.1	15
其中:高速铁路	万公里	0.51	1.9	2.9	3
铁路复线率	%	41	52.9	60.6 *	60
铁路电气化率	%	47	60.8	72.3 *	70
公路通车里程	万公里	400.8	457.73	484.65	500
其中:高速公路建成里程	万公里	7.41	12.35	14.26	15
建制村通沥青(水泥)路率	%	81.7	94.5	98.3	99
内河高等级航道里程	万公里	1.02	1.15	1.35	1.71
油气管网里程	万公里	7.9	11.2	13.6	15
城市轨道交通运营里程	公里	1400	3300	5295.1	6000
港口万吨级及以上泊位数	个	1661	2221	2444	2527
民用运输机场数	个	175	207	235	260

注:①数据来源 2010 年公路水路交通运输行业发展统计公报;2015 年、2018 年交通运输行业发展统计公报;中国铁路总公司 2018 年统计公报;2020 年规划目标来源于《"十三五"综合交通运输体系发展规划》;2018 年油气管网数据来源《国际石油经济》2019 年第 3 期《2018 年中国油气管道建设新进展》。②* 为国家铁路复线率和电气化率。

（二）新时代我国交通基础设施发展面临的新形势和新要求

1. 新型工业化、城镇化和全球化重塑交通网络格局

当前,我国总体进入工业化后期,产业结构正由工业主导向服务业主导转型。2018 年我国服务业占比达到 52.2%,对经济增长的贡献率升至 60.1%,比 1978 年提高了 31.7 个百分点。与此同时,城镇化的动力机制发生深刻变化,城镇化结构正由规模城镇化向人口城镇化转型,2018 年我国常住人口城镇化率到达 59.58%,预计到 2025 年有望提升到 65%以上,基本形成人口城镇化新格局。此外,我国开始进入消费新时代,城乡居民的消费需求全面快速增长,消费结构正由物质型消费为主向服务型消费为主转变,消费需求多元发展,消费规模持续扩大,消费结构优化升级。经济转型升级为新技术应用和交通运输变革提供了广阔空间。产业结构升级,要求转变交通运输资源配置方式,加快推进绿色低碳、经济智能的交通运输体系建设;城乡结构升级,要求强化交通对人口城镇进程的支撑引领作用,推动交通、产业、城镇融合发展;消费结构升级,要求优化运输结构,提升交通运输服务质量水平,满足多样化、个性化、高品质的运输服务需求。

新时期,伴随我国现代化经济体系建设深入推进,产业结构不断优化升级,城镇化水平不断提升,全球化新特征凸现,我国交通基础设施网络格局将面临重大调整。一是产业和消费结构升级以及经济高质量发展,要求加快转变交通运输资源配置方式,着力提升交通基础设施质量和效率水平,加快推进绿色低碳、经济智能的交通运输体系建设;二是人口变动出现新趋势、城镇化地区释放出巨大发展空间,城市群、都市圈将成为交通基础设施建设重点,城市发展进入精明增长阶段,城市交通基础设施朝着人性化、差异化、多元化方向发展;三是"一带一路"建设和"人类命运共同体"构建要求强化互联互通,有序推进国际通道建设;四是全球交通基础设施建设进入全面升级换代的关键时期,我国面向全球的物流网链亟待重构。

2. 新一轮产业科技革命推动交通基础设施深刻变革

当前,新一轮世界科技革命和产业变革孕育兴起,正在对人类社会带来难以估量的作用和影响,将引发未来世界经济政治格局深刻调整,可能重塑国家竞争力在全球的位置,颠覆现有很多产业的形态、分工和组织方式,实现多领域融通,重构人们的生活、学习和思维方式,乃至改变人与世界的关系。近些年,以手机为代表的移动互联网的广泛应用,实现了客运服务供需双方的实时对接;物联网对货运组织产生较大影响,更好地实现了货物与载运工具的匹配。

未来,随着新技术、新材料、新工艺、新能源快速发展以及互联网、大数据时代全面到来,先进技术在交通运输领域的普及应用和自我创新,将会对交通设施建设、运输工具革新、运输组织优化以及交通运输产业跨界融合等产生重大影响。信息通信设施将成为重要的交通基础设施,交通运输的基础设施、载运工具、客货运输参与者等将依托越来越强大的信息通信系统连接,与其他经济社会组成要素一起构成万物互联的生态圈。传统交通基础设施将加快转型升级,适应自动驾驶的交通基础设施将受到彻底改造。此外,超级高铁、超音速客机、个人飞行器乃至一体化交通工具等新型交通工具的研发和应用,将直接创造产生新的交通运输方式,从时空上彻底改变现有交通运输的形态和面貌。未来五至十年,以大数据、云计算、物联网、人工智能等新一代信息技术应用为核心的新型交通基础设施将成为创新发展的突破方向,传统交通基础设施数字化改造是新型交通基础设施建设的重点,基于人工智能、物联网等技术的智能交通基础设施正蓄势待发。

专栏 12-1 未来交通基础设施发展趋势展望

信息通信设施将成为重要的交通基础设施。未来交通运输系统的运行,将越来越依赖于包括通信、互联网、传感等现代信息技术在内的信息通信技术的进步和设施的完善。以车联网为例,车联网是以车内网、车际网和车载移动互联网三网融合为基础,按照约定的通信协议和数据交互标准,在车—X(X:

车、路、行人及互联网等,即 V2X)之间直接进行无线通信和信息交换的大系统网络。因此,未来交通基础设施在建造时就必须同步建设信息通信设施,否则交通系统将无法有效运转。

适应自动驾驶的交通基础设施将彻底改造。在未来一段时间,自动驾驶汽车将和有人驾驶汽车一同在马路上行驶。但是,目前我们的道路系统是依照人类驾驶的驾驶方式和驾驶习惯建造的。鉴于此,我们需要对其进行适度的调整,使之既能适应计算机驾驶又能适应人类驾驶两种驾驶方式的汽车。例如,为自动驾驶汽车设置专用道,使其与人类驾驶汽车相隔离;为自动驾驶汽车设置专用的信号灯或无线信标,使其通过电子信号就能获知该怎么做。未来完全实现无人驾驶后,现有的道路交通基础设施将面临彻底的改造,相当比例的立交桥、信号灯、停车场等将不必存在。

电动汽车成为重要的能源互联网基础设施。风力发电、光伏发电是可再生能源应用的重要途径,但它们都是间歇式能源,间歇式能源总量超过电力总量一定比例时,必须将传统电网升级为智能电网,同时必须拥有相当的电能储存能力。我国由于这两个条件都不具备,因此出现了大量弃风、弃光现象,这就需要储能设施的参与。电动汽车是分布式储能设施,按照2030年全国电动汽车保有量达到 8000 万辆的预测,电动汽车每年理论存储容量达到 55 亿千瓦时,完全可以满足 2030 年风电、光伏发电的储存,成为重要的储能基础设施。同时,由于处于停止状态的电动汽车还可接入电网,在保证电动汽车用户下次行驶需求的前提下,就可以将其视为可控的分布式移动储能,通过有序充放电来影响电网的不同调度需求,参与电网调峰调频,保障电网运行的安全性可靠性。

——资料来源:国家发展改革委综合运输研究所,《经济社会高质量发展下交通运输变革研究》,2018 年。

3. 资源生态环境约束倒逼交通基础设施高质量发展

交通基础设施建设需要占用大量土地、河砂、木材等自然资源,建设运营过程中还会对大气、水、生态等环境带来一定程度上的破坏和影响。新时期我国自然资源环境约束和大气污染等问题日趋严峻，迫切需要转变交通运输发展方式，探索低碳、可持续的发展新模式，从而最终推动实现交通基础设施高质量发展。

近年来，随着交通基础设施规模不断扩大，我国交通用地、用能总量持续增加，交通用地占建设用地比重、交通运输领域 CO_2 排放量占全国 CO_2 排放量的比重逐年提升。2017 年全国铁路与公路、城市道路路面面积为 5.92 万平方千米，约占全国建筑用地面积的 8%；2016 年我国交通运输领域能源消费总量约 4 万吨标准煤①，CO_2 排放占比约 13%；预计 2025 年交通运输领域煤能源消耗量将超 6 万吨标准煤，CO_2 排放占比增加到 20% 左右。新时期，我国交通基础设施建设与资源环境刚性约束的矛盾将进一步凸显，特别是在国土空间规划体系新要求下，交通基础设施规划建设要以资源生态环境为本底，严格执行"三区三线"政策，与国土空间开发保护叠加"一张图"。土地等资源制约和生态环境容量限制将对交通基础设施建设规模、空间布局、技术标准等提出越来越严格的要求，客观上要求交通基础设施向资源集约节约利用、环境绿色友好方向发展。

4. 债务风险加大要求提升交通资金运转"内循环"

长期以来，我国交通基础设施总体形成了以中央交通专项基金和地方公共财政为基础、土地信用为媒介、融资平台为载体的融资体制，这种以地方为主的融资体制是我国交通基础设施高速发展的关键保障。但是，地方政府成立大量融资平台及其作为政府方代表的政府投资基金、PPP 等进行借贷，形成了大量政府性债务特别是隐性债务，部分地区全口径政府债务率突破国际公认的警戒线，其中交通基础设施建设支出是最大债务来源之一，已占全口径地方政府性债务的 1/3 以上。近年来，我国交通基础设施债务规模和资产负债率一直居高不下，部分领域甚至有持续上升态势，收费公路、铁路和轨道交

---

① 国家统计局数据显示，2016 年我国交通部门能源消费量为 3.97 亿吨标煤，占能源消费总量的 9.1%。

通等尤为突出。2017 年末,全国收费公路债务余额 52843.5 亿元,比上年末净增 4288.8 亿元,增长 8.8%。其中:政府还贷公路债务余额 28279.8 亿元,经营性公路债务余额 24563.7 亿元,分别占全国收费公路债务总规模的 52.5% 和 47.5%,较上年分别增长 8.3% 和 9.4%。铁路负债形势一直不容乐观,2018 年底中国铁路总公司负债达 5.22 万亿元,同比增长 4.6%,较 2010 年增长了近 2 倍。轨道交通是地方政府债务的主要风险源,2018 年国务院办公厅印发《关于进一步加强城市轨道交通规划建设管理的意见》明确要求"严格防范城市政府因城市轨道交通建设新增地方政府债务风险,严禁通过融资平台公司或以 PPP 等名义违规变相举债。城市政府要合理控制城市轨道交通企业负债率,对企业负债率过高的应采取有效措施降低债务,并暂停开工建设新项目"。新时期,我国交通基础设施领域将面临较大的债务风险及其诱发的金融系统性风险。这就需要我们一方面要严格控制交通建设投资和举债规模,另一方面要在源头上扭转交通资金"输血式"运转,将交通投融资的出发点从融资创新逐步转向效率投资,通过在建设标准、概算控制、综合开发、财权事权等投资管理问题上全面发力,促进交通基础设施全生命周期资金运转"内循环"。

(三)新时期交通基础设施发展进入现代化建设新阶段

改革开放以来,我国交通运输发展先后经历了瓶颈制约、初步缓解、基本适应、总体适应等发展阶段,交通基础设施建设和发展一直遵循"规模扩张"的基本思路。新时期,交通运输的主要矛盾逐渐从长期运量与运能之间"规模的不适应"转化为供需之间"结构的不匹配",交通基础设施发展思路逐步从过去单纯的"规模扩张"开始向"提质增效"转变,交通基础设施发展阶段总体上处于"优化网络布局的关键期"和"提质增效的转型期"。

未来一段时期我国交通运输供需结构性矛盾将进一步凸显,交通基础设施供给能力水平难以精准有效满足仍然快速增长的多样化运输需求。区域间、城乡间、不同运输方式间、不同消费群体间、新旧业态间发展不平衡问题仍然突出,绿色交通、安全交通等领域发展相对不充分现象依然存在。以交通空间结构为例,目前我国东部地区和城镇地区交通基础设施网络密度与设施等级均远高于西部地区和农村地区,偏远山区、集中连片贫困地区的路网技术等级相对较低,部分农村公路甚至不是硬化路。截至 2018 年底,全国仍有约3000 个建制村不通硬化路,农村快递服务营业网点数量不足城市的 40%。与高质量发展要求相比,当前我国交通基础设施领域主要存在以下问题:一是交通基础设施产业发展"断链"现象突出,交通基础设施规划、建设、运营、维护以及上下游关联业务领域各成体系,独自发展,彼此缺乏紧密衔接。二是交通基础设施规划建设缺乏系统统筹衔接,存在规划与实际操作脱节、部门间统筹协调不够、地方规划缺乏整体性等问题。三是交通基础设施建设发展缺乏全过程管理。目前,我国交通基础设施项目设计、施工和运维等环节常常被人为分割管理,缺乏有效监管,从而造成整个工程项目管理脱节,对项目的效益和效率影响很大。比如,实际操作中通常会在项目前期设计环节将工程规模人为做大,后续实施中再通过优化以节省工时或资金,这种管理上的漏洞不可避免地会给项目带来资源浪费或损失。四是交通基础设施工业化信息化水平普遍较低。受技术条件限制等诸多因素影响,我国交通基础设施建设普遍存在生产技术水平较低、技术结构不合理等问题。此外,相比发达国家,我国无论是在信息化技术本身的水平,还是在信息化技术应用的深度和广度上都还存在相当大的差距,我国交通基础设施信息化水平整体还处于初级阶段。

二、深刻认识交通基础设施发展存在的若干重大问题

(一)把握交通基础设施投资建设规模和发展节奏

新时期我国交通基础设施投资建设应该确立一个什么样的总基调?加快发展?适当放缓?抑或降温刹车?未来五年至十年总体上应保持一个什么样

的建设规模和节奏？需要安排什么样的投资力度和财政预算保障能力？在空间和方式结构上集中什么重点领域和方向？这些问题与交通基础设施发展阶段特点和技术经济特性有关，也与经济社会发展年度形势和宏观战略走向密切相关。从既有的铁路、国家公路网和机场中长期规划以及港口航道规划实施和发展现状来看，相关规划提出 2025 年、2030 年目标基本可行。但是，为更好支撑经济高质量发展、美好生活需求、区域国家战略实施等，综合考虑现实需求、长远及战略需求、经济社会效益、技术可行性和资源环境承载力等因素，在中长期规划实施过程中，应把握各类基础设施建设的发展节奏，对各类基础设施网络布局、功能等级进行调整。对中长期布局规划中的重大项目，应科学选择标准，高水平地超前谋划、提前实施。对暂不具备条件的，也应加强科学论证，做好方案比选，做好工程和技术等方面的充分预留。

（二）处理好存量优化盘活与增量创新发展的关系

在交通基础设施网络和运输服务市场已形成一定规模甚至超大规模的前提下，继续通过交通基础设施投资建设推动交通运输发展，需要处理好交通基础设施存量优化盘活与增量创新发展的关系。经历数十年的快速建设，我国综合交通网络规模、结构等级大幅提升，已形成较大规模的资产存量，多个领域处于世界领先地位，但整体质量还有很大提升空间，按世界经济论坛《2016/2017 年度全球竞争力报告》对全球 144 个国家基础设施总体发展水平的排位，我国位列第 42 位，仍落后于美国、日本等发达国家。总体上看，当前我国交通基础设施网络的服务效能和智能化、绿色化发展水平亟待提升，基础设施发展方式、运作模式、管控措施等亟须优化发展，对现代产业体系运行的支撑引领作用也有待进一步加强。以上这些发展不充分问题可以通过存量盘活来改善，着力提升综合交通基础设施网络的综合效能。同时，我国交通基础设施领域仍然存在发展不平衡和"短板"问题，譬如：中西部地区、贫困地区和广大农村地区基础设施短板亟待更新，基础设施产业化水平迫切需要进行全生命周期统筹发展等，需要继续保持适度超前建设，加快推动建设增量创新发展。

（三）有效匹配交通供给与产业、城镇布局的关系

我国交通基础设施供给与运输需求尚缺乏精准对接,需要更好顺应产业消费结构升级和转移趋势,以及城镇布局发展变化方向。目前,内需扩张、消费结构升级和出口转进口的贸易结构演变,将深刻改变交通基础设施网络布局和综合交通枢纽功能地位,一批内陆型国际性综合交通枢纽建设加快,部分区域专业化货运设施网建设需求越来越高。同时,传统能源运输形式变化,新能源推广应用,以及国内外能源进出口格局变化,对我国能源运输通道建设都将产生深刻影响。产业布局方面,交通运输条件和物流服务质量水平对主导产业选择、支柱产业壮大升级、战略新兴产业培育发展具有越来越重要的地位和作用。城镇布局方面,城市发展逐步从规模扩张转向精明增长的高质量发展阶段,不同规模城市将进行存量调整,逐步进入都市圈及城市群发展阶段。城市交通出行结构不够优化,绿色交通任重道远,特大以上城市轨道建设发育不足。部分都市圈已经开始建设轨道交通,或将城市轨道简单外延,或市域（郊）铁路城际化,但尚未形成合理的都市圈用地功能布局,TOD 理念未能得到深入应用。城市群总体尚处于发展初期,城际铁路尚待有序推进建设,引导形成合理出行结构和城市群空间产业布局。

（四）重视不同地理空间交通基础设施配置差异性

我国交通基础设施发展需求在地理空间上具有较为明显的差异性,需要相应的供给策略加以满足,各有侧重点,不搞一刀切。一是东中西、南北区域间的差异。目前支撑国土空间开发和区域发展的跨区域交通基础设施的主骨架基本成型,东中部地区交通网络相对完善,但西部地区特别是西北地区网络覆盖不足,交通基础设施仍存显著短板。二是城市群、都市圈间差异。当前,绝大部分城市群仍处于初级阶段甚至起步阶段,仅有长三角、粤港澳大湾区等个别城市群发展相对比较成熟。总体上,发展相对比较成熟的城市群城际铁路网建设有待推进,处于初级阶段的城市群应推动道路客运城际公交化,或利

用既有铁路开行城际列车。三是不同城市的差异。目前全国 600 多座城市和数千座小镇发展模式不仅相同,应综合考虑城市人口规模、形态、自然环境等多种因素合理选择交通发展规模和模式。四是城乡间发展差异。城市交通基础设施更加注重优化人居环境、服务功能齐备和更高质量发展,农村交通基础设施发展亟待加速补齐短板。

三、新时期优化创新交通基础设施发展的总体思路

新时期推动我国交通基础设施发展,应按照经济高质量发展的目标要求,围绕现代化经济体系和交通强国建设,以优化创新为主题,以提质增效为中心,以供给侧结构性改革为主线,以深化改革和创新发展为手段,着力加快推进交通基础设施网络化、精细化、人本化、绿色化、智慧化发展,全面提升交通基础设施的系统效率、整体效益和质量水平,实现交通基础设施高质量发展。

(一)优化创新的核心要义在于转变思路和"加减乘除并举"

优化创新交通基础设施发展,其核心要义就是要摈弃过去单纯强调"规模扩张"的粗放式发展路径,转向通过减量发展、集约发展、协同发展的系统优化方式和理念创新、技术创新、制度创新的推进手段来最终实现交通基础设施高质量发展。长期以来,人们已习惯于交通基础设施"做加法"、做增量,不适应"做减法"、优存量,更不善于"加减乘除并举"。新时期优化创新交通基础设施发展,既要会做"加法",也还会做"减法"和"乘除法";加快推进先进技术应用和组织管理创新,着力提高交通基础设施系统效率和效益。

(二)优化创新的主攻方向是交通基础设施整体性提质增效

整体性提质增效既是交通基础设施优化创新的目标方向,也是深化交通基础设施供给侧结构性改革的重要举措。新时期优化创新交通基础设施发展,将延续过去五年"提高交通运输发展质量和效益"的目标要求,以全面提

升交通基础设施网络整体效率和质量水平为主攻方向,其重点在于对交通基础设施网络结构的优化调整和发展方式、运行模式、制度安排、关联技术等方面的变革创新,旨在减少无效供给、扩大有效供给,着力提高交通基础设施供给结构的适应性和灵活性,提升交通基础设施系统效率、总体效益和供给质量水平。

(三)优化创新的着力点是推动交通基础设施"五化"发展

适应经济社会发展新形势新任务新要求,新时期优化创新交通基础设施发展,必须从注重总量扩张向注重结构优化转变,从注重投资增长向注重投资效率转变,从注重交通基础设施硬件建设向注重运输服务、推动建养并举转变,从注重交通功能发挥向注重交通与产业、城镇、社会、生态深度融合发展转变,从注重满足供给侧能力需求向注重供给侧有效供给、提升需求侧满意度转变,围绕现代经济体系和交通强国建设,瞄准矛盾问题和目标导向,着力推进交通基础设施网络化、精细化、人本化、绿色化、智慧化发展。

四、加快推动交通基础设施优化
创新发展的主要任务

(一)完善便捷的国家交通基础设施网络

1. 优化综合运输大通道网络布局

按照国土空间总体规划要求,综合考虑人口布局、经济布局,国土利用、生态环境保护等因素,以国土空间基础信息平台为底板,以国家重大区域战略为引领,以城市群、大都市圈为主体形态的国土开发集聚区为重点,着力完善综合运输大通道布局,优化交通网络功能层级,更好支撑国土空间开发和新一轮高水平对外开放。在既有"十纵十横"综合运输大通道的基础上,加强西部和东北沿边地区铁路、公路等骨干通道联系,强化交通对沿边开放开发、国防和边疆稳定的战略支撑作用,加快构建形成"十纵十横一环"综合运输大通道新格局。

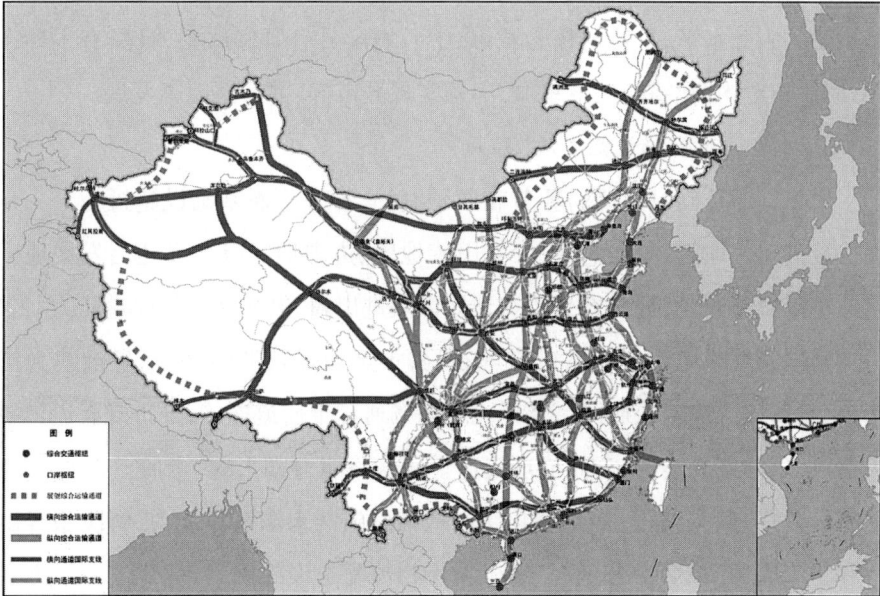

图12-1　"十纵十横一环"综合运输大通道示意图

注:"十纵"指沿海、北京至上海、北京至港澳台、黑河至港澳、二连浩特至湛江、包头至防城港、临河至磨憨、北京至昆明、额济纳至广州、烟台至重庆等10条运输通道;"十横"指绥芬河至满洲里、珲春至二连浩特、西北北部、青岛至拉萨、陆桥、沿江、上海至瑞丽、汕头至昆明、福州至银川、厦门至喀什等10条运输通道;"一环"指自广西东兴经云南、西藏、新疆、内蒙古、黑龙江、吉林至辽宁丹东的沿边综合运输通道。

2. 加密重点区域快速交通网络

加强主要城镇化地区对外多向连通能力,重点完善构筑城市群、都市圈内快速交通网络,适度超前引导形成绿色、集约化的出行结构,完善国家战略地带快速交通网络布局。有序推进城际铁路建设,以京津冀、长三角、粤港澳大湾区等发展相对比较成熟的城市群为重点,逐步形成网络,把握合理城际铁路技术标准,谨防高速化,要充分利用既有铁路开行城际列车;同时,要有针对性地完善城市群公路网络,打通跨省、跨市的公路"断头路",对个别线路和路段拓宽改建,提升瓶颈路段通行能力。积极推进北京、上海、广州、深圳、成都、重庆、杭州、南京、武汉等都市圈市域（郊）铁路建设,既要防止简单将城市轨道延伸出去,又要防止技术标准过高而变成城际铁路。以城际铁路、市域（郊）铁路建设为契机,落实 TOD 理念,提升中小城镇、外围组团的产业发展环境、基本公共服务水平,打造与核心城市、中心城区具有紧密联系,且具有主导产业、职住相对均衡的新城、卫星城,引领实现城市群、都市圈健康发展。

3. 补足交通基础设施发展"短板"

聚焦交通基础设施薄弱环节和瓶颈制约,补齐交通基础设施短板。一是加快推进贫困地区、革命老区、少数民族地区、边疆地区等欠发达后发展地区交通基础设施建设,提升老少边穷地区以及进出疆、出入藏对外通道能力。二是加密国家战略地带交通基础设施布局,重点加强长江经济带、粤港澳大湾区、京津冀地区快速交通网络建设。三是畅通骨干通道连接,推进既有通道缺失路段、延伸路段建设,全面梳理改造干线铁路能力紧张的"卡脖子"路段,打通省际公路"断头路"。四是强化交通基础设施网末端服务能力,解决旅客出行和物流服务"最后一公里"。完善城市物流配送设施网络,优化港口后方集疏运体系,加快实施铁路进港工程,推动铁路进园区、进工厂,增强铁路集疏运能力。

（二）提升交通基础设施系统效率和网络效益

1. 强化综合交通枢纽一体化衔接

以综合客运枢纽和物流枢纽建设为重点,加强与对外运输通道的衔接,统筹建设国际性、全国性、区域性综合交通枢纽和国家物流枢纽承载城市。加强城市群、都市圈内枢纽场站一体衔接,推动不同层级、不同类型客运枢纽和物流枢纽的协同发展。优化城市内客运场站、物流园区布局,构建现代城市交通枢纽系统。

客运枢纽方面,进一步拓展综合客运枢纽引入高铁线路,在条件允许和需求必要的情况下,政府主导引高铁线入机场,并优化航线网络、协调铁路开行方案与航空服务,以推进空铁联运的时空双维"无缝衔接"。畅通站场间直接连接,优化枢纽之间的转运系统,压缩主要客运枢纽间换乘次数和时间。进一步强化与城市交通、城际交通系统的衔接,尤其是千万人口以上大城市需要进一步增加轨道交通接入以铁路为主的综合客运枢纽场站。便捷枢纽站场内换乘,鼓励既有客运枢纽实施立体化换乘改造,推动新建综合客运枢纽立体布局和同台换乘。

物流枢纽方面,重点强化枢纽间、枢纽设施与骨干交通路网、区域重要通道等的匹配衔接,建设高质量的干线物流通道网络,完善枢纽周边集疏运设施网络,加快推进枢纽铁水、空铁、公铁、公水、公空等联运设施联通,深入实施以枢纽为核心组织和功能承载的多式联运示范工程。鼓励国家物流枢纽间协同开展规模化物流业务,重点优化运输组织。推动港口型枢纽统筹对接船期、港口装卸作业、堆存仓储安排和干线铁路运输计划。鼓励空港型枢纽开展陆空联运、铁空联运、空空中转,发展"卡车航班",构建高价值商品的快捷物流服务网络。

2. 提高既有交通网络综合利用效率

以交通网络结构优化调整为着力点,以深化交通运输供给侧结构性改革为主线,着力挖掘既有交通基础设施潜能和系统效率,优化交通网络资源配置,提高重要交通干线、交通枢纽场站和配套交通设施的综合利用效率。

一是推动既有交通干线改造升级。推动干线铁路改造和国省干线公路提档升级,加大普通公路管护力度。优化主要物流通道超限检测站布局,推动取消全国高速公路省界收费站,大力推动ETC安装使用。以长江、珠江流域为重点,实施航道标准化系统化治理,提升港区专业化水平,完善港口集疏运设施,提升航运基础设施发展水平。推动智慧铁路、智慧公路和智慧航道建设。二是强化交通枢纽资源配置能力。优化枢纽场站选址和通道布局,有效提升枢纽的运输服务范围和网络幅员经济,使不同区域和方式网络之间实现有效支持和协调,进而优化网络资源配置、实现网络高效运行。加快多式联运枢纽建设,推动联运装备改造升级,推进多式联运示范工程向更高质量、更深层次发展。三是强化资源共享、线位共用。加强各种运输方式的信息数据、设施设备等资源共享,推动综合客运枢纽、高速公路服务区、城市轨道沿线综合开发和利用,推进交通与能源、信息、水利、市政、国防基础设施跨域融合发展。四是以信息化为手段提升交通网络综合利用效率。在强化实体点、线衔接的基础上,搭建智慧运行平台实现交通运输枢纽、通道、网络联动化发展。以综合客运枢纽为重要节点,打造"出行即服务"联运经营人平台,推动旅客出行"一站式"服务;依托物流枢纽,培育统一协同的运营主体,推动"一单制"物流加快发展。

3. 激发交通基础设施创新发展活力

(1)大力发展通道经济和枢纽经济。强化通道带状支撑和枢纽圈层辐射作用,推进人流、物流、信息、资金、技术等经济要素沿轴线流动和围绕枢纽辐射,培育发展通道经济和枢纽经济。依托综合运输大通道,培育壮大沿线新极点和经济合作走廊,形成区域经济带状联动。依托"八纵八横"高铁通道,培育壮大高铁与经济深度融合发展的高铁经济新业态,打造一批高铁经济带。加快"一带一路"国际经济合作走廊建设,畅通21世纪海上丝绸之路海运贸易通道。引导地方统筹城市空间布局和产业发展,充分发挥国家物流枢纽辐射广、成本低、效率高的优势,带动区域农业、制造、商贸等产业集聚发展,打造形成各种要素大聚集、大流通、大交易的枢纽经济。依托重要港口,打造一批港产城深度联动融合的临港经济区。围绕高铁车站、铁路货场、物流园区、沿边陆路口岸等交通枢纽,打造集交通、商业、经贸等为一体现代城市综合体和产业聚集区。围绕大型枢纽机场和专业货运机场,高水准打造一批具有资源要素集聚配置和国际国内辐射功能的现代航空经济区。探索发展集产业、城市功能为一体的特色航空小镇。

(2)创新交通基础设施+产业模式。打破既有产业边界,依托前沿科技与现代技术手段,促进交通基础设施与关联产业融合发展,推动传统产业转型升级,加速新兴产业发展壮大。一是加快传统基础设施升级改造,引导交通服务与装备制造协同联动,助推新兴制造业崛起。二是围绕特色经济、林下经济以及特色农牧区经济发展,加强交通设施、流通设施和运输服务体系建设,优化农产品冷链物流设施网络,发展农产品从产地到销地的直销和配送。三是盘活既有商贸流通资源,加快城市流通基础设施升级改造,加强社区物流配送等基础设施建设,优化社区商业网点、公共服务设施的规划布局和业态配置。四是统一规划、设计、建设交通与旅游基础设施,打造景观铁路、绿色步道、美丽公路等交通风景带、风景点,规范完善公路沿线和枢纽站场内的旅游标识。畅通景区和乡村旅游区与交通干线的连接,围绕全域旅游,在机场、车站、客运码头等交通枢纽配建游客集散中心等设施,构建覆盖景区的交通网络。

（3）促进交通基础设施跨界融合发展。着眼新旧动能接续转换的发展要求,创新要素投入方式,推进交通基础设施与其他基础设施、民生、国防融合发展。一是统筹交通与能源、通信基础设施布局,建设交通信息枢纽,提高国土空间综合利用效率。二是加强公益性基础性交通设施建设,提高交通基础设施对民生的服务保障水平。推进资源开发性铁路建设,建设资源、产业园区路,积极推进农村公路向资源产地、产业基地延伸,强化产业集聚区的对外交通联系。三是加强国防交通基础设施建设,促进交通运输军民融合发展。重点打通东南沿海、南海、中印等方向战役通道中的瓶颈路段。统筹推进沿边、沿海铁路和公路基础设施建设。加强界河航道日常维护和管理,继续加强西沙、南沙等海域公共航标建设。加快在南海建立搜救、航海保障一体化综合应急保障基地。加强铁路场站、高速公路、飞机跑道、战备码头、机场等重点设施国防交通建设。

（三）提高交通基础设施全周期全链条质量水平

1. 实施交通基础设施全寿命过程管理

交通基础设施建设是一个系统工程,涉及设计、施工、监理、管理、运营等多个方面,各个方面之间存在着较强的依赖关系和辩证关系。高质量的交通基础设施建设要从全生命周期视角统筹考虑交通基础设施规划、勘探、设计、建设、运营和维护等各环节,推动交通基础设施项目管理从分阶段管理向全寿命(过程)管理转变。彻底摒除"重建轻养"思想,坚持"建管养运并举"、加大交通基础设施管护力度,全面提升交通基础设施安全与管理养护水平、抗灾能力。加强大数据、物联网等先进技术在交通基础设施全寿命过程管理中的应用。提升交通基础设施传统施工工艺、管理流程等信息化、智能化水平,促进大数据、云计算、互联网技术、3D 打印技术等在交通基础设施企业研发设计、生产施工、经营管理等全流程和全产业链的综合集成应用,协同推动智能技术和建筑装备研发、系统集成和产业化,培育智能监测、远程控制管理和全产业链质量追溯等智能管控。

2. 推动交通基础设施绿色工业化发展

将低碳绿色的理念贯穿到交通基础设施全生命周期的各个环节,实现系统效率的优化和资源环境效益的集约化,是交通基础设施高质量发展的内在要求。新时期应以低碳绿色发展为导向,以工业化生产方式为手段,加快推动交通基础设施绿色建造工业化进程。鼓励采用以标准化设计、工厂化生产、装配化施工和信息化管理为主要特征的生产方式,实现交通基础设施建设全过程的工业化、集约化和社会化。一是强化顶层设计,倡导工程总承包模式,积极推动设计施工一体化。二是倡导交通基础设施工厂化生产模式,大力推广构件预制和现场拼装技术,积极推行应用 BIM 技术。三是加强交通基础设施全链条绿色管理,大力推进低碳技术、能源、材料等在交通领域各环节的应用,积极推动绿色公路、绿色港口、绿色航道、绿色机场等建设,全面提升交通基础设施绿色发展水平。

3. 提高交通基础设施产品质量和耐久性

始终坚持质量为本、安全第一,全面提升交通基础设施产品质量和耐久性,努力打造"百年品质工程"。一是加强基础研究与技术攻关,加强新技术、新材料、新设备、新工艺研发和在交通基础设施领域广泛应用,以科技创新和先进技术的普及应用推动交通基础设施产品质量的整体提升和耐久性的不断增强。二是加强交通基础设施全生命周期质量管理,全面落实工程参建各方主体质量责任,健全工程质量责任体系,建立质量行为可追溯、质量终身制。三是加强交通基础设施重大交通工程的日常性健康监测和预防性维护,加强应对重大自然灾害、突发事件等的防御能力和应急处置能力,着力提升交通基础设施使用寿命和耐久性。

(四)强化交通基础设施精细化和人本化供给

1. 推动既有交通基础设施精细化改造

聚焦交通基础设施建设运维的薄弱环节、细微领域和深入过程,强化供给的精准性、有效性和人本性,着力提升用户出行体验和交通服务质量水平。重点推进综合交通枢纽场站和城市道路交通、慢行交通、静态交通精细化管理和人性化设施配套建设。城市交通要摆脱依靠建设城市道路改善出行的思路,加强拥堵路段公交专用道设置,改善整治非机动车道,实现公交专用道、自行车道、人行道真正连续成网。同时,按照"以人为本"的理念,对交叉口、过街设施、公交站点等进行改造。充分考虑停车作为交通需求管理的重要手段,通过产业化的路径推进必要的城市停车设施建设。加强城市进出城干线公路的城市道路化改造。在高速公路临近城市的路段和绕城公路上,适当增加出入口数量,在保证主线交通安全顺畅的前提下,力争实现与所有城市快速路、主干路均能有效连接,并预留新增出入口建设条件。同时,对部分高速公路路段建设必要的辅道,相关干线公路的横断面采取城市道路的形式,兼顾公路与城市道路功能。

2. 精准对接产业转型和消费升级需求

按照现代生产组织与供应链协同方式,提高交通运输与物流基础设施的支撑服务能力,加快专业化设施建设。依托国家物流枢纽和重要的区域物流枢纽,建设大宗物资专业储运设施、集装箱等多式联运转运设施、制造业供应链快速响应仓储物流设施、危化品专业物流设施、冷链物流设施、电商与快递自动化仓储与分拣设施等,打造跨区域协同运作的专业化物流服务网络。顺应产业转移和布局调整趋势,升级产业承接地交通物流设施,加强多式联运枢纽、区域分拨中心、城市共同配送中心等物流设施建设,推进铁路专用线、货运专用公路建设,强化枢纽与干线的无缝衔接。

着眼内需扩张与消费升级，建设新型交通物流基础设施，提升传统设施功能，丰富公共服务产品供给。按照吃住行游购娱一体化的消费新模式，推动综合交通枢纽、高速公路服务区等基础设施升级改造，优化景观设计，拓展服务功能，让"旅客"变身"游客"。建设汽车与房车营地、邮轮与游艇码头、通航机场、商业飞行基地等满足新生活、新消费的交通基础设施。完善城市共配、快递等基础设施建设，在有条件的公共道路设置配送与快递车辆临时停靠与装卸点，整合末端配送网点，加快智能快件箱等设施建设。建设县、乡、村三级物流配送网络，加强快递、电商、邮政、供销社等企业的农村物流网点资源整合与共享。

3. 加强交通基础设施人性化配套建设

强化交通基础设施的社会属性，"以人的发展为中心"，加强无障碍公共交通基础设施建设，提升老弱病残等弱势群体交通出行服务品质。

围绕打造高质量客运枢纽强化交通人性化服务。系统规划布局无障碍设施，合理设置交通枢纽内外标识，完善售票机和宽体检票机、扶梯、手推车设施，强化一站式问询服务，建设多功能厕所和站台防跌落设施等。按照"轮不离地"理念，规划建设客运枢纽，根据枢纽服务规模，对既有车站逐级实施消除车站台阶等改造。在客运枢纽增加医疗设施、轮椅、母婴室、第三卫生间、优待群体候车区或专属座椅等设施供给，重点提升老年人、婴幼儿童、孕妇、残障人士等交通出行品质，充分满足旅客多元差异出行需求。

优化居民出行环境，提升舒适性安全性。开展人性化、精细化道路空间和交通设计，构建安全、连续和舒适的城市慢行交通体系。加大非机动车道和步行道的建设力度，保障非机动车和行人合理通行空间，加强治理道路机动车非法占用非机动车道，提升步行和自行车骑行安全性和舒适性。完善城市道路驻足区、安全岛等二次过街设施和人行天桥、地下通道等立体交通设施。在交通枢纽、商业集中区、学校、医院等规划建设步行连廊、过街天桥、地下通道，形成相对独立的步行系统。

专栏 12-2 日本分级分类开展铁路枢纽站场无障碍设施改造升级

1990 年后,日本社会结构发生改变,进入老龄化社会。此后,无障碍设施对象扩展到老龄者、孕妇、幼儿等。在此背景下,日本枢纽站内也在逐渐增加无障碍设施供给种类及数量。日本通过健全的法律法规来推动无障碍化设施的改进。自 1994 年开始,日本便以法律法规的形式对无障碍设计进行约束。2000 年,日本交通部门为了交通工具无障碍使用,制定了《交通无障碍法》。

2001 年起,日本依法提出改造升级全国铁路站场的无障碍化设施,主要内容包括消除车站台阶、建设多功能厕所、引导区域、向导设施、宽体检票机、售票机和站台防跌落设施等。其中,消除车站台阶是建设无障碍化设施的重点,让乘客能够从进站到上车,实现滚轮箱"轮不离地",同时也保障残疾人和高龄人群能够无障碍进出站。日本国土交通省提出的目标是,到 2020 年,日客流量超 3000 人的全国各地车站和机场完全实现无障碍化。

2001 年至 2010 年,主要针对 5000 人/日以上到发量的铁路枢纽站场进行消除台阶改造,至 2010 年 3 月,消除台阶的 5000 人/日以上到发量的铁路枢纽站场已达到 85%;2011 年后,日本重新修改相关法律,针对 3000 人/日以上到发量的铁路枢纽站场进行全面改造,截至 2016 年 4 月末,3000 人/日以上到发量车站消除台阶的比率已经占到 87%。同时仍有部分枢纽站场由于达标改造成本太高,已完成改造但并未达到标准。日本中央财政承担了无障碍化改造费用约 1/3,地方政府财政承担改造费用的 26%,铁路运营者承担费用的 42%。未来国土交通省计划通过提升铁路票价,让乘客承担更多改造费用。

(五)统筹谋划新一代交通基础设施发展

1. 推进既有交通设施数字化和网联化改造升级

把握数字化、网络化、智能化发展机遇,广泛应用大数据、云计算、人工智能、物联网、5G 等先进信息技术,加快推动既有交通基础设施数字化改造和网

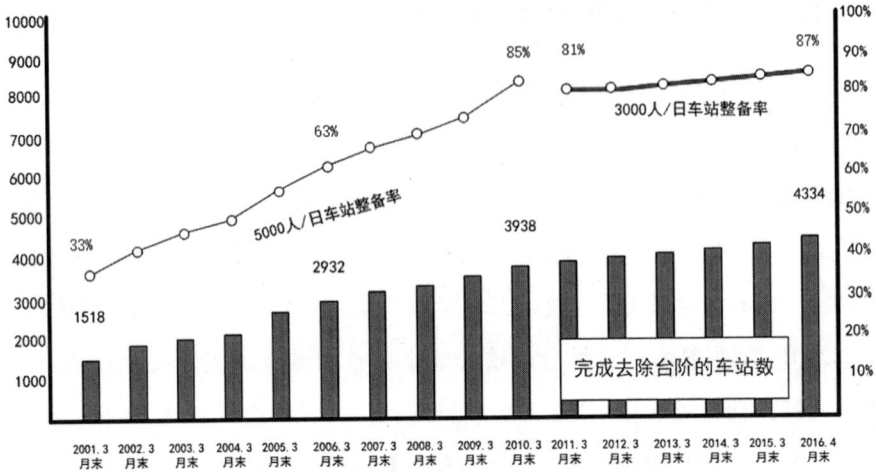

日本火车站消除台阶情况（2001 年 3 月末至 2016 年 4 月末）

资料来源：日本国土交通省。

联化发展。进一步加强交通基础设施网络基本状态、交通工具运行、运输组织调度的信息采集和大数据应用,形成动态感知、全面覆盖、泛在互联的交通运输运行监控体系。加快推进高速公路、内河高等级航道数字化建设,积极推动BIM 技术在交通基础设施全生命周期过程中的应用。依托移动通信网络站址设施,构建新一代车用无线通信网络（V2X）等设施。在桥梁、隧道等道路关键节点部署窄带物联网（NB-IoT）等网络。建立综合信息数据库和多维监控设施系统。基于北斗地基增强网,建设覆盖全国的高精度时空服务系统。

2. 提前谋划智慧交通和新型交通基础设施网络

一是规划建设智慧公路及新一代国家交通控制网。推动车路协同发展,分阶段、分区域推进道路基础设施的智能化建设,规划建设限速大于 120km/h的超级高速公路。在北京、深圳、杭州、雄安新区等地,选择城市开放区域和特定高速公路路段,结合新一代国家交通控制网和智慧公路试点、2022 年北京冬奥会和杭州亚运会等重大国际活动契机,开展"智能+网联"的自动驾驶汽车道路技术应用示范。加强汽车充电加氢设施在高速公路和普通国省干线沿线布局,全面提升城市汽车充电设施的部署密度和使用经济性,有序推动电动出租汽车和公交汽车使用换电设施。二是加快新型轨道交通基础设施布局应用。推进新一代高速磁浮交通系统试验线建设和试点布局,根据技术试验情况适宜推进超高速铁路示范线路建设。有序推进跨座式单轨、中低速磁悬浮、悬挂式轨道交通、有轨电车和无轨电车等新型轨道交通在大中型城市主干线、大型城市地铁主干线延伸补充线路、县市特色小镇的规划及布局。全面应用全自动运行城市轨道交通系统。积极推进旅客自动输送系统(APM)等无人驾驶线路的示范工程的建设,研究布局旅游观光专用轨道交通系统。三是加强港航和民航交通新型基础设施布局应用。鼓励大中型港口根据实际需要部署不同等级的自动化码头系统,提升港口装卸、转场、调度等作业效率。全面推动智能港口建设,实现港口港区泊位联动运营。推动新一代空管系统部署,布局数字化放行和自动航站情报服务系统,实现飞行任务四维航迹管理,促进民航飞机起降效率和安全性达到世界先进水平。研究部署面向区域物流的大型无人机起降点。

3. 完善交通运输网络信息平台等软性基础设施

加快完善国家综合交通运输信息平台、国家物流公共信息平台、国家交通地理空间信息平台、国家交通基础设施大数据平台等一系列国家级信息平台。面向未来智能汽车发展,统一部署、协同共建智能汽车大数据云控基础平台,逐步实现车辆、基础设施、交通环境等领域的基础数据融合应用。推动交通定位导航、出行服务、物流电商、交易结算等交通运输平台融合发展。鼓励集约布局交通运输和物流行业大数据中心,建立国家交通运输战略数据安全灾备基地。

五、完善落实交通基础设施优化
创新发展的政策举措

(一)构建强有力的政府规划调控体系

进一步完善规划实施机制。按照构建国家规划体系要求,充分发挥规划在政府宏观调控和行业治理中的战略导向作用。充分对接国家战略部署安排，强化交通基础设施规划与国民经济社会发展规划、国土空间总体规划和土地、生态、环保、文物等专项规划，以及城市总体规划等各层级相关规划的有机衔接。加强交通运输规划支撑引领经济社会发展及与国家重大战略实施的衔接，统筹协调交通、能源、水利、信息、市政等基础设施规划建设，研究编制综合性基础设施体系规划。持续完善宏观调控部门与交通、财税、国土等主管部门分工合作，突出规划引领，强化规划的权威性、科学性、延续性和有效性，加强规划监督实施。

完善重点领域调控措施。精细化综合运用投资、财税、金融、监管、土地、价格等交通运输领域政府宏观调控方式，主动预调微调，加大逆周期调节力度。引导各城市避免均打造运输方式齐全的综合交通运输体系，宜铁则铁、宜公则公、宜飞则飞，进一步推进公路与铁路、收费公路与普通公路互动发展机制，试点公路与城市道路统筹管理体制。发挥好交通投资应对外部经济冲击的关键作用，以精准补短板为导向，从"大水漫灌"转向"精准滴灌"，通过央地间、部门间、政企间等构建多维度协作机制，做好近期、中期、远期项目储备。强化"一带一路"等对外交通基础设施项目政企合作，建立政府、工程企业、政策性银行、国有商业银行"国家队"机制。

（二）深化交通重点领域体制机制改革

深化交通运输管理体制改革。在基本完成"大部制"改革基础上继续完善交通基础设施管理体制，以联席会议等形式建立交通运输重大事项协调机制，建立交通基础设施重大工程协调机制。全面推进空域管理体制改革。

完善政府综合管理职能。进一步优化交通运输领域政府和市场关系，将政府管理重心后移，由注重市场准入转向市场秩序，由注重增量转向增量存量并重。深化"放管服"改革更好发挥政府作用，逐步放开铁路、民航等准入限制，有序扩大实施"负面清单"制度。整合对运输、价格、安全等方面的监管职能，建立跨地域、跨行业的综合监管体系，主动创新在"互联网+"条件下的政府监管方式,使事中事后监管和服务跟上"放"的节奏。

健全交通投融资体制机制。主动调整交通专项资金定位,发挥好中央投资的杠杆放大作用,研究中央交通专项资金统筹支出机制,强化燃油税等"专款专用",加大一般性转移支付力度,优化专项转移支付领域。按照适度加强中央财政事权与支出责任为导向,厘清交通运输领域中央与地方、省与省以下政府财政事权与支出责任划分,以公路建养为重点匹配基层交通事权与支出责任,明确与各级政府支出责任相适应的交通专项资金。

加快重点领域市场化改革步伐。推进准公益性、经营性交通基础设施市场化运营。探索铁路"网运分离",研究设立铁路资产管理公司。盘活铁路场站周边土地资产,鼓励轨道交通站点上盖及与周边土地联动开发。拓展高速公路服务区功能,打造具备销售、餐饮、住宿、交易、结算等多功能的产品交易市场、文化展示区等。有序推进公路养护市场化进程,加快推进油气管网建设运营体制改革。研究优化支线机场等领域资产折旧政策。

(三)重塑投资融资联动的资金运转体系

从投资体制和投资制度源头上重塑交通资金运转体系。从交通运输项目"重建设轻运营"转向规划、设计、建设、运营、开发等全周期统筹,从根本上提升资金使用效率,有效防范债务风险。以土地作为交通运输全周期运转的载体,做好土地预留、变性、规划等工作,试点交通枢纽土地分层供应与周边土地储备制度。实施差异化的土地综合开发政策,鼓励地价较高地区实施交通运输与配套商业办公高密度、高强度开发,通过与商业办公资源运营的长效合作机制平衡交通运输设施长期运营收益,建立联动开发盈利反哺机制。鼓励交通融资平台在政府支持下向项目运营和商业开发延伸,实现全周期运转。

进一步提升投资管理效率与公平。以实际需求为导向,严格执行机场航站楼、铁路场站等建设规模标准,杜绝"大站房"、"大广场"、豪华装修等投资浪费,对建成规模远超实际需求的项目业主单位通过通报批评、典型案例等措施予以联合惩戒。加强立项阶段工程造价的估算和概算控制,研究推动设计费与工程造价脱钩,积极推行限额设计费,严格施工预算管理。科学主动引导社会资本特别是全国社保基金、保险机构等中长期资本和民间资本全面参与交通项目,建立效益高项目与无收益项目的搭配机制,形成竞争有序、充满活力的政府和社会资本合作环境。充分考虑不同类型交通运输项目公益性、经营性的差别及所处外部环境,灵活采用特许经营、使用者付费、政府付费等形式由市场主体按照政府规划要求实施统一建设运营。对央企、国企、民企等市场主体投资参与交通项目一视同仁,在招标门槛、资质认定、借贷利率等方面进一步打破对民营资本的"弹簧门""玻璃门",在民营资本参与上提供更多项目匹配、贷款找寻等帮助。PPP项目杜绝通过约定回购投资本金、承诺保底收益等方式违法违规变相增加地方政府隐性债务,严防增加地方政府债务风险。

扩大新建项目直接融资。用好专项债券可作为一定比例项目资本金政策,支持有一定收益但难以商业化合规融资的交通重大公益性项目,通过"债贷组合"进一步满足交通项目融资需求。对没有收益的交通重大项目,引导通过统筹交通专项资金、财政预算资金和地方政府一般债券予以支持;对有一定收益且收益全部属于政府性基金收入的交通重大项目,引导由地方政府发行专项债券融资;收益兼有政府性基金收入和其他经营性专项收入,鼓励由有关项目业主单位根据自身情况向金融机构市场化融资。支持交通运输领域企业债、公司债、项目债等发行,丰富交通运输专项债券品种,延长债券期限,更好匹配交通基础设施特点和生命周期。用好新开发银行、亚洲基础设施投资银行、丝路基金等资金,根据发展需求,参照铁路发展基金模式,研究设立用于交通运输发展的政府投资基金;参照民航投资基金模式,鼓励以社会资本为主发起成立交通运输产业基金。

充分发挥存量资产的融资功能。发挥好资产证券化的较长周期、股权投资、降低杠杆、收益稳定等特性,对于项目边界清晰、回报机制明确的交通项目,优先开展基础设施不动产投资信托基金试点。对于现金流稳定的交通项目,采用资产证券化方式盘活。探索建立城市轨道交通周边土地溢价税费回收机制,结合现有税种,重点针对住宅且与商业物业分类征收。

专栏 12-3 客观看待与主动处置铁路债务"灰犀牛"

近五年来,我国铁路投资始终保持在每年 8000 亿元以上,高投资也给中国铁路总公司带来了高债务,中铁总债务规模从 2010 年的 1.9 万亿元上升到 2018 年的 5.2 万亿元。2019 年初,有财经媒体刊载学者以运输需求、盈利能力、不能货运等原因,质疑高速铁路为主的铁路投资结构,担忧中铁总铁路债务规模过大引发金融风险的文章,铁路债务"灰犀牛"引起社会的广泛关注。

对于社会关切,需要客观看待铁路债务。中铁总债务过大固然会对国民经济健康运行产生威胁,但不仅是铁路,大多基础设施项目在财务上都不具备良好的效益,其规划建设与否,更多地要在区域经济的角度看待。铁路特别是高铁大幅加速了地区间要素流动,密切地域人文和经贸往来,推动形成现代化产业体系,优化了旅客运输结构促进交通绿色发展,这些都发挥了巨大的经济和社会效益,而这些都不能通过简单的财务指标来衡量。同时,各领域基础设施都有不同程度的债务问题,只是铁路的高度集中的体制相对特殊,中铁总一家承担了大部分铁路债务,从而"放大"了债务风险问题。

回应社会关切,更需要主动处置铁路债务。基础设施领域一直是我国发挥投资对经济增长的重要抓手,高铁作为"中国名片",无疑会放大其在"稳投资"中的关键作用。短期内铁路投资高位运行还将持续,但中铁总债务不能无限放大,须激活其内生动力化解债务风险。进一步讲,中铁总盈利能力不强,依靠自身运输收入偿还债务并不现实。但其存量资产大且优,要围绕盘活存量资产特别是土地资产,把混合所有制、土地综合开发等工具用好用实,主动防范化解铁路债务风险。

资料来源:本报告整理。

(四)完善交通基础设施领域法规标准体系

加快完善在基本法律框架下的交通运输法律体系。加快出台基于产业定位、供需关系、外部性、跨运输方式等的综合交通运输基本法律,明确交通运输与经济社会的结构关联及在产业结构中的地位和比例关系。在基本法律顶层框架下,按照包容审慎原则构建覆盖交通运输全领域的法律体系,完善适应新技术新业态和融合发展趋势的《铁路法》《公路法》《港口法》《民用航空法》《收费公路管理条例》《道路运输条例》等法律法规。

构建适应现代化交通发展的标准规则体系。完善覆盖基础设施的技术标准,加快制定完善枢纽换乘、轨道交通土地开发、低空空域、交通信息化智能化等技术标准,在高速公路、国省干线部分项目试点弹性车道数建设标准,强化各类标准衔接。加强与国际组织事务合作,争取主导交通领域国际标准制定,提升国际竞争力和话语权。健全纵横协同联动机制,统筹协调各领域、各部门、各单位,围绕统计监测、跟踪分析、考核监督等方面,提高基础数据采集能力,加快构建科学有效的交通运输发展评估机制。健全对新业态新领域和融合发展业态的统计指标体系,依托业务管理与服务系统,完善统计指标加工机制。

（五）加强交通基础设施领域保障能力建设

强化交通科技创新,发挥重点科研平台、产学研联合创新平台作用,加大基础性、战略性、前沿性技术攻关力度,加大新材料、新技术、新工艺研发和应用。加强重点领域科技领军人才培养,锻造一批高素质的交通基础设施产业工人和"大国工匠",加快交通基础设施人才队伍建设。提高交通基础设施数据采集能力,健全新业态新领域交通统计指标体系。建立健全涵盖交通运输工程建设、运输服务等领域的行业信用体系,加快构建科学有效的交通基础设施发展评估机制。

（执笔人:吴文化、向爱兵）

第十三章　创新社会治理

社会治理是多元社会主体共同参与，共建社会秩序，形成稳定社会预期的过程，在百年未有之大变局冲击下，社会治理面临着诸多挑战，对社会治理创新提出迫切需求。社会治理必须把人民为中心，为人民服务贯彻到底，切实解决好民生相关重要事项，为人民谋福利。同时也要注意到，挑战不仅来自利益看得见的地方，还在文明、文化、价值观、生活方式等看不见的领域发生，建设文化软实力也是社会治理的重要内容。保持社会平安稳定是社会治理的基石，在党的领导下，建设群治共享的社会治理共同体是社会治理现代化的根本保证。

一、社会治理内涵

社会治理是社会多元主体参与社会事务，形成社会共识的过程，其核心是鼓励社会参与、维护社会安定、建构社会秩序、形成良性社会预期。社会治理是科学的、系统化的制度体系，主要包括多元社会主体在建构社会安全与秩序过程中的分工协作格局、公共服务体系和社会价值塑造判别体系。

（一）社会治理重点的三次演变

由于社会发展阶段不同、时代特征有别、国家民族文化差异，不同历史时期社会治理的工作主题和工作重点会有差异。新中国成立以来社会治理领域经历了三次理念、内容、方式的迭代。

1. 弱化的社会到自由放任的社会

第一次社会治理领域的理念转变用了50年时间。从新中国成立初期到2000年左右，社会领域完成了从"单位人"到"社会人"的身份转变。由职工和部分城市居民获得相对有限的社会保障，到全体国人首次获得了广泛的社会自由，同时也出现了比较普遍的失重感、野蛮竞争和"公共地悲剧"。改革开放前，与相对低水平的经济发展相适应，中国建立了生产资料公有制和集体所有制，形成了政府统包统揽社会事务的格局，具体执行中呈现出不同"单位"的显著待遇差异。并且社会服务和保障的内容有限，覆盖面很窄。改革开放后，为推动企业所有制改革，解放生产力，陆续形成了"五险一金"的社会保障体系，"单位人"在利益分割后变成"社会人"，但对于如何管理社会，如何建设社会整个国家还处在探索过程中。

2. 自由放任的社会到政府管理的社会

第二次社会治理领域的理念转变用了10年。形成了从自由放任的社会到社会管理是政府重要职能的共识，管理社会政府不能当甩手掌柜，要亲力亲为，并发挥重要基础性作用。2003年"非典"疫情的发生和蔓延引起政策的深刻反思。同年党的十六届三中全会把政府职能定位为"经济调节、市场监管、社会管理和公共服务"四个方面，社会管理明确成为政府的主要职能之一。推进社会体制改革，扩大公共服务，完善社会管理，促进社会公平正义，成为这一阶段社会治理领域的主线。

3. 政府管理的社会到群治共享的社会

第三次社会治理领域的理念转变从2013年开始。由社会管理变成社会治理。《中共中央关于全面深化改革若干重大问题的决定》首次提出国家治理体系和治理能力现代化。在"十三五"规划纲要中社会治理成为社会民生领域中的关键词。一字之差反映出的内容、治理路径是截然不同的。社会治理强调多元化主体共同承担社会建设的目标，共建共治共享，社会治理同时强调了政府和治理共同体的作用。

（二）社会治理制度框架

社会治理是国家治理体系重要组成部分,一个国家选择什么样的治理体系,是由这个国家的历史传承、文化传统、经济社会发展水平决定的。社会治理有内生性,是我们实践中比较成熟的经验总结。习近平总书记说:治理和管理一字之差,体现的是系统治理、依法治理、源头治理、综合施策。已形成的制度框架主体是四方面内容。

1. 党的领导和以人民为中心是基础

坚持完善党的领导制度,贯彻以人民为中心发展理念。党的领导主要包括执政能力提升、总揽全局定位、落实到国家治理各领域各方面各环节。以人民为中心的发展理念体现在经济社会发展各个维度,具体包括:发展为了满足人民对美好生活的向往、发展依靠人民、发展成果由人民共享,维护社会公平正义,发展成果更多更公平惠及全体人民等主要内容。

2. 群治共享的治理格局是标志

社会治理的重大工作和重大决策必须识民情、接地气。坚持工作重心下移,深入实际、深入基层、深入群众,充分调动人民群众的积极性、主动性、创造性。完善党委领导、政府负责、民主协商、社会协同、公众参与、法治保障、科技支撑的社会治理体系,建设人人有责、人人尽责、人人享有的社会治理共同体,确保人民安居乐业、社会安定有序,解决好安全与发展两件大事。

3. 民生服务是社会治理的核心内容

民生服务是社会治理核心内容,按照守住底线、突出重点、完善制度、引导舆论的思路,统筹教育、就业、收入分配、社会保障、医药卫生、住房、食品安全、安全生产等各方面,切实做好改善民生各项工作。要根据经济发展和财力状况逐步提高人民生活水平,政府主要是保基本,注重制度建设,着力解决地区差异大、制度碎片化问题。

4. 先进文化是社会治理的长效机制

必须坚定文化自信,牢牢把握社会主义先进文化前进方向,激发全民族文化创造活力,更好构筑中国精神、中国价值、中国力量。以社会主义核心价值观引领文化建设,让先进文化贯彻到社会治理的所有细节中,形成社会参与、民族认同、国家行动的强大基因。

二、挑战、机遇与问题

当今世界正经历新一轮大发展大变革大调整,人类文明发展面临的新机遇新挑战层出不穷,不确定不稳定因素明显增多,世界处于百年未有之大变局。社会稳定发展存在一些潜在风险,社会治理不仅面临着新情况和新趋势,而且面临着新要求和新挑战。

(一)面临三大挑战

1. 国际政治经济格局发生重大变革要求社会治理创新

当今世界各国经济社会发展联系日益密切,全球治理体系和国际秩序变革加速推进。同时,世界经济深刻调整,保护主义、单边主义抬头,经济全球化遭遇波折,多边主义和自由贸易体制受到冲击,不稳定不确定因素明显增多,风险挑战加剧。尤其是当前中美贸易摩擦,对我国的影响有从经济领域向民生领域和政治领域蔓延的苗头,而且国内因素和国际因素交织在一起,对就业、收入、消费带来综合影响,触及公众预期和社会稳定。

2. 国内快速转型升级带来的不确定性增加要求社会治理创新

我国社会结构正在发生急剧变化,人口、区域、城乡、阶层、就业和消费等方面都在经历重大结构性变动。城镇化加速推进,人口老龄化程度加深,中等收入群体规模进一步扩大,农民工群体市民化需求增强,区域分化和融合并存,新经济形态效应日益显现,网络群体利益诉求多元复杂,利益格局发生深刻调整,人们民主权利意识增强,这些因素对社会治理创新提出新要求。

同时社会领域不稳定风险增加,社会治理面临多重复杂考验。一是负能量聚集和社会负面情绪增多,加大对维稳能力的考验。国内外形势不稳定容易带来负能量聚集和社会负面情绪增多,各类社会矛盾和冲突的"燃点"降低,失业、拆迁、安全事故等问题引发群体性冲突的可能性增大。

3. 网络不当不良传播带来稳定社会预期工作方式挑战

特别是处于信息大爆炸时代,各类自媒体、微信、微博等渠道传播信息的数量呈几何级数增长,频率和速度加大,社会公众的辨识能力相对跟不上信息传播速度,对一些虚假信息的监控难度明显增大,往往是酿成"事故"后才得以平息,对社会稳定的冲击非常大。二是公众预期和实际情况存在差距,加大对社会治理创新的考验。社会公众对经济社会运行拥有良好预期,希望经济能够保持平稳运行。目前在国内外形势不确定性增加的背景下,社会公众的稳定预期比较多元,总体上以看好经济运行为主,但也有部分群体持悲观态度,容易引发社会矛盾和冲突。

(二)把握两大机遇

以云计算、大数据、智能化和物联网等为代表的新技术不断涌现,信息化对经济社会发展的引擎作用日益凸显。未来一段时期,人工智能将得到深度应用,形成无时不有、无处不在的智能化环境,全社会的智能化水平大幅提升。社会运行智能化水平大幅提升,为社会治理更加安全高效提供了有力的技术支撑。

1. 民生保障不均衡配置发生根本改变

民生保障领域,围绕教育、医疗、养老等迫切民生需求,人工智能将加快创新应用,为公众提供个性化、多元化、高品质服务。智能技术将推动人才培养模式、教学方法改革,构建包含智能学习、交互式学习的新型教育体系,人工智能在教学、管理、资源建设等全流程应用。人工智能带来治疗新模式新手段,建立快速精准的智能医疗体系,人机协同临床智能诊疗方案得到研发和推广,人工智能带来大规模基因组识别、蛋白组学、代谢组学等研究和新药研发。健康大数据分析、物联网等关键技术有助于推动健康管理实现从点状监测向连续监测、从短流程管理向长流程管理转变,老年人产品智能化和智能产品适老化水平得到大幅提升。

2. 社会治理效率大幅度提升

社会治理领域,围绕行政管理、司法管理、城市管理、环境保护等社会治理的热点难点问题,促进人工智能技术应用,推动社会治理现代化。面向开放环境的决策引擎能够在复杂社会问题研判、政策评估、风险预警、应急处置等重大战略上服务于政府决策,加强政务信息的资源整合和公共需求的精准预测。智慧城市、智慧交通、智能环保的深入推进,将推动城市治理水平的全面提升。人工智能应用推动构建监测、预警和控制平台,有助于提升公共安全保障能力。通过研发下一代社交网络,加快增强现实、虚拟现实等技术推广应用,促进虚拟环境和实体环境协同融合,人工智能技术将在增强社会互动、促进可信交流中发挥重要作用。

(三)着力解决三类关键问题

机遇与挑战并行,要求社会治理创新应对。其中特别迫切的是三类问题,第一是社会稳定和秩序问题,第二是民生利益和国家财力支撑可持续发展问题,第三是软实力挑战问题,涉及文化、思想、价值观等多方面,其本质是社会大众对未来预期问题。

1. 新时代稳定、安全与发展矛盾更加突出要求创新社会治理

安全是发展的前提,发展是安全的保障,安全和发展要同步推进。安全是人民幸福安康的基本要求、改革发展的基本前提,也是新时代必须提供的"基本公共产品"。当前,国际国内形势正在发生深刻而复杂的变化,国际体系和国际秩序深度调整,不确定不稳定因素明显增多,国内改革发展面临着新形势新任务,经济转型发展多带来的各方面矛盾风险加速爆发并呈现新的特点和趋势,稳定、安全与发展的矛盾进一步突出,社会矛盾纠纷、社会治安防控、公共安全事件呈现出一些新特点,总量较大、复杂性加剧、防范处理难度加大、新风险、新隐患增多,对社会治理带来较大挑战,迫切需要创新社会治理。

(1)社会矛盾纠纷主体多元化、类型更加多样、调解难度加大。随着我国

社会结构深刻变化,群众法治意识不断增强,整个社会矛盾纠纷也发生很多新的变化和走向,利益诉求越发多元,矛盾纠纷易发多发,一些行业、专业领域矛盾纠纷呈不断增长态势,成为影响社会和谐稳定的热点难点问题。党的十八大以来,我国共排查矛盾纠纷1472万次,预防矛盾纠纷997万件,化解矛盾纠纷4646万件。一是盾纠纷内容呈多样化。矛盾纠纷的内容已由过去的农村土地承包、邻里、赡养、婚姻等传统项目向征地拆迁补偿、非法集资及非法传销、医患纠纷、环境污染问题、涉法涉诉、复员退伍军人安置问题等转变。二是矛盾纠纷主体呈群体化,矛盾纠纷的主体从过去以单一的个体向城镇居民群体、企业员工整体、部门职工团体转化。三是矛盾纠纷调处难度加大。经济利益与权力利益、现实利益与长远利益、个人利益与群体利益等利益性矛盾已经取代人际关系纠纷,各种利益性矛盾其中涉及复杂的法律关系,纠纷调解难度明显加大。

(2)社会治安防控承担的使命任务更加繁重。当前中国正处于社会转型跃迁的关键时期,同时也是社会矛盾凸显期,社会治安形势不断严峻,维稳压力越来越大。一是新型犯罪的侵害对象范围进一步加大。电信诈骗犯罪侵害群众的面广量大;涉众型经济犯罪导致大量受害者损失惨重;食品药品安全、环境污染犯罪严重威胁人民群众日常生活。二是传统犯罪在网络和新媒体的作用下危害进一步加大。三是"互联网+"背景下原有的社会治安防控体系不能完全适应形势需要,急迫需要充分运用新一代互联网、物联网、大数据、云计算和智能传感、遥感、卫星定位、地理信息系统等技术,创新社会治安防控手段。

(3)防范公共安全引发社会稳定风险的难度加大。2018年,我国事故总量、较大事故和重特大事故实现了"三个下降",但安全生产还处在脆弱期、爬坡期和过坎期,安全生产总量居高不下,复杂性加剧,潜在风险和新隐患增多,防控难度加大。一是当前我国事故总量仍然偏大,化工、煤矿、金属非金属矿山、建筑施工发生重特大事故时有发生,2018年我国各类事故仍然导致3.4万人遇难。二是安全生产基础依然薄弱,部分地区高危行业产业布局和结构不尽合理,采掘业和重化工等比重大,高危企业数量多,机械化、信息化和自动化程度低,事故成因日趋复杂,事故管控愈发困难。三是早期快速城镇化过程中,早期建设的高层建筑、轨道交通、危险化学品、城市燃气和输油管线、地下空间、人员聚集场所、生命线工程等领域和场所潜藏的安全风险难以发现、更难治理,各类生产安全事故呈诱因多样化、类型复合化、波及范围扩大化和社会影响持久化等特征。四是公共卫生事件防控难度增大。鼠疫、霍乱等法定报告传染病时有发生,突发急性传染病在全球不断出现,境外输入传染病以及生物技术误用谬用风险不断增大,食品药品安全基础依然薄弱。

2. 民生保障需求升级,要求社会治理创新创新

(1)宏观经济风险存在向就业传导压力。近年来,随着我国结构调整进入深水区,经济增长出现了结构性换挡,经济增速从2010年的10.64%减速至2019年三季度的6.2%,以投资为主的刺激政策边际效率递减趋势明显。充分就业是衡量宏观经济运行状态的核心指标,一定数量和质量的就业岗位创造和吸纳能力也是宏观经济有效运行的结果性变量。在经济内生性和外生性风险因素不断增加的背景下,存在着宏观不稳定因素和不利条件向就业领域传导的可能,特别是部分受经济周期性波动、国际贸易形势冲击较大的困难行业企业,面临着规模性失业风险。

(2)义务教育资源配置不均衡问题突出。义务教育资源配置不均衡问题突出,并外溢为"学区房"等社会现象。"十二五"以来,我国大力推进义务教育阶段学校的标准化建设,教育基础设施均衡化已经基本实现。但教育资源本身的配置结构不均等现象突出,特别是很多传统名校更多集中于大城市的中心城区,其背后的师资力量、教学模式、教育传统短期内无法复制移植,造成了虽然硬件标准化建设基本完成,而教育质量特别是校际升学机会差距依然普遍存在。而现有的学区制管理、集团化办学等政策反而固化了教育资源配置,使优质校入学机会和交易资源流动性大幅下行,导致了择校关口由"小升初"前移至"幼升小"环节,并衍生出"天价学区房"等不良社会现象。

(3)"看病难""看病贵"问题突出。社会办医还面临较多天花板。新医

改以来,我国医疗卫生服务能力建设取得了长足进步,但卫生资源配置不均衡和优质资源结构性短缺问题依然突出。一方面,少数国家医疗卫生中心城市持续处于"战时状态",社区卫生机构、乡镇卫生院等基层服务网络"门可罗雀"。必须看到,造成当前我国医疗卫生服务供需结构性失衡,与我国医疗卫生服务供给不充分密切相关,在基本医疗卫生服务之外的个性化、多样化和多层次服务需要,更多应由社会办机构承担相应的服务职能。我国虽然通过"证照分离"等改革措施,极大地便利了社会办医发展,但社会办机构在大型医用设备配置、前沿技术应用和开展、医保准入、护师等人员多点执业等方面依然面临政策"天花板",严重影响了社会办医效率的有效发挥。

(4)主要社会保险制度财务风险集聚。我国目前已经进入了人口老龄化的快车道,60周岁及以上人口为24949万人,占总人口的比重为17.9%,其中65周岁及以上人口为16658万人,占总人口的比重为11.9%。基本养老、医疗保险在财务上总体采用现收现付制方式筹资,制度财务平衡对于人口年龄结构比较敏感,再加上我国相关制度在运行中存在统筹层次低、制度碎片化、控费管理滞后等问题,造成了可持续压力不断加大。近年来,财政补助占职工基本养老保险的总收入比重攀升至18%以上。中央调剂金在地区间调节力度有限,2018年调节总规模为2422亿元,及时考虑中央下达调剂金,个别省份"硬缺口"问题还未解决。在基本医疗保险领域,虽然职工医保依然保持着20%的年度结余率,但结余部分基本为个人账户资金,难以统筹利用,居民医保在河南、陕西、甘肃、上海、内蒙古等省市发生基金当期收支"赤字"。同时,由于退休人员医疗费用的刚性支出,基本医疗保险降面临着更加严峻的可持续压力。

3. 应对极端自利文化和西方敌对文化侵蚀要求社会治理创新应对

目前,我国在文化产品生产、思想道德建设、社会心理预期等方面,还存在不少问题,对社会造成不良导向,容易从源头上带来社会治理问题乃至社会稳定风险。

(1)文化生产重利轻义影响社会文化。文化生产重经济效益轻社会效益,甚至功利化短视化,对社会文化造成不良导向。不少文化产品的创作生产不是以人民为中心、把社会效益放在首位,而是以人民币为中心、把经济效益放在首位。文化产品评价环节重市场检验轻价值评判,只以点击率、收视率、票房数多少论英雄,不以世界观、人生观、价值观对错分高低。少数中肯负责的群众、专家评价,往往淹没在集体无意识的洪流中。这样不够健康清朗的文化生态,反过来又成为低俗庸俗媚俗文化产品的滋生土壤,挤占讲品位讲格调讲责任文化产品的创作生产空间。尤其是在网络文化领域,低俗庸俗媚俗产品泛滥。"与不善人居,如入鲍鱼之肆,久而不闻其臭,"不少群众尤其是三观尚未成熟的青少年就在这种潜移默化中被消磨意志、腐蚀灵魂,不自觉地成为文化产品中不良思想的践行者、行为的模仿者。

(2)思想建设松懈陈旧冲击社会秩序。长期以来,各级政府在以 GDP 为中心的政绩考核体系下,重经济建设轻思想建设,以致思想建设领域缺失、力度不够、内容陈旧、形式单一,无法适应改革开放以来所有制结构与经济体制的变化及其带来的人们价值取向的变化。领域缺失最突出的表现就是,自 20世纪 90 年代以来,对部分边疆、民族地区以及香港地区的国民教育力度不够,以致个别群众缺少国民意识与国家认同。力度不够主要表现为理想信念教育、公民道德建设、社会主义核心价值观贯穿融入、中华优秀传统文化传承发展力度有待加强。公民道德建设力度不够,对党员干部、教师、医生、青少年、公众人物等重点群体的教育不够,造成纲维失序的风险。现实中,干群、师生、医患关系紧张,本应在伦理道德层面解决的问题,最后诉诸暴力和法律;青少年性行为、犯罪低龄化;所谓的公众人物占据了过多的媒体资源,其失德行为对社会风气造成污染。社会主义核心价值观对公共政策领域的融入不够,重大公共政策道德风险评估和纠偏机制尚未建立。中华优秀传统文化传承发展不够,虐老弃婴等不孝行为仍有发生,疫苗造假、涉老诈骗等失信行为时有发生。对英雄人物仍然采取计划经济体制下的宣传方式,不能适应社会主义市场经济条件下人们的多样化诉求。

(3)社会预期出现偏差威胁社会稳定。技术进步带来了传播极速化、社交虚拟化,一时一地的人与事很快就会通过全网传播到全国各地,受法律漏洞、执法偏差、碎片化传播与网络治理不善等影响,容易带来社会预期偏差,威胁公共安全。例如在涉港、涉疆问题上,网上仍有一些敌对性的带节奏文章,影响着部分公众的判断与立场。再如魏则西事件并未让相关网站有所忌惮,一些缴纳了广告费用的民营医院、仿冒网站仍被置于官方网站前面,一些为非法集资宣传的文章仍能被搜索出来,对公民人身财产安全带来威胁。

三、创新社会治理重点领域

(一)健全党委领导的社会治理新格局

1. 创新党委领导的社会治理理念

党委领导是我国社会主义现代化建设中必须始终坚持的根本原则,这是有中国特色的政治优势。主要体现在四个方面:一是正确把握历史方向和时代要求,对社会治理领域的重大问题进行理论研究和战略思考。二是从人民群众的根本利益出发,将反映群众利益的党的意志和主张上升为国家法律法规。三是及时研究社会治理中的新情况与新问题,建立科学化、规范化和制度化的体制机制,加强预期管理。四是发挥党的组织协调能力和凝聚力,号召共产党员在社会治理中发挥先锋模范作用。

2. 健全党委领导的社会治理体系

为促进治理转型,并从根本上实现社会治理的制度化、规范化与法治化,在制度上需要做出重大改革与创新的关键点,在于通过切实推进政府职能转变和政社分开,以构建政府与社会协同共治的现代社会体制。在此基础上,推动群团组织改革,强化党和政府与社会组织和居民之间的纽带关系与良性互动。

第一,完善职能合理、运行高效的政府分工结构体系。政府在社会治理领域的职能转变,必然导致中央与地方各级政府事权与财权等职能分工结构的重大调整。现代社会治理的显著特征是,通过政府合理的公共预算支出来满足公众的公共服务需求。同时设置高效合理的社会治理机构,通过推广政府与社会资本合作模式让各方面主体更多地参与公共服务和社会事务管理。

第二,注重社会组织与群众参与,推进社会治理决策民主化和管理分权化。各级党委和政府在发挥领导和主导作用时,在关于民生政策制定、公共服务供给、社会秩序供给措施等方面的社会治理中,必须在制度上更加注重人民群众、社会组织参与和决策民主化。通过构建科学民主的社会治理决策程序,整合不同阶层的利益要求,扩大社会自治领域,将社会冲突风险控制在合理范围之内,从而避免出现大规模群体性事件和社会动荡。

第三,推进群团组织改革,构建"小机关、大网络、强基层、全覆盖"的群团组织体系。群团组织必须要通过改革将"重心下移、力量下沉、资源下倾",切实解决群团组织基层薄弱、服务能力不强的问题。

第四,创新基层社会治理,切实增强人民群众自治能力。不断调整力量架构,建立更具开放性和包容性的基层治理体系。着力让村委会、居委会回归自治,整合村、社区内部的治理资源,形成以村委会和居委会为制度平台,多种主体共同参与的自我管理、自我监督、自我教育、自我服务的自治体系。

3. 完善党委领导的社会治理机制

第一,创新政府社会治理机制,加强政府社会治理能力建设。政府要不断完善规范政府行为、保障公民权益、促进社会公正、推动社会发展的社会法规体系,制定各种满足社会发展需要的有针对性的社会政策。第二,创新社区治理机制,实现自治、他治和共治相结合。明确社区党组织和居委会的职责分工,明确社区居民和社会组织的参与方式,激发驻区单位、居民和社会力量多方参与积极性,重视居民、社会的利益表达和意愿诉求,同时让更多的资源下沉到社区,使社会治理更加符合居民和社会的实际需求。第三,创新群众权益保障机制,实现社会矛盾源头治理。增强群众权益知情权,拓宽社情民意表达渠道,畅通民意收集渠道,形成科学有效的利益协调机制、诉求表达机制、矛盾调处机制和权益保障机制,切实维护群众合法权益。第四,创新道德舆论引导方式,重塑社会诚信机制。健全国家信用管理体系,深化和完善政府信用建设,健全企业诚信机制和个人诚信机制,加大法律法规的执行力度和执法力度,营造弘扬诚信氛围。第五,创新网络社会治理机制,提高对虚拟社会的治理水平。健全网络舆情引导机制,政府积极收集民众关心的热点问题,迅速了解民众的诉求并在第一时间作出回应,与网络媒体建立良好沟通合作关系。第六,创新社会治理工具手段,不断推进社会治理智能化。积极运用大数据、物联网等新技术参与社会治理决策、追踪和评价,促进现代科技与社会治理深度融合,推动社会治理更加精准、更加人性化、更具前瞻性,推动社会治理决策科学化和治理方式精细化。

4. 提升党委领导的社会治理能力

第一,提升党的政治领导能力。坚持党的领导,是确保社会治理现代化坚持正确的政治方向和具备坚实的政治保障的关键举措。中国共产党作为中国特色社会主义事业的坚强领导核心力量,履行着领导党和执政党的双重功能,党的代表性、先进性和纯洁性是优化社会治理体系和治理机制、推进社会治理能力现代化的政治保障。在中国特色社会主义制度下,培育人民的自我治理主体性,保障百姓的民权民生权益,实现人民当家作主,这是当前推进我国社会治理现代化的根本价值指向。为实现这一根本价值取向,在宏观制度上,党依靠其坚强的政治领导能力,通过人民代表大会的根本政治制度以及法治国家建设,可以充分保障人民依法有序地参与国家和社会公共事务的管理,从而为社会治理现代化提供基础性的制度框架和稳固的治理资源;在微观机制上,党通过总揽全局、协调各方的领导方式方法,可以完善党委领导、政府负责、社会协同、公众参与、法治保障、科技支撑的社会治理体制,从而推进社会治理精细化,构建全民共建共享的社会治理格局。

第二,提升党的常态治理能力。不同的社会状态适用于不同的法律规制体系,也要求政府具备不同的社会治理能力。政府全面的常态治理能力主要包括三个层面:一是社会民权的保护能力。主要体现在促进创业就业和增加个人收入的发展性权利保护,以及社会保障政府兜底的福利性权利保护两个方面,政府必须坚持就业优先战略,实施更加积极的就业政策,创造更多就业岗位,着力解决结构性就业矛盾,同时鼓励以创业带就业;坚持居民收入增长和经济增长同步、劳动报酬提高和劳动生产率提高同步,持续增加城乡居民收入,调整国民收入分配格局,规范初次分配,加大再分配调节力度;普及基本公共服务,完善社会保险体系。二是社会秩序的维护能力。维护社会秩序长期稳定、和谐、平安,需要在法治框架下强基础、建制度,政府必须构建以社会主义核心价值观为引领、社会公平正义为核心、道德规范和诚信体系为基础、公民权利保障为重点的社会行为规范体系,加强社会治理基础制度建设,完善社会治安综合治理体制机制,实现社会治理的精细化和信息化。三是社会矛盾的化解能力。对矛盾的压制不是可取之道,关键在于制度化的矛盾化解能力,政府必须在指导原则上强化和完善解决社会矛盾纠纷的法治机制,防止用"运动式治理"体制化替代法治化。基于法治化原则,建立健全矛盾纠纷的发现、调解、仲裁、复议、诉讼相互衔接、相互配合的矛盾化解机制。落实重大决策社会稳定风险评估制度,完善社会矛盾排查预警和调处化解综合机制。

第三,提升党的应急管理能力。系统的应急管理能力已经构成了现代社会治理能力的核心组成部分。为加强系统的应急管理能力建设,需要着重从以下三个方面着手:一是切实提高政府应急法律能力。为保障政府应急措施的合法性,规范政府的应急裁量权力,基于《突发事件应对法》而进行的法律修订、完善和相关应急法律体系的系统化,是系统性强化政府应急管理能力的法治前提。二是大力加强社会风险预警能力。要在总结重大政策和重点项目社会稳定风险评估的基础上,科学运用风险管理的工具和方法,构建符合国情的社会风险评估体系,提升社会风险的识别能力和预警能力,尤其要重视运用信息技术建立危机预警的信息收集系统、监测系统以及分析评估系统以实现科学预警,也要建立网络舆情和社会心态监测系统,把握舆情和社会心态演变机理,及时化解社会矛盾。三是全面提升公共危机应对能力。遵循权力集中、及时性和有效性原则,依托应急处置网络系统和应急资源的条件,因时、因地、因人科学采取一系列处置措施,建立源头治理、动态管理、应急处置相结合的无缝隙社会风险预警和应对体系。

（二）扎实开展平安中国建设

1. 完善社会矛盾排查预警和调处化解综合机制

一是创新社会矛盾预防预警机制。注重源头治理,充分运用互联网、大数据、人工智能等新型技术手段,分析研究引发矛盾纠纷的源头性、关键性、基础性问题,研判影响预防化解成效的各种因素,掌握各群体、各阶层的舆情走势,努力做到早发现、早预防、早处置,提高对各类社会矛盾的发现预警能力。

二是健全公平、合理利益表达机制。畅通利益表达渠道,完善社会调查制度、听证会制度、协商谈判制度、信访制度和信息公开制度等,保证利益表达的有效性,使各个利益主体的利益诉求能够通过正当、规范的渠道进入公共决策过程中。依法规范和细化民众利益表达的方式、程序、内容和范围,引导群众理性化、常态化和秩序化表达利益诉求。

三是健全重大事项社会稳定风险评估机制。面对直接关系群众切身利益且涉及面广、容易引发社会稳定风险的重大决策事项,要把社会风险评估作为必经的前置程序,确定影响社会稳定的关键性问题,努力使评估过程成为倾听民意、了解民情、化解民忧的过程,预防和减少因决策不当引发的社会矛盾和突发事件。

四是健全基层调解机制,提升化解社会矛盾的能力。加强多元矛盾纠纷化解的工作平台建设,整合基层综合服务站(所)、网格化管理、综治中心、调委会等资源力量,及时就地解决群众诉求,从源头上预防化解矛盾纠纷。加强人民调解、行政调解和司法调解的机制联动,善于运用政治、经济、行政、法律、教育等多种手段,推动各种解决方式、手段之间的统一协调、功能互补,构建纠纷联动调解机制。构建多元化的矛盾纠纷协调处理主体参与机制。充分借助社会力量,积极发挥各企事业单位、社团、行业协会等社会组织在矛盾调解中的功能,建立社会组织与政府部门有机衔接制度,切实发挥各调解主体的组织优势、职能优势,全面实现各机制的联结、互动作用,实现对矛盾纠纷的多元化解,形成化解矛盾纠纷的社会合力。

2. 创新完善立体化社会治安综合治理体系

一是健全社会治安形势分析研判机制。加强对社会舆情、治安动态和热点、敏感问题的分析预测,加强对社会治安重点领域的研判分析,及时发现苗头性、倾向性问题,提升有效应对能力。建立健全治安形势播报预警机制,增强群众自我防范意识。完善社会治安形势分析研判联席会议制度、社会治安重点地区排查整治工作协调会议和月报制度等,进一步整合各部门资源力量,强化工作联动,增强打击违法犯罪、加强社会治安防控工作合力。

二是加强社会治安基础性制度建设。以公民身份证号码制度为基础,推进公民统一社会信用代码制度建设。探索建立违法犯罪记录与社会信用挂钩制度,强化基础信息采集、推动大数据汇集应用和强化情报综合研判,提升情报预警功能。加快推进公共安全视频监控建设联网应用,提升实战应用效能。

三是强化科技支撑,运用大数据、云计算、物联网等技术,实现安全管理的精准分析、精准治理。打破部门间的信息壁垒,避免信息孤岛,真正做到信息共享,提高数据的应用效率,共同服务社会治安防控体系,更有效地实现对违法犯罪行为的震慑、打击,最大限度地维护社会的安全稳定。

四是继续深入推进扫黑除恶专项斗争、开展专项督导,依法惩治盗抢骗黄赌毒等违法犯罪活动,严厉打击电信诈骗、非法集资、传销等经济犯罪,切实保障校园等重点场所安全,整治侵犯公民个人信息等突出问题。对群众反映强烈的黑拐枪、黄赌毒以及电信诈骗、非法获取公民个人信息、非法传销、非法集资、危害食品药品安全、环境污染、涉邪教活动等突出治安问题,要加强部门执法合作,开展专项打击整治,形成整体合力。

3. 健全公共安全防范化解机制

(1)着力建设较为完善的公共安全法治体系。进一步完善公共安全的法律法规体系,尽快制定《公共安全法》或者修订《突发事件应对法》,使之成为更加适用公共安全的基本法;同时修订完善各主要下位法律。在完善各项相关法律制度基础上,辅之以相应的各级政府规章,推动形成体系较为完善的公共安全法治体系。

（2）完善和落实安全生产责任和管理制度，建立公共安全隐患排查和安全预防控制体系。坚持关口前移，加强日常防范，加强源头治理、前端处理，以网格化管理、社会化服务为方向，完善公共安全社区建设标准，积极推动公共安全社区建设，健全基层安全管理和维护平台，充分发挥好基层自治在维护公共安全中的作用。要坚持问题导向，把重大公共安全风险隐患排查落到实处，建立健全风险研判机制和决策风险评估机制，及时发现可能严重危害人公共安全的各类风险。坚持党政同责、一岗双责、失职追责，完善统一联动的公共安全预警处理机制。

（3）完善公共安全应急管理机制。坚持预防和应急并重、常态和非常态结合，建立健全分类管理、分级负责、条块结合、属地管理为主的应急管理体制，形成统一指挥、功能齐全、反应灵敏、运转高效的应急机制。认真汲取各类公共安全事件的教训，推广基层一线维护公共安全的好办法、好经验。

（4）加强和改进食品药品安全监管制度。健全食品药品安全全过程的监管机制，加快建立食品药品安全可追溯体系和信息共享机制，建立健全监管部门和公安机关联合执法机制，用最严谨的标准、最严格的监管、最严厉的处罚、最严肃的问责，守护人民群众"舌尖上的安全"。

（5）加大公共安全违法的惩戒力度。完善安全生产不良信用记录及失信行为惩戒机制，加大对失信企业的惩治力度，督促企业落实安全生产主体责任。强化安全生产行政执法与刑事司法衔接，健全通报、移送、受理、立案、办案和评价等制度，依法惩治安全生产领域的违法行为。

（三）造福民生推动公共服务升级

1. 坚持就业优先，加强宏观政策联动

坚持把就业优先置于宏观政策层面，把各项促进就业政策作为宏观政策的重中之重。通过提升劳动者技能水平和为企业生产经营减负，稳定现有就业岗位，做好供需匹配。大规模开展职业技能培训，大力推进职业技能提升行

动,扩大技能人才培养培训规模,加强职业培训基础能力建设,并做实就业创业服务,推进就业服务全覆盖,加强岗位信息归集提供。通过人力资本赋能和就业创业服务深度介入,提升劳动者与就业岗位的匹配能力。延长降低失业保险费率、工伤保险费率、失业保险稳岗返还等政策的年限,规范企业裁员行为,使阶段性面临困难企业少裁员、不裁员。

坚持稳岗位与增岗位并重,更大力度地做大国民经济的"就业蛋糕"。加强就业政策与其他宏观政策的联动,多层次政策协同发力稳就业、促就业、增就业。在壮大国内市场中积极发展家政、养老、医疗等就业吸纳能力强的社会服务业,合理扩大有效投资、稳定外贸创造更多就业岗位,培育壮大新动能,拓展更多就业新空间。

2. 深入推进教育关键机制改革,着重改善义务教育不均等

在办学模式层面,深入推进学区制管理,在"放管服"中创新学区制建设方式,更大程度发挥学区内优质学校示范辐射作用,完善强校带弱校、集团对口支援等学区资源均衡配置办法,促进新优质学校成长。在学区内部广泛探索"走读"制度,实现高质量师资、优质教育设施和课程资源更大范围的辐射和共享。同时,把高级中等教育升学比例、重点率等教育结果性指标作为义务教育均衡化考核的重要依据,防范教育资源在少数优质学区固化。

在师资层面,增加基础薄弱学校教师培训机会,加大紧缺学科教师培养力度,实现教师专业素质能力更加均衡发展。建立健全统一教育管理单元内部和跨教育管理单元之间的教师双向流动机制,实现城乡教育资源的合理交流,鼓励更多教师向基础薄弱学区学校和学区内的办学质量后进学校流动。

在招生入学方面,完善义务教育招生制度,推进免试入学全覆盖,不得再以各类考试、竞赛、培训成绩或证书证明等作为招生依据,不得以面试、评测等名义选拔学生。对本地优质初级中等学校,审慎推进"九年一贯制"改革,为教育机会创造更多的流动条件。

3. 打造优质高效的整合型医疗卫生服务体系,更大力度扩大医疗领域对内对外开放

加快落实《健康中国 2030 规划纲要》要求,转变医疗卫生服务提供方式,促进从以治病为中心向以健康为中心转变。健全完善多种形式的"医联体",着重打造县域"医共体",加强"医联体""医共体"内部和面向上级医院之间的双向转诊,进一步规范就医秩序。选择高水平综合性医院和专科医院,稳步推进国家医学中心和区域医疗中心建设,促进资源优化配置,提升优质资源短缺地区和基层的医疗服务水平。健全区域内龙头医院与基层机构间、综合性医院与专科医院之间的分工协作机制,促进医疗资源按需配置、优化利用,克服重复检查、过度医疗和少数大医院就诊挤压的情况。

更大力度放开医疗卫生服务市场,进一步优化审批流程,为有意愿的投资者创造更加便利的营商环境。全面制定社会办医疗机构设置指引,鼓励社会力量更多举办中医、妇幼、儿科、护理、康复、精神和全科等服务机构,缓解社会看病难压力。放宽社会办机构大型医疗设备配置限制,允许中国海南国际医疗旅游先行区等试验区局部探索突破新药品、新技术适用范围,在确保基金安全前提下大幅提高社会办机构进入医保定点目录的数量,为社会办机构发展创造更多有利条件。

4. 坚持社会保险应保尽保前提下,着力发展多层次社保体系

深入推进全民参保计划,做好主要社会保险的应保尽保,注重把新就业形态从业人员、转移就业人员纳入职工保险覆盖范围,扩大基金覆盖面,延缓制度结构性老化影响。加快推进养老保险全国统筹,统一各省基本养老保险政策,按照统收统支方式上缴形成全国养老统筹基金,并统一基金预算、管理、经办、支付,提升基金利用效率。

搭建多层次养老、医疗保障体系。鼓励更多有条件用人单位和职工建立企业年金、职业年金制度等补充保险制度。规范年金方案和权益分配,保障职工年金权益得到公平体现。根据国家养老"三支柱"政策统一部署,支持有条件的单位和职工参与税收递延养老保险或者购买养老目标基金等补充养老金

融产品,提高"老有所养"的经济保障能力。鼓励发展多种形式的补充医疗保障制度,增进基本医保制度与大额医疗费用补助、企业补充医疗保险、职工互助医疗、商业健康保险以及城市医疗救助之间的有机衔接,重点对大额医疗支出进行有效分担,合理补偿目录外药品和服务费用,形成灾难性卫生风险的多一重保障。

(四)打造文化自信

核心价值观是社会治理的灵魂,要以社会主义先进文化为载体,以社会主义核心价值观为灵魂,以正能量社会预期为动能,构建礼乐交融、纲维有序、正气浩然的文化传承体系,着力提升国民素质、凝聚国民精神,夯实社会稳定的文化基础。

1. 以社会主义先进文化化育人民

以社会主义核心价值观为灵魂,以社会主义先进文化为载体,用礼乐交融的新时代主旋律文化精品化育人民。为此,要提高站位,把书写伟大时代作为文化产品生产的初心。坚持以核心价值观和以人民为中心为创作导向,健全把社会效益放在首位、社会效益和经济效益相统一的文化创作生产体制机制。要坚守阵地,培育健康清朗的文化生态。以价值评判为重心,建立群众评价、专家评价、市场检验相统一的文化产品评判体系,完善倡导讲品位讲格调讲责任、抵制低俗庸俗媚俗的工作机制。采取财政补贴、政府购买服务等形式,支持豆瓣网等基础较好、大众认可的评价平台发展,形成符合为人民服务、为社会主义服务方针的评价导向。做大做好精神文明建设"五个一工程"奖、茅盾文学奖、金鸡百花奖等奖项,强化文化产品评奖的激励引领功能。要紧跟时代,大力推动网络文化繁荣有序发展。以方向引导、创新引领、平台建设、精品推送为重点,建设新时代社会主义网络文化阵地和网络文化创作质量高地,打击和抵制低俗庸俗媚俗的文化产品。

2. 以社会主义核心价值凝聚精神

将思想建设放在突出位置,以纲维有序的社会主义教育体系,夯实全体人民团结奋斗的共同思想基础。加强国民教育,尤其是对部分边疆、民族地区以及香港地区的国民教育,增强民众尤其是青少年的国民意识与国家认同。推动理想信念教育常态化、制度化,加强青少年理想信念教育,完善齐抓共管机制。把党员干部、教师、医生、青少年、公众人物作为重点群体,深入实施公民道德建设工程,推进新时代文明实践中心建设。坚持培育践行与贯穿融入相结合,推动社会主义核心价值观贯穿融入法治建设和社会治理全过程,探索建立重大公共政策道德风险评估和纠偏机制,形成良好政策导向、利益机制和社会环境。推进中华优秀传统文化传承发展工程,以爱国、敬业、诚信、友善为公民核心价值,广泛凝聚人民精神力量,形成养老、孝老、敬老的社会环境与覆盖全社会的社会信用体系。坚持精神鼓励与物质激励并重,创新英雄人物宣传内容和方式,强力塑造时代楷模。

3. 以正能量社会预期维护稳定

坚持依法治国方略和党管媒体原则,以正气浩然的法律制度体系、现代传播体系、主流舆论体系与网络综合治理体系纠正社会预期,维护社会稳定。完善弘扬社会主义核心价值观的法律政策体系,坚持有法必依、执法必严、违法必究,抓住"云剑"行动、扫黑除恶专项斗争等的契机,维护法律权威,培育法治精神。以党管媒体与领导负责为原则,坚持正面宣传为主,唱响主旋律、弘扬正能量。以官方媒体、大型媒体为重点,构建弘扬主流价值的现代传播体系。以重大舆情和突发事件舆论引导为关键,构建网上网下一体、内宣外宣联动的主流舆论格局。通过互联网内容建设、落实互联网企业信息管理主体责任,建立健全网络综合治理体系,全面提高网络治理能力,维护文化安全和公共安全。针对互联网企业以利益为导向的宣传冲动,建立经济利益和法律责任对等的机制,明确规定,凡是以营利为目的为有关企业和项目提供宣传推介的,一旦有关企业和项目涉及涉众型犯罪、带来群体性事件,互联网企业应当承担连带责任。

四、优先行动

根据创新社会治理形成的经验和迫切需要解决的问题,按照可操作性和紧迫性,提出四个优先行动领域。

(一)发挥社会力量在优化政府社会治理中的积极作用

长期以来中国政府高度重视民生领域发展,在教育、科学技术、社会保障和就业、医疗卫生与计划生育、节能环保、城乡社区、农林水利、交通运输等领域支出占比超过国家财政总支出的70%。未来五年期间,伴随着人民群众需求不断多元化,民生领域发展不仅需要政府兜底,更加需要全社会共同参与以满足人民群众日益增长的多元化需求。这种参与不仅包括公共服务的供给,还包括政策的制定及评价。

1. 提升社会力量参与公共服务供给积极性

进一步落实好鼓励社会力量参与教育、医疗、养老等公共服务领域政策文件,完善规划建设、购买服务、土地供应、税费优惠、补贴支持等方面的扶持政策,注重社会力量参与公共服务政策与其他经济社会领域政策融合发展,充分释放政策效益。拓宽社会力量参与公共服务供给管理领域,明确社会力量参与公共服务供给标准,制定社会力量参与公共服务供给的负面清单,对清单以外的参与模式采取法无禁止皆可为的管理态度,降低社会力量参与公共服务供给准入门槛。在教育、就业、社保、医疗卫生、住房保障、文化体育及残疾人服务等公共服务领域进一步加大政府向社会力量购买服务力度,将更多的可满足人民群众多元化需求的公共服务项目通过委托、承包、采购等方式交给社会力量承担,以政府购买服务为"杠杆"撬动更多社会力量参与公共服务。

2. 拓宽社会力量参与公共服务决策渠道

整合新闻、报纸等传统媒体与论坛、微博、公众号等新媒体资源,发挥中华全国总工会、共青团中央、中华全国妇女联合会等枢纽型社会组织作用,加强与社会各界互动,拓宽公众利益、观点表达渠道,缩短公众与政府之间的沟通距离。在政策制定过程中,进一步发挥社会力量作用,在教育、医疗、养老等受关注度较高领域,更多地鼓励学者、媒体、公众等社会各界参与到政策制定的前期研究、讨论、起草、解读、评估等各个环节,形成完善的社会力量参与流程。鼓励各地方就社会力量参与社会治理决策积极开展试点,定期进行评比并总结成功经验,打造社会力量参与决策的样本模式并发挥示范带动效应,通过样本模式的推广引导更多的社会力量参与决策过程。

3. 完善社会力量参与公共服务评价机制建设

全面转变唯经济论的政绩评价思路,加大对民生领域政策成效考核力度,更多地从人民群众需求角度出发进行制度设计,将提升人民群众获得感、幸福感作为政策制定的出发点及落脚点,在政绩考核评价中提升民生领域权重比例。完善人民群众满意度的调查评估工作,针对教育、医疗、养老等公共服务领域建立合理可行的满意度评价体系,准确掌握人民群众的满意度及政策诉求,切实发挥人民群众满意度在政策制定、政绩考核、政策调整中的作用。加速公共服务领域政策规定、标准等知识普及传播,提升社会各界监管能力,通过奖金、证书等多种激励方式鼓励引导社会各界参与教育、医疗、治安、消防等公共服务领域监管,建立互联互通的监管举报平台,形成完善的举报反馈及处理机制,提升监管效率。

（二）强化技术创新对社会治理的支撑作用

1. 拓展公共服务供给方式

落实"放管服"改革精神,放宽"互联网+"公共服务领域市场准入,引导各类要素依托互联网有序进入公共服务市场,鼓励各类市场主体依法平等参与"互联网+"公共服务供给,发挥市场主体资金、数据、技术、人才优势,激发社会服务市场创新活力。推进大数据、云计算、人工智能、物联网等新一代信息技术在公共服务领域集成应用,鼓励开展同步课堂、远程手术指导、沉浸式运动、数字艺术、演艺直播、赛事直播、高清视频通信社交等智能化交互式创新应用示范,引领带动数字创意、智慧医疗、智慧旅游、智慧文化、智能体育、智慧养老等新产业新业态发展。实施学校联网攻坚行动,加快建设教育专网,实现所有学校接入快速稳定的互联网,支持面向深度贫困地区开发内容丰富的在线教育资源。实施区域中心医院医疗检测设备配置保障工程,继续推动偏远农村地区远程医疗设施设备普及。

2. 提升政府管理效率

研究跨领域数据共享开放统一标准,建立社会服务领域公共数据开放目录和开放清单,优先推进文化、旅游、体育、医疗等领域公共数据开放,明确通过国家公共数据开放网站向社会开放的原始数据集、数据类型和时间表,提供一体化、多样化的数据服务。加速构建支持大数据应用和云端海量信息处理的云计算基础设施,支持政府和企业建设人工智能基础服务平台,面向社会服务提供人工智能应用所需的基础数据、计算能力和模型算法,提升公共服务基础设施智能化水平。探索教育、医疗健康、养老、社区、家政、旅游、体育等领域线上线下融合互动的公共服务供给体系,鼓励与全国一体化在线政务服务平台实现对接融通,拓展服务内容,扩大服务覆盖面。加强信息监管,严厉打击虚假信息散播,利用互联网的新技术、新方法,积极宣传核心价值观,根据各类思想舆论发展趋势,及时进行疏导,整合各类非主流价值观,促进各种价值观良性发展。

3. 完善社会信用体系

进一步强化中国信用网站建设,推动公共信用信息及第三方信用服务机构信息等市场信用信息的共享,形成互联互通、业务协同、信息共享的公共信用平台。加快建立基于居民身份证号码的信任根制度,建立统一的社会信用代码制度和相关实名登记制度,切实推行手机号码、银行卡、网络实名制。推动信用制度与法律制度融合,建立违法犯罪记录与信用、职业准入等挂钩制度,强化对守信者的鼓励和对失信者的惩戒。坚持推行实名制与保护公民个人信息安全并重,健全用户信息保护制度,加强对个人隐私、商业秘密的保护。加大区块链技术研发力度,在保障风险可控前提下,推进"区块链+"信用建设试点应用场景,建立基于区块链技术的智能诚信平台,以现有信用平台为基础构建包含公有链、私有链及联盟链等多种形式的信用数据信息平台,探索数字身份链的可行性及应用前景。

(三)推动基层社会治理进步

1. 推动基层自治、法治、德治建设

强化乡镇政府服务能力建设,深化街道管理体制改革,构建适应国家治理现代化的基层政权建设新体制。推动党组织书记兼任自治组织负责人,发挥村居委会在居民自治、民主协商、协助政府等方面的特别法人地位,提高村规民约的可行性和约束性,强化基层群众自治的党建引领和体制活力。引导村(社区)两委成员、专职工作者、志愿者协同参与社区服务,打造专兼结合、质量并重的新型社区工作队伍。引导村民(社区居民)会议、协商议事委员会、驻区市场机构和社会组织有序参与社区发展,建立社区公共设施、公共空间、公共绿化建设管理的多元参与机制,开创共建共治共享的社区治理新局面。

2. 坚持重心下移加快推进城乡社区服务体系建设

推动城乡社区治理体系和治理能力现代化,着力增强社区提供和转介基本公共服务的能力。建立城乡社区服务的新标准,建设社区生活服务综合体,推动社区服务信息化和智能化,推进"互联网+社区"和"智慧社区"建设。健全政府购买社区服务机制,扩大政府购买社区服务项目的范围,加大资金支持力度,因地制宜设置和调整相关标准,引导社会组织、专业社工机构、志愿者进入城乡社区,提供专业化、特色化、个性化服务,促进服务提供方扎根社区。发展社区服务(电子)券,对具有基本公共服务和准公共服务性质的居民消费予以补贴,重点补贴养老、助餐、托幼、家政等服务并实现跨领域"一券通用"。加强农村社区服务主体、平台和质量管理体系建设,提高农村社区公共服务、基层治理、体育健身、文化娱乐等设施的覆盖水平,构建保基本、广覆盖、地域特色鲜明、线上线下资源统合的农村社区服务体系,逐步缩小城乡社区服务差距。结合乡村振兴战略和农村一、二、三产业融合发展,开展"生产生活融合"

建设试点,拓展农村社区生产服务空间。

3. 以职代会为基本形式健全企事业单位民主管理

进一步加强职工代表大会建设,加快推进大中型企业职代会制度全覆盖,在小微企业集中的地区、园区等积极推行区域性、行业性职代会制度建设,并与工会组织建设紧密结合。建立健全职工代表常任制、巡视制度、提案落实跟踪机制、定期培训计划等,搭建履职平台,提升履职能力。推广厂务公开、司务公开、院务公开、校务公开、所务公开等企事业单位民主管理的有益经验,在党委领导下建立和完善联席会议制度,开展标准化建设,突出职工权益维护保障、和谐劳动关系等内容。鼓励引导地方出台职工代表大会条例、企事业单位民主管理条例等法规、实施细则或实施办法,提供法律依据和准绳。完善民主协商、平等协商机制,畅通职工表达渠道和参与民主管理的渠道,发挥劳动关系三方协商机制的重要作用。

(四)壮大新时代社会参与主体

1. 推动社会组织规范化专业化发展

加强党对社会组织工作的领导,加大社会组织党建力度,发挥党组织的政治核心作用。建立社会组织党建基础台账制度,跟踪社会组织党建工作基本情况和动态变化,及时应对台账中发现的新情况和新问题,不断完善党建引领社会组织发展的体制机制,抓实基层社会组织党建工作。加快社会组织法制建设,推进去行政化改革,完善扶持政策,加强事中事后监管。鼓励发展行业协会商会、公益慈善、科技、城乡社区服务等类型的社会组织,培育具有话语权和影响力的国际性社会团体。建设社会组织孵化基地,提供专业技能培训、管理经验输出、活动场地和经费、人才队伍建设等方面的支持,重点培育行业性、公益性、枢纽型以及提供养老助残等社会服务领域的社会组织,壮大社区社会组织。加强社会组织的法人治理结构、内控机制、信息公开和信用建设,书写社会组织服务国家、服务社会、服务群众、服务行业的新篇章。

2. 建设社会工作服务体系和人才队伍

跨越式培育发展社会工作服务机构,优先发展以老年人、残疾人、困境儿童、农村留守人员、流动人口、特殊困难人群等为重点服务对象和以精神慰藉、卫生健康、教育辅导、婚姻家庭、就业援助、矫治帮教、人口服务等为重点服务领域的社会工作服务机构。建立健全政府购买社工服务的长效机制,制定专业社会工作服务机构的标准和规范,面向城乡基层设立社会工作服务站点,引导社会力量举办和发展社会工作服务专业机构。未来五年时期,社会工作机构数量力争翻一番。

3. 促进慈善事业和志愿服务高质量发展

落实和强化慈善事业在收入、土地、金融、教育、政府购买服务等方面的激励政策,出台慈善信用奖惩的具体措施,发展慈善信托,引导慈善组织和慈善力量对接京津冀协同发展、乡村振兴等重大国家战略。建立健全互联网慈善特别是网络募捐的制度安排,创造互联网慈善健康发展的良好政策环境,为人人参与、随时参与慈善提供具有便捷性和公信力的渠道。规范发展互联网捐赠平台,加强互联网慈善监管。升级"慈善中国"信息平台,归集、交换、共享慈善领域数据信息,推动实现慈善信息全国"一网可查"。广泛增设形式多样的社会捐助站点,完善福彩发行、销售、公益金分配使用等管理制度,促进福彩事业健康发展。建立广覆盖和高质量的志愿服务阵地,完善志愿服务的运行和激励机制,培养一批骨干志愿者和示范性志愿服务组织。未来五年在乡镇街道建设 1 万个标准化的示范性志愿服务站点,把志愿服务站打造成区域性的志愿服务枢纽和指挥所。建立志愿者的保险制度,推广"时间银行"志愿活动积分制度,探索将志愿服务记录纳入个人信用体系。

（执笔人：曾红颖、邢伟、顾严、孔伟艳、田帆、关博、范宪伟）

参考文献

1. 王蕴、肖潇、姜雪:《2019 年上半年消费形势分析与展望》,《中国物价》2019 年第 7 期。

2. 柳思维:《加大体制创新,充分发挥消费对经济增长的基础作用》,《消费经济》2017 年第 6 期。

3. 吴振华:《劳动报酬、消费升级与产业结构升级》,《工业技术经济》2019 年第 11 期。

4. 杨天宇、陈明玉:《消费升级对产业迈向中高端的带动作用:理论逻辑和经验证据》,《经济学家》2018 年第 11 期。

5. 刘志成、徐鹏:《当前重点市场形势分析与 2020 年展望》,《中国物价》2020 年第 1 期。

6. 徐鹏:《价格形势分析的理论与实践》,中国经济出版社 2019 年版。

7. 徐鹏:《CPI 和 PPI 的驱动因素分解研究——价格形势分析中翘尾因素和新涨价因素》,《价格理论与实践》2019 年 5 月。

8. 曾铮、刘志成:《如何认识"十三五"时期重大市场风险》,《中国发展观察》2016 年第 11 期。

9. 国家统计局:《就业形势总体稳定　就业预期目标较好完成》,国家统计局最新发布(2020 年 1 月 19 日),http://www.stats.gov.cn。

10. 人力资源和社会保障部.人社部举行 2019 年第四季度新闻发布会(2020 年 1 月 14 日),http://www.mohrss.gov.cn。

11. 常修泽:《民营经济如何实现高质量发展》,《财经界》2019 年第 10 期。

12. 黄齐元:《新经济的机会与挑战》,《中国科技产业》2020 年第 2 期。

13. 刘霏:《特朗普政府执政以来全球贸易体系的变局:机遇与挑战》,《中国劳动关系学院学报》2020 年第 2 期。

14. 王静文:《多措并举保持就业形势稳定》,《经济参考报》2020 年 1 月 6 日。

15. 谢建国、张宁:《技术差距、技术溢出与中国的技术进步:基于中美行业贸易数据的实证分析》,《世界经济研究》2020 年第 1 期。

16. 李大伟、季剑军、孔亦舒、陈大鹏:《2020 年世界经济形势分析与展望》,《中国发展观察》2020 年第 1—2 期合刊。

17. 李大伟：《中国对世界经济增长贡献巨大》，《经济日报》2019 年 7 月 29 日。

18. 季剑军：《2019 年大宗商品价格走势预测、对我国的影响及对策》，《海外投资与进出口信贷》2019 年第 2 期。

19. 孔亦舒、李大伟：《2019 年外贸形势分析与 2020 年展望》，《中国物价》2020 年第 1 期。

20. 国务院发展研究中心课题组：《百年大变局：国际经济格局新变化》，中国发展出版社 2018 年版。

21. 倪鹏飞、颜银根、张安全：《城市化滞后之谜：基于国际贸易的解释》，《中国社会科学》2014 年第 7 期。

22. 郭克莎：《新时期工业发展战略与政策》，人民出版社 2004 年版。

23. 清科研究中心：《2018 年中国股权投资市场投资策略研究报告》，2019 年。

24. 姜江、洪群联：《"十三五"产业新增长点——打造经济发展新引擎》，中国市场出版社 2016 年版。

25. 杰弗里·伍德里奇：《计量经济学导论：现代观点》（第 4 版），清华大学出版社 2009 年版。

26. 芮明杰：《产业经济学》，上海财经大学出版社 2005 年版。

27. 郭克莎：《中国产业结构调整升级趋势与"十四五"时期政策思路》，《中国工业经济》2019 年第 7 期。

28. 黄群慧：《改革开放 40 年中国的产业发展与工业化进程》，《中国工业经济》2018 年第 9 期。

29. 黄维荣：《论支柱产业的培育方略》，《经济与管理研究》2000 年第 5 期。

30. 张于喆：《人工智能、机器人的就业效应及对策建议》，《科学管理研究》2019 年第 1 期。

31. 杜传忠、陈维宣、胡俊：《发达国家人工智能发展经验以及中国的借鉴》，《湖南科技大学学报（社会科学版）》2019 年第 5 期。

32. 王昌林、韩祺：《生物产业：将生物经济加速打造成重要的新经济形态》，《中国战略新兴产业》2017 年第 1 期。

33. 邱灵：《加快将健康产业培育成为新增长点》，《宏观经济管理》2016 年第 11 期。

34. 李莎：《文化创意产业的研究综述》，《戏剧之家》2019 年第 4 期。

35. 穆宝江：《韩国文化产业发展的政府运作模式及其重要启示》，《行政与法》2011 年第 4 期。

36. 熊澄宇：《英国创意产业发展的启示》，《求是》2012 年第 9 期。

37. 习近平：《决胜全面建成小康社会　夺取新时代中国特色社会主义伟大胜利——在中国共产党第十九次全国代表大会上的报告》，人民出版社 2019 年版。

38. 何立峰：《促进形成强大国内市场　大力推动经济高质量发展》，《求是》2019 年第 2 期。

39. 穆虹：《加快完善社会主义市场经济体制》，《人民日报》2017 年 12 月 12 日。

40. 林兆木：《坚持以供给侧结构性改革为主线》，《人民日报》2019 年 2 月 14 日。

41. 林兆木：《关于我国经济高质量发展的几点认识》，《人民日报》2018 年 1 月 17 日。

42. 陈东琪：《通向新增长之路：供给侧结构性改革论纲》，人民出版社 2017 年版。

43. 马晓河：《大转型：供给侧结构性改革》，中国社会科学出版社 2017 年版。

44. 罗德明、李晔、史晋川：《要素市场扭曲、资源错置与生产率》，《经济研究》2012 年第 3 期。

45. 许宪春：《准确理解中国的收入、消费和投资》，《中国社会科学》2013 年第 2 期。

46. 刘仕国、吴海英、马涛、张磊、彭莉、于建勋：《利用全球价值链促进产业升级》，《国际经济评论》2015 年第 1 期。

47. 威廉·科瓦西奇、林至人、德里克·莫里斯：《以竞争促增长：国际视角》，中信出版社 2017 年版。

48. 刘戒骄：《竞争中性的理论脉络与实践逻辑》，《中国工业经济》2019 年第 6 期。

49. 《中共中央 国务院关于推进贸易高质量发展的指导意见》，中国政府网，2019 年。

50. 商务部：《2018 年商务工作年终综述之外贸规模 进出口规模创历史新高 外贸高质量发展取得积极成效》，《中国外资》2019 年第 3 期。

51. 陈明、王凯：《我国城镇化速度和趋势分析——基于面版数据的跨国比较研究》，《城市规划》2013 年第 5 期。

52. 陈恒、李文硕：《全球化时代的中心城市转型及其路径》，《中国社会科学》2017 年第 12 期。

53. 陈钊、陆铭：《从分割到融合：城乡经济增长与社会和谐的政治经济学》，《经济研究》2008 年第 1 期。

54. 高国力：《引导我国城市群健康发展》，《宏观经济管理》2016 年第 9 期。

55. 国家人口和计划生育委员会流动人口服务管理司：《中国流动人口发展报告 2017》，中国人口出版社 2018 年版。

56. 国务院发展研究中心课题组、刘世锦、陈昌盛、许召元、崔小勇：《农民工市民化对扩大内需和经济增长的影响》，《经济研究》2010 年第 6 期。

57. 国务院发展研究中心：《中国：推进高效、包容、可持续的城镇化》，中国发展出版社 2014 年版。

58. 李浩：《"24 国集团"与"三个梯队"——关于中国城镇化国际比较研究的思考》，《城市规划》2013 年第 1 期。

59. 李浩：《城镇化率首次超过 50% 的国际现象观察——兼论中国城镇化发展现状及思考》，《城市规划学刊》2013 年第 1 期。

60. 李璐颖：《城市化率 50% 的拐点迷局——典型国家快速城市化阶段发展特征的比较研究》，《城市规划学刊》2013 年第 3 期。

61. 李晓江、郑德高：《人口城镇化特征与国家城镇体系构建》，《城市规划学刊》2017 年第 1 期。

62. 陆铭、陈钊：《城市化、城市倾向的经济政策与城乡收入差距》，《经济研究》2004 年第 6 期。

63. 史育龙、申兵、刘保奎、欧阳慧：《对我国城镇化速度及趋势的再认识》，《宏观经济研究》2017 年第 8 期。

64. 史育龙：《把新型城镇化的作用充分发挥出来》，《人民日报》2019 年 4 月 16 日。

65. 王建军、吴志强：《1950 年后世界主要国家城镇化发展——轨迹分析与类型分组》，《城市规划学刊》2007 年第 6 期。

66. 国务院：《关于加快发展循环经济的若干意见》（国发〔2005〕22 号）。

67. 国务院：《关于印发循环经济发展战略及近期行动计划的通知》（国发〔2013〕5 号）。

68. 国务院：《办公厅关于印发生产者责任延伸制度推行方案的通知》（国办发〔2016〕99 号）。

69. 国务院：《办公厅关于转发国家发展改革委住房城乡建设部生活垃圾分类制度实施方案的通知》（国办发〔2017〕26 号）。

70. 国家发展改革委等 14 个部委关于印发《循环发展引领行动》的通知。

71. 工业和信息化部、商务部、科技部：《关于加快推进再生资源产业发展的指导意见》（工信部联节〔2016〕440 号）。

72.《习近平新时代中国特色社会主义思想学习纲要》，学习出版社、人民出版社 2019 年版。

73. 马凯：《贯彻落实科学发展观 推进循环经济发展》，《人民日报》。

74. 林兆木：《关于我国经济高质量发展的几点认识》，《人民日报》。

75. 赵家荣：《我国发展循环经济取得十大成果》，《中国战略新兴产业》2015 年第 23 期。

76. 彭莱、雅各布·鲁特奎斯特著：《变废为宝，创造循环经济优势》，上海交通大学出版社 2015 年版。

77. 戴彦德、康艳兵、熊小平：《2050 中国能源和碳排放情景暨能源转型与低碳发展路线图》，中国环境出版社 2017 年版。

78. 洪曼、常向阳：《城市矿产理论与实践相关问题研究》，《广东化工》2017 年第 8 期。

79.《可再生能源数据手册 2018》。

80. 李振华：《浅谈我国建筑垃圾资源化利用的现状及发展建议》，《中国资源综合利用》2018 年第 10 期。

81. 刘秋姝：《我国发展循环经济的政策特点与完善思路——以生态文明为视角》，《生态经济》2014 年第 4 期。

82. 那伟、赵新颖、祝延立、郗登宝：《吉林省主要农作物秸秆综合利用现状、问题及对策分析》，《黑龙江农业科学》2019 年第 3 期。

83. 欧阳丰瑞：《我国城市固体废弃物资源化管理体系研究》，哈尔滨工业大学，2007 年。

84. 卫渊伟：《中国城市生活垃圾处理行业在相关政策下的发展路线优化》，清华大学，2014 年。

85. 姚海琳、张翠虹：《中国资源循环利用产业政策演进特征研究》，《资源科学》2018 年第 3 期。

86. 中国物资再生协会编：《中国再生资源行业发展报告（2017—2018）》，中国财富出版社 2018 年版。

87. 中国循环经济协会编：《中国循环经济发展报告（2017）》，社会科学文献出版社 2018 年版。

88. 《中华人民共和国循环经济促进法》。

89. 《餐厨垃圾处理技术规范》（CJJ184-2012）。

90. 周传斌、吕彬、施乐荣、陈朱琦、刘懿颉：《我国城市生活垃圾回收利用率测算及其统计数据收集对策》，《中国环境管理》2018 年第 3 期。

91. 周畅：《电子废弃物资源循环利用现状与对策研究》，《居舍》2017 年第 12 期。

92. 《中国 2008 年温室气体清单研究》。

93. 张越、唐旭：《欧盟循环经济新战略及对中国的启示》，《教学与研究》2017 年第 10 期，第 79—88 页。

94. 日本环境省：《第一次循环型社会形成推进基本计划简介》（英文）2003 年。

95. 日本环境省：《第二次循环型社会形成推进基本计划》（英文）2008 年。

96. 日本环境省：《第三次循环型社会形成推进基本计划》（英文）2013 年。

97. 日本环境省：《第四次循环型社会形成推进基本计划简介》（英文）2018 年。

98. 日本环境省：《第三次循环型社会形成推进基本计划实施评价》（日文翻中文）2015 年。

99. 习近平：《决胜全面建成小康社会　夺取新时代中国特色社会主义伟大胜利——在中国共产党第十九次全国代表大会上的报告》，新华社，2017 年 10 月 27 日。

100. 国家发展改革委综合运输研究所：《改革开放与中国交通运输发展》，中国市场出版社 2019 年版。

101. 国家发展改革委综合运输研究所：《经济社会高质量发展下交通运输变革研究》，内部资料，2018 年 12 月。

102. 吴文化、孙峻岭等：《中国交通基础设施产业升级战略研究》，人民交通出版社 2017 年版。

103. 吴文化、向爱兵等：《我国枢纽经济发展理论与实践》，经济科学出版社 2019 年版。

104. 向爱兵：《交通运输高质量发展亟待解决三大问题实现五大转变》，《综合运输》参考资料 2018 年第 21 期。

105. 向爱兵、汪鸣、吴文化：《交通运输应在"精"字上下足优化创新发展工夫》，《综合运输》（参考资料），2019 年第 25 期。

106. 《国务院关于印发"十三五"现代综合交通运输体系发展规划的通知》，《中华人民共和国国务院公报》2017 年第 8 期。

107. 国家发展和改革委员会等：《全国民用运输机场布局规划》，2017 年。

108. 国务院：《国家公路网规划（2013 年—2030 年）》，2013 年。

109. 国家发展和改革委员会等:《中长期铁路网规划》,2016 年。

110. 李培林:"我国阶级阶层结构的深刻变化",《北京日报》2018 年 1 月 29 日。

111. 刘欣、田丰:《社会结构研究 40 年:中国社会学研究者的探索》,《江苏社会科学》2018 年第 4 期。

112. 陆学艺、宋国恺:《当代中国社会结构深刻变动的经济社会意义》,《北京工业大学学报(社会科学版)》2009 年 10 月,第 9 卷第 5 期。

113. 杨宜勇、关博:《老龄化背景下推进养老保障供给侧结构性改革的思路》,《经济学家》2017 年第 3 期。

114. 马晓河等:《大转型:供给侧结构性改革》,中国社会科学出版社 2017 年版。

115. 宋晓梧:《"十三五"时期我国社会保障制度重大问题研究》,中国劳动社会保障出版社 2016 年版。

116. 曾红颖:《创新社会治理:行动者的逻辑》,社会科学文献出版社 2019 年版。

117. International Monetary Fund, World Economic Outlook: The Great Lockdown, April 6,2020.

118. World Bank Group, Commodity Markets Outlook, October 2019.

119. Spence, M., Annez, P.C., & Buckley, R.M. (Eds.). (2008). Urbanization and growth. World Bank Publications.

120. European Commission. Closing the loop-An EU action plan for the circular economy [R].Com(2015)614 final.

121. European Commission.Report on the implemention of the Circular Economy Action Plan [R].Com(2019)190 final.

122. European Commission.Ecodesign Working Plan 2016−2019[R].Com(2016)773 final.

123. European Union.EU Resource Efficiency Scoreboard 2015.

124. ROGERS E, KIM J. Diffusion of Innovations in Public Organizations[M]//ROGERS E. Diffusion of Innovations (3rded.). New York:Free Press,1983.

125. ALTSHULER, A A,ZEGANS M D. Innovation and Public Management:Notes from the State House and City Hall[M]//ALTSHULER A A,BEHN R D. Innovation in American Government:Challenges, Opportunities, and Dilemmas Washington, D.C.:Brookings Institution Press, 1997:68−82.